紹興大典 史部

光緒諸暨縣志 4

中華書局

諸暨縣志卷三十一

人物志

列傳五

國朝

余縉

余一燿 子桂昉

余毓澄 弟毓渟 毓浩 毓浩 子懋橧 懋檣 姪蒧

余毓湘 子懋杞 懋棟 孫銓

余文儀

會王佐

陳字 子昇 孫異聞

駱起明

楊學泗 子三炯 從孫瑛

陳可畏

駱復旦

章平事 章在茲

錢洪袞

馮應求 子夢祖 夢祖孫揚 揚子慥 慥子至

馮勸

蔣儀

樓仲升子墨林　承叔　郭元化子士達

盧儲子大貴　大賓　大本　大經　大慶　樓暹楊燦　酈球　沈大儒　蔣楷　蔣奇芬　酈之樞

余縉字仲紳號浣公高湖人元文亥子也幼就塾聞魏忠賢亂政姜垚傳擬爲彈章見者已識其有埋輪之志矣順治壬辰進士除河南封邱縣知縣黃宗羲墓誌蒞任卽招流亡闢汙萊革秏羨省徭役疏刑獄緝逃逋姜垚傳先是流賊蔓延人戶逃亡棄地彌望朝議募民開墾設興屯道興屯廳以董之民初樂從及徵租反過熟田始違民願耕者復荒郡縣既以此爲考成競張虛數無所歸著於是以荒地之糧攤於熟田民皆失業會總督李繩武行部至封邱黃宗羲墓誌縉委曲導至荒區百姓遮訴爲具道其故姜垚傳李惻然疏聞始豁虛張之數而興屯廳道皆裁黃宗羲墓誌邑受巨浸縉言於河渠使者議引支河以分水勢築遥隄以護民居均堡夫以防

瀆溢清灘地以業窮民禁採靑以杜騷擾使者善其策河乃無患

己亥報最授山西道監察御史上言臣本風塵外吏謬膺耳目之

司知而不言懼負

皇上特達之知如河上丁夫勢須分派因有多折乾以肥己槖者

樾隄交薪額令遠輸因有授受勒措以索貨者奸蠹猾胥飛螯善

良在在皆是請厲禁

上下其議著爲令

命巡視北城及光祿寺革陋規懲胥役豪强屏迹都人每相語曰

眞御史不當如是耶余毓澄行略當是時臺灣未定督臣調度失宜縉

上書略曰臣閱邸報伏見閩督李某議遷海濱居民一疏深切駭

異夫海濱之民與賊狎處其中或有冥頑貪狡之輩嗜賊厚利爲

之潛通聲氣以相接濟者臣誠不敢議遷民爲失策但據所稱排

頭方田等處人民有將牧馬偷送廈門者有將苦獨力縛送廈門
者其事已屬驚訝矣夫賊巢僅隔一水此時兩軍相當巡徼者應
加嚴密果旌旆壁壘連屯相望雖有奸民安能竊馬飛渡乎臣不
知督臣安營放牧之法若何訓飭而令不軌之徒得艤舟海隅遂
乘間盜馬以去也至云派撥舵工水手公然不應臣益不勝駭異
爲夫舵工水手非若里役之可隨戶僉派也臣浙人素聞海上舵
工必少長海舟凡一切內洋外洋島嶼徑道靡不熟悉然後能駕
風使舵操縱自如今日閩海之時何時閩海之地何地乎鄭逆雖
同釜底之魚實爲必鬬之獸在
國家罄數省之財賦悉境內之精兵以屬督臣即使謀出萬全算
無遺策尚恐有意外狂逞之變矧堪此舉動乖張輕爲嘗試也臣
愚以爲舵工水手必宜重賞購募令先於內洋試演技能果否精

熟然後駕艨艟鬬艦練隊伍嚴設營壘賊若覘我水師新集必來輕犯以誘宜且持重勿與交鋒俟其氣衰技詘然後各道並進翦此數十年之逋寇可一鼓而舉也不然而横加僉派不應則加以兵誅彼卽勉强應役技既不熟心復叵測萬一戰有未捷變從中起將置此數十萬奮戈持滿之士於何地乎時議欲棄舟山縮復上言其略曰舟山有必不可棄之形勝小門有當早設之藩籬臣鄉三面環海而甯波一郡尤孤懸海隅往時以舟山爲外藩鎮臣駐師定海卽今鎮海與舟山爲犄角故雖有鯨鯢之驚而內地得以休息自鄭成功之變叛將賊艅盤踞內洋而甯波無日不受兵矣

皇師恢復逆艘宵遁此正東南底定之會也不知行間諸臣何所見而忽倡棄地之議遂將江海門戸倒授於人使數十年久定之版圖竟斂手而委之逆豎耶卽云島嶼孤絶民戸凋殘勢難復守

而形勝所在正兵法所謂守其所必攻者也況舟山離定海不遠田地膏腴物產豐厚使賊得據之則必招集流亡且耕且戰非近犯甯波則遠窺江南是明予以一進退可據之巢穴矣夫閩海祇一廈門尚以數萬眾窮年攻之不克奈何復以已克之舟山增其巢穴哉臣愚以為前此舟山之不守者非由兵力單弱糧餉匱絀也由用非其人而鎮臣憚於策應耳今試得忠勇仁智之將重其事權俾得隨機措施更徙內地坐食之兵增益營壘無事則半屯半操有事則且戰且守賊如登陸則定海出舟師以擣之令首尾不相救如是而不獲全勝者未之有也蓋守舟山者非守舟山也所以扃兩浙之門戶而遏江淮之寇鋒俾賊不敢揚帆直指也苟謂孤嶼不堪設重兵萬一有警鞭長不及則江南之崇明獨非孤懸海外乎彼何以能堅守待援而此何以不能守并不能援乎此

恐不能逃

皇上聖鑒也至於浙省雖有大兵駐防而城外錢塘一江直注大海臣記順治六七年間嘗有賊船五六艘乘潮而上追奪鹽船官軍相視莫敢發任其搶劫讙譟而去雖小醜無所震驚而思患預防曷可不早爲之計乎臣聞下流杭紹相對處地名小門其閒江流甚隘若於此嚴設防戍安置礮臺令賊舟不能溯江入犯則會城永無風鶴之警矣大觀堂集會兄綸卒以父老乞養歸姜垚傳康熙六年服闋授河南道監察御史封章數上如銓政七條一別進士明經二復四司舊制每省各用一人三復甄別四復考選五禁鹽差關差不得與試差同驛傳六吏曹不得轉別部七交選司郎中宜慎重推選不得以五部雜升如督撫互參如邑令丁艱督撫不得抑勒留任等疏皆奉旨議行其請撤三藩家口復撫臣兵柄二疏尤爲老成持重曲突徙薪之至計卒格於部議而止浙帥李哈喇布自明州移駐紹興

贖貨誅求肆行暴虐奸民依附氣燄白晝攫金於市下及優伶怙
勢橫行奪人妻女莫敢誰何道路以目縉露章劾之
上震怒敕下撫臣勘實令回駐明州卒褫其職余毓澄行略命巡視長
蘆鹽筴縉上疏略曰裕商所以經國今私販皆高牙大纛實旗八
曲庇狡獪僅僅指摘一二溝洫之餘是舍豺狼而問狐狸也銷引
上課故事也生齒有繁簡年歲有豐歉須通融代銷商民交益若
夫負販肩挑煢煢覓食似當弛禁
報可姜垚傳時有朱方旦者妄言禍福朝士多信其附會有爲縉言
者曰此奸人耳於法當究黄宗羲墓誌特疏請禁妖言方旦伏誅縉又
上四願疏曰竊以講武大閱原係古禮況上年
宮車一出近郊之民咸被
恩澤歡聲雷動臣雖下愚亦知

皇上念切民生未嘗以遊畋爲樂也第
天子舉動國史必書
聖躬所莅嚴稱
警蹕則時巡固不可止而
起居尤不可不慎也臣區區犬馬之心切有四願焉一願合圍之
時
皇上勿親射猛獸昔漢武帝好射熊刺豕納司馬相如之諫而止
今其書具在可爲明鑒況格軼材之獸以示武猛此材官力士之
技也
皇上選拔驍果置諸侍從已合天下之勇爲
皇上之大勇矣射飛逐走奚足
煩

聖體乎一願

行在所至

皇上勿輕騎微行夫清問民隱廉訪吏治固

宸衷所宜留意而草野愚賤不知

至尊之體統地方奸宄懷謀莫測往往有衝突儀仗者語云白龍

魚服困於豫且此不可不深慮也臣思前代人主高拱深居故下

情患不上達今吾

皇上一歲之內數與吏民相見但使

駐蹕之地引見高年有德之人詢問疾苦採訪政治自然隱微畢

昭矣若荒阻林莽之區

聖躬幸無親莅也一願

皇上迴鑾及早以恤羣情臣見科臣一疏奉有田獵原以講武並

無糜費錢糧勞困民力之
旨臣思
皇上節儉愛養固未嘗輕費財力但
御駕一行千乘萬騎扈從滿道離京稍遠裹糧漸艱萬一路宿日
久士馬飢疲當亦
聖心所深惻也臣思講武之禮在乎蒐討軍實不在馳逐田禽倘
典禮已畢似宜早返
聖駕以恤輿情一願
皇上愼擇居守以悅
兩宮京師者天下之根本九門鎮鑰八旗將領督察雖各有人而
大駕出巡則防禦尤宜加謹而
太皇太后及

皇太后慈愛惓惓甯忘頃刻
皇上雖臨幸郡國而定省之思擇親王大臣加意料理防察非常
上以安
兩宮之心下以釋臣民之慮
聖躬安則天下安矣凡此四願臣知
皇上必熟審而豫圖第臣區區愚悃私憂過慮誠結於中無敢緘
默伏望
睿鑒留覽則天下幸甚論者比之唐魏徵十思疏云年五十七以葬父致仕歸甲寅之亂山寇圍越城縉與郡人姜希轍出私財助知府許鴻勳城守寇睥睨去大觀堂集又偕希轍佐閩督姚啟聖修三江閘著有續保越錄一卷允都名教錄大觀堂集二十卷家訓一卷子毓澄毓泳毓翰毓渟毓浩毓湘澄渟浩湘自有傳

余一燿字毅昭號如齋縉姪明興化推官綸長子也康熙壬戌進士癸酉補內閣中書桐城張相國以國士目之薦直禁庭以目疾告歸寶應朱界陶辰宰諸暨請見數四卒拒不納題其齋曰古之學者咨嗟而去許汝霖傳子桂昉字丹植號友梅康熙壬午舉人父歿懼母悲慟匿哀飲泣事有古孝子所極難者傍湖渚構精舍羅列圖史同年友仇廷桂司鐸諸暨每相過輒與飛觴劇談霜月挂樹興猶未闌然未嘗往報爲近縣庭也其清操如此壽致潤傳著有友梅詩文集

余毓澄字若山號退菴縉子康熙壬戌進士官龍陽縣知縣下車咨疾苦訪利弊設圖櫃以受狀擇其可者立見施行翦蠹剔莠比年俗革先是應供悉取之里甲名曰備齎澄痛除之民賴以蘇邑有白羊祟澄窮其窟穴鑄鐵牌四立於洞門祟遂絕又有奇鐵牛

術者用法咒禁能寄刑杖解械梏惑愚民徒黨甚盛澄置其渠會文紹於法餘黨乃散未幾引疾歸著有心遠堂集吳闕傑傳弟毓淳號滄涯官直隸河間府通判河隄有傾圮者親冒風雨督兵役修障之民得賴以耕不數年解組歸構天香梵院置鼎彝法書名畫與半憨和尚爲方外交半憨精禪理尤工詩當梅清雪朗花月交映擘箋互酬見者以爲神仙中人也年逾八十尚健飯忽一日無疾卒朱扆傳毓浩號任菴初官江西玉山縣知縣邑當衝道甲寅之變蹂躪無遺浩以保障自任招集流亡百廢具舉陞湖北荊州府同知荊州駐旗兵屢犯法懲其尤横者民得安堵丁父艱歸服闋補廣平府同知時安溪李文貞公方督直隸門清慎勤敏惟余丞始克當之攝曲周縣知縣督子牙河工皆稱職文貞方以卓異薦丁生母憂服闋補宣化府同知陞廣東惠州府知府郡多伏莽捕治

其魁黨羽悉散治獄無枉縱以忤上官免職壽致潤傳子懋檣字荆帆少負逸才遊迹半天下晚歲僑寓津門詩文益豪健有幽燕俠氣卒於旅邸著有楓溪詩集郯川商寶意盤選其詩入越風與其從兄懋杞從弟懋棣從姪文儀越人俱供祀詩巢懋檣之姪曰斌字太初號瓠樽乾隆丙辰舉人丁巳會試擢明通榜由宗學教習簡發河南知縣幼負異才詩派宗青蓮傲兀不可一世文和公英廉奇重之有清江浦留別瓠樽詩曰世眼輕文士天心困酒豪何時重此會相對尙吾曹浦晚千帆集秋空一雁高不辭連夜醉出處正牢騷治河著勞績以目疾歸卒於家新纂

余毓湘字瀟友號南湖毓渟弟八歲遭母喪執禮如成人父縉以侍御致政還居郡城病毓湘躬侍湯藥及卒哀毀幾至滅性時年未至四十鬢髮盡白伯兄毓澄居楓橋嘗患疾毓湘奔赴調治藥

餌三年如一日喜讀書以詩名於時著有偶吟集志樓子懋杞字鑑匯詩巢供主作建偉號瞿菴康熙乙酉副貢至戊子始舉順天鄉試授內閣中書辛卯會試甫出闈而母赴至時方病臥寓館號慟欲絕頭搶土坑有聲少間卽力疾馳歸杜門守禮三年如一日父老病朝夕省視進膳量藥搔摩痛癢寐則屏息躡足侍其旁至夜分不退友愛昆季無閒生平見義必爲爲人謀必詳盡尤厚於故舊姻族鄭某子喪欲奪媳志歲給稟穀成其節鄉人爲無賴所陷將以待年女鬻爲妾呼壻至婚於家而歸之張某以事戍塞外爲歛金治行李同年宋鏵客死三河計歸其喪返資其家無遺者才質敏捷下筆數千言不假點竄晚年與諸名流結詩巢於鑑曲著有東武山房詩文集核舟集漓香草堂詩集石吟錄刻舟集齊召南傳懋棣字舟尹號蘿村懋杞弟以選拔生中雍正己酉舉人庚戌進士除杭

州府學教授同郡魯庶常曾煜主講敷文書院每與商訂古注疏及宋元人經解多所辨正督學甯化雷鋐莅浙招懋棣與論朱陸以鏡愉心之說旁及劉蕺山鹿定興孫夏峰諸先生醕疵漏下三鼓乃出雷歎曰余學博可謂明辨晳也與仁和趙魏搜訂金石以蘇軾表忠觀原碑久失所在鋭意尋覓竟於廢圃中掘地得二石譔文紀事而繫以詩曰杭序自來多古蹟金鼇琳琅滿四壁思陵石經雖缺殘太學遺規尚赫奕歷朝翰墨殊紛綸表忠觀碑尤絕倫此碑舊樹龍山址不知何年移置此櫺星門北泮池南立處班班存舊史走也承之歷數年訪求遺蹤終茫然吾友趙君負奇癖嗜好殘碑如拱璧擕來講舍住浹旬剔蘚摩苔忘日夕摩挲暫見忽驚呼牆陰似有古碑趺爬搜微露元豐字忙呼鍬緪鳩役夫邪許千聲出片石一索再索如連珠洗磨風骨殊瘦硬波磔棱棱豈

墨緒錢王功德浹吾土坡公手筆邁千古銘功紀績在貞珉忍使典型翳宿莽原碑明世已不傳永陵中葉重撫鐫世人競寶陳珂筆形貌雖全神已失神物顯晦洵有數萬丈光芒神所護莫嫌存一猶不足已見眉山眞面目入地且莫恨沈埋出土更將憂暴露整頓疇能復舊規千尺長廊禦風雨一時和者曰錢唐厲太鴻徵君鶚以下數十人皆浙東西知名士也著有揖山樓集蘿村詩選聞中偶憶新纂

懋杞子銓字明臺號石颿幼秉異姿好古文奇字肆力於魏晉詩秦漢八家文聞人棠傳贅京師居處甚適顧若重有憂者忽一夕撫几歎曰吾重親在堂且母老多病奈何鬱鬱久居此乎遂歸徐廷槐墓誌居家依戀膝下忘其妻若子之在京也父歿水漿不入口者三日哀號之聲感於行路聞人棠傳扶父柩自郡城至高湖舟過錢淸會稽徐笠山廷槐聞而驚之曰其吾石颿耶非耶微石颿

何沈痛激楚至此詢之果然鄰舟聞之爲酸鼻徐廷槐墓誌體素羸自是益弱然對母必强爲歡笑母多憂善怒得銓言輒解聞人棠傳雍正壬子中浙江鄉試出無錫華希閔之門華故名士有時鑒奇賞銓由是名益重學亦益進廷槐評其集曰石飄古文初喜孫樵劉蛻卒追兩漢遂巡於韓歐之門詩凡三變少喜溫李中年宗王孟晚乃一意學香山眉山著有石飄悔存石飄剩餘文核詩草行世樓志

余文儀字叔子號寶岡銓弟乾隆丁巳進士授刑部主事歷員外郎中京察一等授福甯府知府調漳州再調臺灣陞臺灣道擢福建按察使再入爲刑部員外郎旋擢侍郎巡撫福建
召爲刑部尚書
賜紫禁城騎馬逾年以老病乞休加太子少傅陛辭
賜御用貂緞庚子赴揚州迎

駕温旨慰勞文儀歷中外四十餘年內自刑曹郎至長司寇外自福甯府至閩撫未嘗他徙於刑名尤所慎重而閩事最詳練其在西曹總辦秋審各省讞牘必虛衷研究遇有未當輒力爭以平反得敘至百餘次上官倚之凡巨案必藉以辨先後讞奏多出其手及出爲郡守覆鞫他郡疑案常數十其任閩臬也臺北生番入內地戕生民文儀選鄉勇於近番處立肆市鹽令曰番來劫勿與爭已而果然復盛飾市物令老弱者近市而陰選壯士二百人伏左右復以二百人斷其歸路番果悉衆來劫伏發斬獲百餘級乘勝率壯士三百人夜抵賊巢殲無算焚巢穴而還逆民黄教聚衆不法復渡臺誅首從二百餘人釋其株累時閩粵人寓臺者以私隙聚衆數千相焚劫提督已入告矣文儀曰迫之將與賊并亟馳諭解散已而粵人復殺閩人文儀立縛其渠誅之事遂定嘗兩奉

命赴直隸山西審理控案其撫閩也又
命至浙審辦三案以浙人讞浙事不爲嫌
上知其誠愼有素也歸田後杜門謝埽不預外事性孝友嘗以父
母不逮祿養爲恨與諸兄白首無間言自奉甚薄增始祖以下祀
田置族士學產若干畝葬族喪百數乾隆府志其將歸也廬同郡公車
京師無會館改建浙紹鄉祠於騾馬市所著有嘉樹堂集
曾王佐邑人柳南隨筆失其里居嘗居小舟中浮沈西陵湄池江上日
夕持釣竿釣魚得巨魚不賣賣酒家酒酣狂歌歌聲嗚嗚如泣時
時作大字投江中有帆一幅繪日月其上周遭書日月字大小參
差不一字奇肆類徐青藤人求之不應順治乙酉二月朔大雪雪
中十數錦騎沿江至指日月帆小舟徑入鼓櫂北去允都名教錄引樵雲稿
入豫王幕爲記室五月豫王兵渡江王佐從明宏光帝暨大學士

馬士英出走僞太子王之明忻城伯趙之龍大學士王鐸禮部尚書錢謙益都督越其杰等以南京迎降王引兵入城諸臣致禮幣有至萬金者獨錢禮薄蓋表已之廉貧也其所署柬前細書太子太保禮部尚書兼翰林院學士錢謙益百叩首謹啟上計開鎏金銀壺一具法瑯銀壺一具蟠龍玉杯一進宋制玉杯一進天鹿犀杯一進夔龍犀杯一進葵花犀杯一進芙蓉犀杯一進法瑯鼎杯一進文王鼎杯一進法瑯鶴杯一對銀鑲鶴杯一對宣德宮扇十柄眞金川扇十柄弋陽金扇十柄百子宮扇十柄眞金杭扇十柄眞金蘇扇四十柄銀鑲象箸十雙右啟上末署順治二年五月二十六日太子太保禮部尚書兼翰林院學士錢謙益常州有張滉者王佐友也故得見王鐸以下送禮帖子王佐語滉曰是日錢尚書捧帖入府叩首墀下致詞王前王爲色動禮接甚歡及田雄執

宏光帝至南京王拘之司禮監韓贊周家令諸舊臣次第上謁諸臣見故主皆伏地流涕王鐸獨直立戟手數罪惡且曰余非爾臣安所得拜是日獨錢尚書伏地痛哭不能起王佐爲扶出之柳南隨筆東皋雜鈔諸舊臣謁豫王者皆主王佐王佐名滿江南後不知所終補纂

陳字初名儒楨字無名洪綬子善書畫筆墨脫作家習氣畫人物花草迥別尋常圖繪寶鑑鼎革後承父志絕意進取工詩文蘊不自見獨以畫名於時得之者寶惜如老蓮故號爲小蓮遊迹所至遠近傾接性簡抗好面折人意所不屑輒絕去有欲得其畫者非所欲卻千金如敝屣世謂不辱其父云陳儀孝子陳昇傳

痛其父著述散佚於譜牒碑版中搜集若干首梓行於世其論時諸策終不可得大慟曰余父誠不欲以是見爲子者安可歿吾父也客遊者久歸省先塋則羣從俱已式微驚諸人矣字理而反之曰此祖宗魂魄之所

依不可以讓也（孟遠陳洪綬傳）然家貧甚恆橐筆作四方遊渡大江絕淮津攬維揚汴京之勝北走京師過蕭山毛奇齡於汝南要之飲酒酣相顧太息明日別去奇齡送以詩曰相逢衣褐在淮西走馬關前日欲低此去一尋遼海雁何年更聽汝南雞寒風落日醉當壚燕市還尋舊酒徒君到安州苦相憶爲予重寫慶卿圖（毛西河集）而字卒以窮困死著有小蓮客遊詩一卷子昇字國昇字初贅杭州周氏杭俗贅壻以婦爲家親喪奔赴而婦則否章侯先生卒周喪之如俗字怒絕之曰焉有爲人子婦當大故而不哭於柩前耶縱及黄泉毋相見矣別娶於徐生子豸昇母既見絕乃縗服毁容屏居以鞠子昇長告以故號慟欲絕母謂之曰吾則已矣爾其血肖也盍往歸抵家字拒不見見弟豸相與泣各請所親譬說百端卒不許泣而還曰父有豸也母我而已日侍母側搔摩痛癢每念及父

輒泣母病禱於天刲股肉雜糜進瘳越歲歿以毀聞既葬廬墓側旦夕臨聞其哭者莫不流涕鄉人相謂咸稱曰陳孝子云孝子有子異聞敏而文江東人士多稱之孝子念曰欲行求父我往乎異聞往也我往而逢怒不可以再請父老矣或見孫而憐之則子固其子也是時字游津門昇命異聞北上遇㒸京師逆旅談鄉故知爲叔姪則相持而泣異聞述父意㒸馳報字字喜遣㒸邀昇侍曰吾固知昇之能子也更異聞名大本曰吾且有孫昇得命奔赴字已卒距昇至日僅二旬卒不獲侍幾以身殉廬墓如禮見有人倫缺陷事必多方匡濟蓋隱痛傷心不忍人之有是也年八十五卒葬杭州西湖大本字兩序博學工文性復至孝能世其家錢儀吉碑傳錄

陳儀陳孝子傳

駱起明字子旭號念菴性穎敏從兄纘亭先生器之曰是將大振

吾宗者弱冠爲弟子員從劉蕺山講學深悟格致之要丙戌登賢書除慶元縣學教諭陞直隸雞澤縣知縣以詿誤謫靜甯州判明敏果決知府以下皆敬服之嘗釋冤獄十有七人補貫定縣知縣改永春邑故僻澆前此寇氛兵燹徵求殫竭陋例相沿小民如處沸釜起明至即條上十苦盡除積弊季課月試所識拔貢聯捷者八人以倦遊乞歸宦橐蕭然一寒士也自號楓林釣叟著有自怡集開迷歸正集（余縉墓誌）

楊學泗字魯嶧楊家漊人副貢生順治五年石仲芳圖據浙東分遣將湯梁七踞紫閬山學泗父昰奇以家鄰敵巢患之値王師東下軍駐杭城邑士民請勦者爭渡江叩軍門昰奇與焉統軍者獨召昰奇詢進取略語移晷乃出梁七偵知之伏於途戕昰奇時學泗年十四聞變號踊候師入境竄身行間思報之而仲芳

就撫梁七免有方時進者繰人子也其父陷重辟而非其罪學泗破產出之時進大感激順治十六年梁七復叛時進請深入敵營而爲之間敵將劫同山時進密告期學泗集勇士得素所厚者四十三人伏大溪旁賊來伺半渡截擊之潰時進乘間擊梁七墮馬遂生擒之甯紹台道某篡爲已功且有緣其中軍謀賄金以貰死者學泗率四十三人者見某爭曰此囚非他吾父仇也必殺之某憚其言直降色曰以渠魁當梟故鄭重耳非有他也言訖令梟梁七學泗直前刳其心血淋漓提歸祭父墓康熙十一年三藩兵變梁七兄梁四仍踞紫閬山學泗日與鄉人講守禦賊滅罄家財贖被掠婦女不足則以募鄉人之贏者生平講學以存誠主敬爲本所著有道學宗譜義經講義理學心印越騷五雲詩文集逸老編家訓乾隆府志性理約言朱子學的注省身錄樓志子三炯字千木號南

喬康熙丁酉舉人河淄溢有言三炯才者署試河吏爲江都丞遷
判高堰署山陽縣事兼內外河丞尋陞郡丞督漕運凡六任不離
河擢山東兖沂河道方丞江都時有豪家奴奪民妻爲婦直之官
吏數牒度不理三炯廉得之械其奴三木囊頭肆諸市立載其妻
還故夫豪家孰視無如何也及判高堰河督有紀綱之僕曰崔三
巡校高堰工搖脣一發能令督喜怒坐自貴大平揖監司其視三
炯嬴然判也三炯怒而批其頰崔泣訴於河督河督亦未有以難
高堰歲一修然卒以茭葦三炯議更石楗大吏據以
上聞乃別置馬子簞分殺水怒而於隄上置石子堆備倉卒取土
之難又爲月塘於堰旁堰決則以塘抵衝使便於搶築其策皆三
炯發之其任兖東道也書役凡數千人春秋例有餽三炯怪之問
故吏吏曰此非真書役皆豪子弟挂名簡端以避他徭者餽所以

報也三炯曰賄以免徭則徭者胥窶人子矣且彼既以賄挂名終將取償焉官入賄勢不得復問是交市也卻其餽平徭且爲禁以示後歲斥去萬餘金海甯陳邦彥時撫山東微行至濟州見獄囚滿以委三炯不終日畢讞力黎如傳其判河時洪澤漲漫高堰没踝三炯督吏卒更番楗藁茅以護隄晝夜植立水中凡四旬有七日以是著聲遷運河同知擢濟甯道獄訟者爭赴按察使所司案牘減十九河濟閘至今皆曰河官而兼民治實德在人者惟閩中余甸與三炯耳三炯少負氣好任俠嘗冒顛危急人難桐城方苞以戴名世南山集牽連識三炯於刑部獄中三炯名世友也以計偕抵京師會獄起即止不去有司以大逆當名世極刑獄辭上

聖祖寬法改大辟親戚奴僕皆匿三炯慨然曰孰謂上必使人覘覘者其然固無傷及行刑三炯獨賃棧車與名世同載捧其首而

棺斂爲用是名動京師諸公貴人爭求識面謝弗通以方苞畫室入旗苞母北上復留京

方苞結感錄楊三炯諸暨人辛卯冬余在刑部獄同繫者與君善君入覲必與余相見自通姓名踰月未嘗接一語言後一語即大相得故事凡讞重囚必閉獄門非在官者不得出入君因置禁籍冒羣胥入覦獄中地狹自春徂秋疫癘作死者相望穢氣鬱蒸雖僕隸不可耐而君旬中必再三至或淹留信宿道古今證以天道人事忼慨相勖雖余亦忽忽不知其身之危與地之惡也是獄成於辛卯之冬而決以癸巳三月獄辭五上始下近畿有大姓延君爲經師君與要必吾友獄決始可就凡五易期至余出獄然後去當是時君名動京師士友皆延頸願交是歲秋特行會試諸公爭欲令君出門下君曰以是爲名非吾心也又因而利焉鬻販之道也吾恥之遂去京師自是不復與計偕始部胥承得是獄者以求索不遂於余獨深文周內無何以他事黜易一胥常陰爲余莫知其由君去京師踰年始知後胥君所謀置也爲是竭其資金壇王澍若霖云踰歲

癸巳

特開萬壽科諸公貴人皆注意於三炯喟然曰此之謂依於仁而蹈利也吾恥之遂趣裝赴職南河不復與有司試三炯爲河道時以父學洒入鄉賢祠牒上禮部致書查侍郎嗣庭嗣庭獲罪籍其

家得三炯書遂坐黜歸匿迹郊野平生知故造門不得見朱相國軾領京畿營田思得能者助以問方苞時長沙陳河督鵬年巡視南河與苞書稱三炯之爲人且曰三炯天下士也苞遂薦於相國三炯力辭乾隆元年湔滌宿罪苞與相國將合疏薦而三炯已病尋卒年六十七方苞墓誌從姪俠字素鑑號亦厚初隨三炯辦河務甚諳練乾隆四年署淮安府海防同知明年署中河通判越五年授徐州府邳睢廳同知中河爲漕運要區俠蒞任五年蓄洩以時糧艘商船遄行無滯其支流曰鹽河設壩以經啟閉會汛水盛漲俠恐運河高支流漸低下注則東安海州盡淹因增築鹽河壩督衛兵於風雨泥淖中日夜防護旬餘始定鹽河之支流曰武障河亦設壩民利啟鹽運利塞主者各執其私俠集衆令約曰商民皆朝廷赤子豈容歧視耶立水準涸塞盈啟商民均受利廳署在舊

邳州署左有孔子廟久圮俟鳩工重建在河九年再引見授常州府知府俟益矢清操惠山舊置水遞以供茗俟卻之奉命仍回河工中河水溢隨河督搶築復委兼署銅沛同知卒於官樓志

陳可畏字伯聞店口人居山陰順治壬辰大興籍進士除廣信府推官兵燹後訟獄繁興可畏曲爲撫循民賴以安擢吏部稽勳司主事遷驗封司歷考功司員外郎遷御史視鹺兩淮巡東城值歲饑候賑者雲集都下可畏特疏展期自冬迄秋全活者以數萬計試臺垣居上等擢掌京畿道卒於京邸著有思補堂集十卷西臺疏草十卷三山放言八卷乾隆府志

駱復旦字叔夜山陰籍拔貢生除陝西三原縣知縣以事罷改補

江西崇仁縣，又以逋賦落職。性慷慨，喜交遊。越中當順治初年，好爲文社，每會八邑名士百餘人，復旦必爲領袖。嘗率越士赴十郡大會，連舟數百艘，集嘉興之南湖，太倉吳偉業、長洲宋德宜數十人覓復旦於稠人中。復旦長於詩，落筆有奇氣。乾隆府志與唐載歌、王舜舉、孫宣化有蕺山四鳳之目，而尤契於蕭山毛大可。有懷大可詩曰：蕭然才子姑蘇客，短衣窮巷牆東陌。門外車馬紛如雲，室中書問堆盈尺。與君異巷東西趨，雙雞斗酒時歡娛。紅淩白蒲紛錯落，坐中顏色何敷腴。只今離闊動經旬，江樹遙遙莫問津。試看沙畔雙棲雁，愁殺東西南北人。商盤越風西河謂其五古直追建安，流逸處尤近陳思。毛奇齡越郡詩選兩宰劇邑，日與部下名士、四方才人丹鉛唱酬，娓娓忘晝夜。府志著有桐蔭堂、山雨樓、至樂堂詩文集。阮元兩浙輶軒錄

章平事，字無黨，二都人。七歲通毛詩，家貧棄樵讀，自命非一世。順治壬辰成進士，出黃岡劉子壯門，除河南永甯縣知縣。劉臨別謂平事曰：「君才難矣，第性伉直，恐見折耳。」語畢，舉孟子「爲政不難」二語誦之。永甯大家多敗法，貧民穴居不聊生，平事悉心撫字，務俾妥集，而勢家欲有甘心於僕者，且曰：「此他日薦剡地也。」平事執不可，曰：「罪不至死，某豈以一命搏一官乎？」杖釋之。直指請兩河田賦，平事曰：「此特豪強隱匿耳。」剔釐不稍假，勢家益銜之。永甯例貢竹京師，以不中程被劾歸。巡按特疏起復，龍游余宫庶恂勸其復出，喟然曰：「僕二老同登大耋，在官當告歸，況復出乎？」遂終養家居四十年卒。著有諸暨縣志二十卷、受釐堂詩集。章在茲，字景與。康熙庚戌歲貢。明年廷試北上，從兄平事與御史余縉同年，寄以書。在茲至京匿之，縉訶而轉責，喟然曰：「吾潦倒諸生二十年矣，顧爲此區區懷刺干謁耶由此蹭蹬至戊辰始補浦江縣學教諭陞金華府學教授未赴卒官浦陽時見諸生眞率如家人修文廟訂月泉書院學規著有浦江縣修文廟碑記月泉書院記其卒也喪事皆浦江士人辦治來弔者山陬不遺送柩并遺像至其家章陶傳

錢洪袠字景明號雁湄芳肅子順治丁卯舉人官淸平縣知縣前令關扃過嚴民情多壅洪袠一切屏去曰此心如重門洞達須使人人皆見耳淸平故孱邑與鄰壤錯籍久失吿牘山積莫能決洪袠至則請淸丈以剔弊實額始定時大軍南征縴船役以萬計軍令誤則斬必先期集禁以俟民苦之洪袠悉縱使還家約如期果一呼集額溢千邑豪甯某父子濟惡戚屬據津要助其焰洪袠廉得之立置法劇盜崔廷玉橫行鄉邑莫敢誰何洪袠以計捕杖斃之羣盜屏息及去邑民思不置建祠魏家灣樓志

馮應求字起潛祝鳴人邑諸生喜讀書善鑒識樓志蕭山倪涵從文
社中嘗議應求順治初山寇竊發鄉設團練倪從宣妙寺夜歸省
親怨家指爲諜將殺之應求直前曰若與我同補弟子員必無是
衆譁曰某保奸宜并除之不顧倪竟獲全子夢祖字召系號蒼源
錢塘籍諸生博通典籍凡左國史漢通鑑諸子悉通大義刊訂譌
誤箋評音註丹鉛不輟舉天地間可驚可愕可喜可樂可感傷之
事觸緒吟詠時或尋勝覓趣竟日忘疲遊歷所經喜拾清流佚事
塵情埃務邈不相涉陳養源行略性又孝友迎養寡姊終其身弟早歿
待弟婦如待弟著有韻律辨閑非錄夜傭四嘯二孟枝言闈中鍵
若干卷其古文辭彙爲十卷曰蒼源賸草附錄一卷蕭山毛奇齡
爲之序謂其詩別於徐渭而文則直與陸佃相頡頏晚年又著樵
雲外集七卷燬於火夢祖孫揚字燮山師事山陰何百鈞自天文

地輿旁及素問靈樞星卜諸家言咸得其旨要好購古今異書家故饒以是中落曲承母意徙居山陰性愨摯事有益於人者知無不爲子慥字南堂乾隆戊午舉人母鄺病誓不遠行父促之北上試畢卽歸日馳三百里四月朔抵家門者驚不敢啟强啟之則母氏呼號欲絕時也識者以爲孝感壬戌下第南旋座師陳文恭公撫吳中招之往命入幕以親老辭歸丁丑復上公車主吉司農甚契有欲因之請謁者餽百金拒不納著有邊河借箸意欲放河東行出塞藉以界畫中外上其書於吉吉不敢聞齎志卒於景山教習館著有燕山小草子至字紹褒乾隆丙午舉人官玉環廳訓導性端嚴文則縱恣奇詭於鄉邦文獻搜討尤勤矻矻窮年著述等身著有周官述論書疑史繹道學世系允都名教錄金汀拾遺森齋雜俎綠野莊詩文稿新纂

馮勸字硎發夢祖姪順治甲午舉人選桐鄉縣學教諭陞博白縣知縣會兵燹之餘土寇未靖有賴天錫唐朝奉者侵擾城邑勸守禦禽捕民賴以安內艱服闋補襄陵縣時秦中饑民載道勸設廠施粥全活甚眾浙江通志鄰邑洪洞等縣以水利爭訟先是宋時金人置分水碑爲界旣而黠者滅碑以擅利訟獄繁興數百年無有決之者巡撫檄勸司其獄按視月餘得金人廢碑於野寺悉其源委裁度損益爭始息太原鎮駐潞安所需糧食輸自本郡及旁郡之近潞者後移駐平陽與潞距數百里軍食仍運自潞潞處山脊必資夫役驢騾道紓費繁悉派諸民豪猾乘機舞弊謂之挖運勸其疾之適行取擢山西道御史首疏其事改就平陽澤潞十七州縣歲省不貲巡視北城綜覈寬嚴悉合機宜年七十致仕歸卒於家彭孫遹傳

蔣儀字康侯蕺里人父病瘻十年不起聞山陰琵琶山有善灸者儀侍父往飲玉帶泉而甘之歸念不止儀輒以甕往挈奔走百餘里不倦居室北巖下向有水自山罅出汙濁無問者儀偶過忽澄清嘗之甘冽無異玉帶挈歸供父父說濬爲井同邑馮夢祖以儀字名之曰康泉乾隆府志知縣崔龍雲儒吏也愛其泉仿東坡置符調泉世稱韻事儀善別水味上虞徐仲山徵士咸清試以無量庵渡東橋中洞水及龍山沙井菊花玉帶泉皆立辨徐歎異以爲陸羽不及也晚年隱居泉側安貧工詩詩思在渡厓青口之間允都名教錄

樓仲升字越凡凰儀樓人康熙甲寅土寇錫六乘霧劫樓氏昇往責以大義賊怒殺之子墨林聞變提戈出或止之不從遇父仇殺一人直前趨六六麾前隊孫某徐某禦墨林殊死鬭前隊卻墨林奮戈刺孫中背復回戈刺徐中項俱殪六六懼執盾禦戈陷盾賊環

攻之弟永叔衝圍入覓兄出不得還復鬬俱遇害乾隆府志越七日族人收其尸顏色不變墨林兩目如注永叔俯墨林背浙江通志血沾漬不釋家人夢墨林被髮疾趨曰某殺賊矣會且五馬裂之時六破縣城據縣堂坐閃閃若有見賊衆相驚謂墨林且至或奔或匿人各自危六謀襲杭駐兵五馬嶺白晝驚悸恍見三騎阻之明日遇官兵殲焉樓志

郭元化者明季邑團長也順治初楊四踞梅溪嘯召婺東新嵊諸賊徑薄邑城元化不待其至率團兵進擊至鬬橋戰死子士達偵殺父者謀復之會招撫令下四黨盡降一日遇所仇於縣署前直前搏擊仇驚踣連擊之斃士達躬詣獄作詩示人曰碧血埋荒草精英耀白日獨於千古恨灑血溢滄渤令以殺降詣撫轅請罪士達曰生員殺仇非殺降也仇死目瞑矣願就戮當事多其孝竟得

釋士達邑諸生故稱生員云諸暨賢達傳

盧儲字精齋順治丁亥六月十四日山寇陳瑞率眾肆劫儲五子俱外出儲奪刀殺二賊眾擁至遂爲所縛妻趙氏兩手抱儲不舍賊斧趙顱斷其左臂縛儲去五子聞父被執持農器奔奪賊矢下如雨乃歸見母被傷已絕營葬畢欲赴賊寨奪父恐賊傷父不果賊縛儲至寨勸令降不屈死賊隱之誑五子出金贖父數輸金而父卒不可得乃以金盡辭賊眾舉火焚室力與鬬擒賊將黃龍送邑令斬之長子大貴四子大賓力疲不能起次子大本三子大慶五子大經往寨偵父知已死至梅溪寨口乞父尸矢石齊下俱負傷歸罄產得百金大本與大經以金賂守寨者潛入覓父尸見白骨山積仰天大慟既念父齒黑可憑覓得之嚙指滴血以衣裹骨負之出寨狂奔歸家矢傷裂大經嘔血死乾隆府志

樓暹字東明十五都人鄰寇入境募丁捍衛寇猝至援不及遇害康熙甲寅石仲芳餘孽復出擾境甯紹台道許弘勳檄楊燦防禦燦率民團直擣賊巢所至克捷沈大儒字越凡蔣奇芬字美生酈球字均濟當順治戊子康熙甲寅之際兵燹相仍民無孑遺骨骸載途皆捐巨貲發窖粟餓者賑之死者埋之子女之被虜者贖還之時有蔣楷者當山寇劫掠居民悉逃避楷獨衣冠立路旁待之寇至則語曰若欲得者財耳任取弗吝我欲贈若以言可乎因爲痛陳利害寇百數人一時感散又有酈之樞者聞弟被繫挺身相隨且行且爭寇義之釋其弟鼎革之初吾邑爲山寇巢穴者且二十餘年陳老蓮先生有詩紀其事曰小亂入城好大亂入山便在昔用斯語於今則不然盜賊滿山時豈能此獨全又曰聊緩須臾死甯知終喪身嗚呼慘矣然暹謀捍衛而輒死燦深入而卒得全

命也設非大儒輩傾資活之其慘害尙可問哉故君子有取焉觀於蔣楷鄺之樞之事則知寇雖凶殘未有不可以至性感者大儒同山人奇芬磨石山人球後街人楷字子芳截里人邑諸生與之樞素以內行稱之樞與球爲同族兄振經以訟累被羅織之樞庭爭任其罪知縣錢世貴義之爲平反得釋父病刲股獲愈母歿不離柩側者三年楷居父母喪不飲酒茹葷六年如一日伯兄長楷三十五歲子八人楷以會稽裘氏浦江鄭氏兩義門爲法旣而食指益繁咸請析箸楷深思良久曰與其分而不均何如我自爲之戶田八百畝析爲九子一之以其入與姪且曰計口受田此大父意也楷待人以誠人有爭見楷卽釋由是截里五十年無訟獄據章志樸志纂以是知楷與之樞至性之有由來也新纂

諸暨縣志卷三十二

人物志

列傳六

國朝

酈允昌 子逢時 逢新　宣德仁

蔣爾琇 蔣爾璠 爾璠孫宣奇 致潤 致浦　壽佺 子致潤 致浦

蔣毓英　樓績 樓桂

酈祖仁 毛鈺　趙寅 趙凝錫

樓賡榮 翁維甯　趙之璘 曾孫南覲 錢衡

魏夏 駱炎　傅學沆 壽奕文 傅學灝 壽奕磬

趙璧 趙泰 張瑞虬 石璲珍 趙氏璧 陳光訓 徐大雄 章阿貴

陳其熤 柴元啟 杜世良　酈祖桓 郭子啟 郭世勳

蔣乾 馮文楷 鍾天覺 鍾英 周懋烈 斯國樺

魏家駒 袁璜 趙漢 袁麟徵 徐鳳貞 袁仁 陳巧官

王國泰 周黃鳳

郭家麟 胡宏法 樓長美

蔣阿桂 陳禦虎 郭元宰

趙世相 子光仁 壽維仁 應榮 蔡廣生 鍾天玉 何重九 廣生孫希賢 佩九

石世祿 酈膺祚 姚日南 石有光 周之德 張晉韜

張奇生 曾孫建轅 子岐 孫廉 建範 建範

虞廷鳳 周二監 楊文振 王紹典 壽文斗 孫襄 馬以恭 趙蘭 馬以智 蔡本莪

陳勳 章瓚 周茂樞 趙式 陳思湄

孫克基 壽逵一 壽于敏

酈允昌字叔典明末積分貢生順治初官山東沂州同知從征湖

廣遷判永州隨

王師招萊闢境屢建功凱旋允昌請留兵防守不從王師去賊即以兵圍永州援絕城陷允昌與妻黃氏幼子尚英殉難事聞詔賜祭葬贈湖廣按察使僉事蔭其長子逢時官桐柏縣知縣次子逢新字鼎生邑諸生聞父難閒關數千里匍匐至永州泣請大吏具題扶櫬歸里恩贈命下撫膺大哭曰兒事已畢死何憾遂殞駱啓明曰忠而死孝而死等死耳鄙生賢士負骸湘水枯血胼趾遂以不起嗚呼難矣自怡集

宣德仁字元儒號靜庵以宣化籍中順治辛卯武舉人除江南蘇州衛領運千夫長輓運者六加都司僉書康熙九年陞江南長淮衛掌印守備屯地被佔詳請清丈得地四百餘頃十七年轉山西

掌印都司蒙古饑
朝命發倉振之時大同亦饑兵民洶洶莫知所措德仁白巡撫捐俸設食以待飢者民心始安二十年以倉糧案牽議降一級二十二年推湖廣掌印都司所統治兼鄂湘一十五都衛千戶所精覈詳明舉止端莊目光炯炯若神人面微紫鬚髯若銀絲登壇和藹可親二十七年部議裁湖廣總督及督標兵楚兵素剽悍有夏逢龍者尤桀黠能以小信義結其伍軍中號曰夏包子裁兵檄下所司發遣兵無所歸道路洶洶向巡撫柯某索餉不得將為亂逢龍招數十人會山中議事署布政使糧道葉映榴白巡撫曰若輩苦餒耳假兩月糧給之可散也武昌同知某大言曰若輩敢爾不法亟遣役往捕眾愈怒逢龍遂擁眾入轅門露刃噪呼巡撫出眾語不遜巡撫罵曰若輩反耶眾曰反也奈何巡撫退眾逐之殺奴隸

劫印綬巡撫逸去眾擁映榴至閱馬場脅使從逆不答勒入署縱兵環守之會襲鎮總兵許君盛至省謁巡撫道阻詰詢起事眾張弓矢注許縛之去立僞帥府於閱馬場縛郡守以下及諸營官德仁潛至糧署語映榴曰援兵未至庫項已空不能殲滅醜類惟有以死報國耳歸則仰天呼籲闔署自守凡四晝夜卽近侍家人不許近身家人不忍離則驅遣之不已則逐之立戶外閉戶不得逼視或從壁隙窺但見時而搔首空庭仰天長歎時而脣齒合閉怒聲震撼窗牖間時而躬環甲冑髭鬚皆磔豎怒目出數分許時而端端默坐瞑目俯首或聞家人言某某剪髻辮則頓足起左手執刀舞右手作助舞勢遥向外指曰安得盡斫之又或言剪髻者皆伏賊前盡人臣禮唯謹則又厲聲曰安得盡斫之怒刀擲地下不顧聞映榴盡節曰好人好官隨命家人邵華寫詳文送安徽布政

使衙門咨請代詳設香案冠帶朝服北望
闕泣叩曰臣無狀不能生報
國願死作厲鬼以殺賊拜畢起繞香案若步趨追隨恐後者忽曰葉老爺葉老爺候我候我但聞鞾聲橐橐達階外夜將半家人宿戶外忽疾疾冷風悚人毛髮駛如兵馬以爲賊相攻也夥吏胥推戶視之則仰見德仁高懸雉經紫面銀鬚有數莖短髮黑白相雜一小辮垂垂朝冠下項以下帶金獅子錦繡麒麟補服生氣固凜凜也印呈几案上浙江通志言以印屬守備沈天澤遞安徽布政司代繳誤與香煙燭燄共映忠臣之面而已黎明觀者泣者盈數千人亂平次子宣化言上書布政使請具題略曰國而忘身臣分宜然父忠不白子職奚爲言父沐
皇仁簡守楚閫莅任四載慘遭叛逆不能孤身滅賊以報國惟有

舍生殉難以存節於某月日與糧儲道葉映榴同日死忠預繕咨文差家人邵華赴安徽布政司衙門投遞及言扶柩回籍查安徽布政使未經轉詳若不匍匐呈白父忠淹沒莫彰罪戾滋深泣懇俯准詳請具題則結茅之報矢以畢生沉石之忠庶得上告巡撫據以入奏

詔賜祭葬贈副將廕一子守備乾隆中平臺灣

朝廷念死難舊臣復廕其五世孫文黼守備王一齋曰先生所官在宋以節度使爲之梁號馬步軍使而唐之方鎮軍校也攬兵權分內外職嚴且重

國朝沿明制稱都指揮使稱掌印都司吉凶之禮雖視藩伯而職僅掌衛屯轄火藥兵不與焉脫先生得與方鎮馬步軍節度埒其事亦烏至此岳鄂王云文官不要錢武官不惜死天下太平矣先

生與葉公同不要錢同不惜死而顧罹此小醜竟成大難則天下事亦不係盡有大權特非僅一二人可謀也卓然大節一越人一吳人屹峙於江漢之間嗚呼與血食於鄂之岳忠武並千古矣據國史館稿王一甯宣都司傳曹一士葉映榴傳湖廣通志纂

蔣爾琇字秀玉順治丁亥進士官河南原武縣知縣鋤强翦蠹不遺餘力巡撫亢得時甚器重之卒以强直罷官歸樓志先是石仲芳據紫閬與山寇陳瑞相犄角勢張甚爾琇方家居以計獲仲芳妻子仲芳就撫瑞疾馳去爾琇突出鄉團掩擊賊驚竄多赴水死余懋棅墓誌

蔣宣奇字永公爾琇孫也爾琇從弟

聖祖南巡獻頌著文譽年逾百歲著有百歲老人稿宣奇親承指授學有原本學政周清源歎爲異才中康熙辛卯舉人再赴禮部試不售益肆力於古山陰宋俊論近代博學首推宣奇采其辭入柳

亭詩話著有百梅草堂詩文集敬齋文稿敬齋其別號也據樓志家傳纂

壽佺字純菴拔貢生官福建漳浦縣縣丞署知縣有惠政總督姚啟聖故交也方燕見授小簡曰辦此歸資足矣佺啟視良久曰辦此必多殺殺人得資佺不為也姚笑曰吾以試君耳遽焚之全活以千數允都名教錄子致潤字南湖康熙癸酉解元丙戌進士官翰林院檢討以文見推於山東顏光斅及官翰林譔應制文敏捷異人客至手不輟筆五官竝運酬答如飛樓志致浦字顧巖康熙癸巳進士除河南獲嘉縣知縣丁未浚丹河濟運工急徵期主者將以誤工上聞民走告曰奈何欲奪我慈母且此易耳爭操畚挶赴工所日數千人鄰邑紛來助役致浦捐俸犒之不日告竣獲嘉縣志是時豫撫田文鏡深疾科目之士政尚嚴峻人人重足而立致浦獨能從容展布壽于敏記文鏡賞其能檄署淇縣攝陝州知州未幾以卓異引

見

賜蟒袍表裏擢禹州知州政績一如獲嘉以前任盜案詿誤故入人罪致浦力爲申辨拂臬司意曰我甯罷職斷不能殺人以媚人拂衣歸里任蘭枝傳

蔣毓英蕺里人明末有名世魁者流寓奉天遂入奉天錦州籍毓英其孫也初官福建泉州府知府泉州故用武地大師雲集羽檄馳毓英措辦裕如

天子廉其治狀賜一品服褒異之康熙二十二年臺灣歸命督撫會疏薦移毓英守臺躬歷郊原披荆棘分三縣界相土定賦役不急者罷之土番之雜處者馴之招流亡詢疾苦召父老子弟日告之以孝弟勸巡道周君詳請開科民貧不能備脩脯復捐俸建義學聘師督課之嘗於官舍之旁構一草堂顏曰安拙或問曰公之

才當羽檄交馳應之卓有餘地奚拙也毓英曰才以安繁劇而拙所以安新附也任滿遷湖廣鹽巡道臺人士皇皇若失涉大洋重繭詣大吏告留大吏特疏奏請予留一年擢江西按察使去之日攀轅走數十里送者至數千人復就毓英所建書院刻像祀之臺灣府志三十一年遷浙江布政使爲政以興舉廢墜爲務會郡人謀建古貢院貢生周廷翰請於毓英捐俸倡建檄郡邑鳩工庀材又命山陰縣知縣遲燽築坊表於道曰古貢院院創於南宋乾道四年議發於史浩而蔣芾繼之成於錢端禮至嘉定十五年汪綱又加開拓自鯉魚錦鱗二橋緣河而西又北折至西如菴以及棄地十餘畝皆貢院所有而二橋之得名非偶然也廷翰譔文記其事乾隆府志當毓英之未官閩也會任溫州府同知值閩藩搆變毓英撫綏黎庶嚴行保甲大軍駐衢轉餉不一遺至是來藩於浙訪知台州衛屯糧荒歉無徵即爲詳請豁免明年歲旱買米平糶勸諭郡縣倡捐米穀散振加給育嬰堂口糧

民咸頌德康熙省志謹案省志以爲蓋州籍與臺灣志異其去臺也李榕村相國光地爲作去思碑記曰臺灣荒服地自鴻蒙初啟至今四千餘年未歸版籍

皇上二十有二年命將討平鄭逆郡縣其地經營草昧一無憑籍非得賢太守烏能因心作則制度咸宜乎我温陵郡君蔣公治泉六載政成名著因借守新邦銜

命至止披荊斬棘分畫縣地田園庶土相度其腴磽燥溼之別咸則三壤爰定厥賦六府三事次第修和井然煥然表東海之金湯皆出於公之一手足耳目心思之力以錯綜經理允治而罔失設公之學問才識無以大過於人者曷克臻此夫臺民悉僞俘強有力者歸故土所留者瑣尾殘黎耳公顧而憮然曰治殘黎如治瘵焉凡病瘵而急攻以石液氣弱精耗奄奄然不勝石與液之功孰

若逸其四肢優游以待元氣之復之爲愈乎故公之布政不爲非常可喜之事駭人耳目不立煩苛細塞之規强人難能樂利因人行所無事略官民之分敦父子之情仁至慈溥民遂其生浩浩蕩蕩而幾忘乎公之力焉至建庠序勤課試設塾田濟貧乏養士敷教靡所不至爻翁化蜀昌黎治潮可參而三矣公三年報最擢楚觀察分督鄖鹽將去之日全臺如失怙恃三老子弟肖公像而尸祝之四庠桃李盡出公門崇報之心尤深寤寐屬余記之以永去思余故部民也蒙庥志德與臺士等其曷敢辭公諱毓英字集公籍雖遵左實浙東諸暨人臺灣府志

樓績字爾成號青城康熙庚午舉人授直隸長鄉縣知縣縣多貴莊劇役民苦之潛亡他境績至痛抑豪强一意拊循每役興爭之上官不得則以身先上官鑒其誠卒罷之地舊設敲冰兵千餘當

事者惜以一時之役縻終歲之務去其籍而移役於瀕河居民良鄉在部中隆冬冰堅當事督役急民執杖偃水中績謂民於事未習強驅之必多死爭不得卽洗足執杖下水當事者遽止之役亦遂息鄰縣有囚以盜論死路出良鄉寄獄中明日將赴法曹對簿績廉知其枉請留鞫之不可請益力法曹怒責捕眞盜乃聽出不爾罪且及績請如約不踰時果獲盜出囚於獄一時稱神先是有盜十餘人夜入署發篋見敝衣歎息去廉聲益播良鄉民愛績如父解任民膳之及卒民祀之樓志

樓桂字荊山康熙丁卯廣西籍舉人官順天玉田縣知縣縣爲兩京吭兵民錯處戚畹莊頭假威抗令時議買附京地爲陵園守陵卒乘機網利吞民田桂以縣無閒田可買申覆當事無以難邑西南後湖民田千餘頃奸民聳旗兵誑爲某藩邸牧圉狎欲籍其地勢横甚桂單騎諭阻則曰奉某親

王令孰敢抗桂曰某爲邑宰知爲

朝廷牧民不知爲親王牧馬也官可罷地必不可籍事得寢

皇陵漁戶倚守陵官勢謀封禁附近民河且收沿河地曝魚網桂歷陳河不當禁地不當收臚款十餘上當事漁戶不得售其欺康熙乙酉

上東巡桂奉檄督役憫民勞聽自往還至期悉赴無一人後者

上喜諭部記名丁父憂解任壬戌服闋補江西贛縣甫下車閲倉庾常平無粒粟驚曰積儲乃民生大計脫遇凶荒奈何命糴之吏以費辭曰費我自任之遂糴儲如數越年縣大旱活無算俗輕生稍反辱即赴水投繯控官輒破家且羅織不休桂懲之俗革邑有疑獄自撫司至郡縣數年不能決檄桂覆訊廉得狀獄遽定以勤勞卒於官允都名教錄

酈祖仁字蒼野號九乘康熙庚午舉人甲戌以習春秋魁會榜除應山縣知縣有惠政卒於官後十餘年同年汪灝督學兩浙爲刻其九乘遺稿毛鉅字孟涵亦以習春秋中康熙丙戌進士官蒲江縣知縣三年課最第一卒於任鉅久困諸生湛深經術妙語言揮麈清談風流傾座著有大中章句論語章句銅官雜詠樓志

趙寅字曉菴官廣西柳州府通判獞人囘四擁眾叛撫鎮莫能勦寅莅任二月即率幹役十餘人設計獲之囘四賄數萬金求生寅曰與其得數萬不義之財而子孫未必能有何如殺一巨盜爲億萬人除害決意詳大吏斬之右江道金君僕犯辟當道挾以索賄案下寅撊曰以僕罪強及其主於法不平獄詞上即辭官歸有勸之復仕者仰天笑弗答也趙凝錫字天屬貢族人也以廩貢生官永康縣學教諭卓異陞容城縣知縣賢達傳作濟陽縣有傭某與主隙殺

妻而誣以奸凝錫廉得其情拔傭法有幼兒樵被殺歷數宰不決凝錫履勘忽一人趨而過色作驚拘鞫之得强奸狀申諸府府疑之申臬司歎曰爲令能洗冤奈何以好事咎之案乃定錢廷範佟逢年傳

樓賡榮字杞園援例銓平魯縣井坪司巡檢井坪距縣八十里逼邊牆別居一堡旗民雜處盜賊充斥素號難治歎曰官卑地僻夫豈不足爲治哉緝捕吾職也居數年奸宄潛蹤議敘陞山東青州府經歷代理益都縣事有毆斃其姊之夫者前官已定讞擬抵覆訊之其辟係糧胥代某完糧三載不償往索酒後誤傷賡榮曰雖代完究係國課非私債也屈在彼應從輕議知府以爲然得免死會奏

旨開引河從青州入海大府奏委萊州府某同知督其事知府委

賡榮隨辦某有能名且奉奏委勢益張惟已意所欲爲賡榮以青屬凡有礙民居塋墓村落者皆不肯開掘某大怒爲指陳形勢利弊委曲周詳某竟不能奪方辦河時草帽騎驢從一蒼頭晨夕止宿無定所民閒瑣事纖悉盡知之臨淄民某隱身內閫圖奸其妗舅覺而致之死移屍荒野令不能決知府委益都令會鞫賡榮歸自工所與臨淄令覿論其事且曰會研再三且刑逼終不承奈何賡榮方被酒大言曰何難得吾一訊服矣令即自府委賡榮就府廷提訊犯至供如前賡榮佯怒命盡褫其衣得禦刑藥三丸置案上曰爾所恃以無恐者今爲吾得爾計窮矣速供罪不至死犯辭窘吐實獄遂定當是時東省大吏巡撫王國霖布政使溫爾遜按察使包括皆天下賢傑重賡榮才大計列首簡奏甫上而遽以憂去服闋選陝西甘州府經歷以母年老請終養不赴有翁維甯者

亦以下吏初仕爲甯夏鹽課大使商吏私匿鹽井百二十口一井錢十千維甯廉知之揭其弊白大吏大吏以爲能檄署武威縣知縣補永昌縣永昌俗很多輕生訟不直輒上絕壁投身名曰跳厓維甯諭之以理許擊鼓聞雪其冤俗頓革縣境以溝水資灌溉遇旱輒鬭有死者爲作分田法計畝分溉界與夷壤錯放牧輒匿與酋長約無私庇邊境以輯維甯字東匡蕙渚人賡榮則楓橋人也據允都名教録樓志纂

趙之璘字翰國以貢生考授布政司理問需次秦中會議濬河之遴奉檄督岡門河工沿河數十里窮簷荒冢纍纍千餘議濬適直其地之璘竟迂道出其前時論壯之擢知河南陳州知府允都名教録陳古宛地患沮洳之璘自遹河開通淤塞放水至蔡河築隄鑿渠以資豬洩陳人名其隄曰趙公隄建祠隄上有無賴曾有成者託

事入京詐呈戶部領帑銀事發牽涉陳州富民數十家部移豫撫事下府之璘訊得實中撫豁免抵有成罪湯右曾傳趙南觀字燕山之璘曾孫也乾隆癸酉舉人丙戌大挑以知縣分發江蘇歷署金壇儀徵寶應縣事旋補桃源縣知縣值河湖異漲南觀與河廳協力搶救運河埽工爲風濤衝擊坍卸存線纔仰隄築護者近萬人譁欲散南觀危坐險處堅不動民蟻擁而前工遂完以優敘遷中河通判丁艱服闋奉檄幫搶邳睢工廳員葉某申請開港南觀以水勢不利阻之葉不從明旦河帥挈箭至趣開工南觀力爭得止徐邳賴以安補揚河通判值大風雨高郵城北閘工危在呼吸弁兵莫能駐足南觀跪禱不已晨見漕船排列險所以舵抵浪者七一柴船溯逆風來緊傍埽側隄竟無恙時議於揚河運隄東岸二三百里閒奏請開河五六道洩黃淮暴漲入海南觀駁議六條反覆

數千言一曰靡費帑藏二曰破壞田廬三曰耗減關稅四曰廢敗鹽場五曰阻淹糧艘六曰淆亂三瀆大吏是其議事得寢旋致仕歸居家十餘年篳門菊徑依然貧士也嘗撰一聯懸其室曰有官貧似無官日去任榮於到任時可想見其風概矣允都名教錄蔣祥墀傳

錢衡字謙牧嘉慶丁卯舉人由覺羅教習以知縣分發北河遇險工無風雨晝夜坐胡牀指揮程督積勞致疾强力不休秋汛安瀾始乞假歸比痊再赴工次借補滄州州判勤果如前大吏多其能欲不次擢之以憂去官服闋檄署天津縣知縣未赴卒於保定寓舍葉敬傳

魏夏字仲長號廬南魏家隖人家貧苦志力學其友駱炎訪之見木榻蕭然無臥具怪之夏曰吾藉凍餓以鍊文心耳卒不言貧每當風號雨嘯漏盡鐘鳴輒嗚嗚哭哭罷復讀如是者數年文日進

與炎號越中二儁，然皆不遇。夏以諸生受知於曲阜顏敩山先生，及死且無子，時比之唐方干云。著有五經疑問、四子書發微、廬南文稿。樓志

炎字則宜，爲文刊落羣言，力追大家。康熙壬戌鄉試，同考官朱扆以元薦，乙酉同考官趙俶復以元薦，俱被黜。與夏善，先後館山陰朱編修阜家，尊禮倍至。海甯相國陳元龍聞炎名，延爲子弟師，至設坐炎南嚮，諸弟子東西侍，相國北嚮請講春秋「春王正月」，炎爲備陳諸說，相國肅然起敬。年七十，始以歲貢就象山學博士，論翕然。象山縣志　平居端坐一室，學究程朱之學，著有四子書解，學者稱爲楓山先生。樓志

傅學沆，字太沖，號莫菴，博學能詩。雍正乙卯鄉試，已擬元矣，得他卷欲置第二，房考官執不可，曰：「甯遲之以俟異日。」改副貢第一。越十八年，乾隆癸酉果中元，年已六十一矣。兩赴禮部試不售，遂絕

意進取有賠陶式南詩曰四壁生涯數卷書倦遊無地曳長裾接羅破碎籃輿賣五柳門前自釣魚可想見其高致矣著有莧菴詩近三卷江東小草一卷莧菴詞一卷晚更孳究經籍著經史雜家四種各三卷曰游衍錄亦名猶賢錄據雨村詩話傳露詩近序樓志纂王學沆與同邑壽奕文以文字相質交最契奕文之入蜀也學沆送以詩曰劍閣青天外荆門獨上時蛾眉千嶂夕峽轉一帆遲荒草公孫壘寒煙葛相祠知君懷古迹無限杜陵詩奕文字景純號桐坡本楓橋陳氏父國勳出爲舅氏後遂爲暨城人中康熙癸巳舉人官金華縣學教諭敦品能文與弟奕磐相競爽遊蜀後文詩益得江山之助著有桐坡詩草奕磐字景安號佳峰資質異人工古文辭受知於學使顔敦山先生稱爲國士康熙戊子舉於鄉壬辰成進士入子史精華館謁選除光化縣知縣甫抵任疾作夢神告曰汝王安

石後身也名藏石字字景安此其驗矣。心惡之及病篤歎曰介甫不作相第以文名世亦復何惡遂卒學沆有從昆弟曰學灝以循吏著稱於三湘衡嶽之間衡山之麓有縣曰衡陽地衝民繁訟牘山積學灝宰是邑獄多平反民間鬻田宅者價昂輒取贖受鬻者知其然輒浮價易券學灝得其情僞不能蒙俗輕生尋隙輒飲酖爲之準情附律民知自愛尤精衡文兩校鄉闈所得皆知名士據樓志壽氏傳學灝字兆漁以錢塘籍中雍正庚戌進士氏家傳纂

自唐張萬和父子以廬墓旌門吾邑之被其風者代不絕書自國初以至正隆之世得七八焉曰趙壁曰趙泰曰張瑞虬曰石璲珍曰趙氏璧曰陳光訓曰徐大雄而趙璧事爲尤異泰與璧同族同爲邑諸生光訓又泰之門人也故類記之璧字宗實親歿廬墓艮山夜見燐火出地高數尺璧意地有古冢視之光倍高日奠以酒

爲文立碣始熄盜過其廬相戒毋驚孝子虎過之聞哭聲輒馴伏墓前枯木忽發連理枝著有艮山問答泰字虞尊父昊生以孝旌泰承家訓纂宋六子書親喪奉柩殯范谿巖結廬其旁墓廬內外迸出醴泉數穴宅後茁瓊芝八本廬地向有鵂鳥夜鳴泰禳以文鵂自殞及歿門人私謚爲端毅先生輯宋六先生集未成書而終光訓毀傷如父築室墓旁以義制服丹黄不輟翼成師志有司舉賢良方正以未終師喪不就馮至曰古孝子廬墓多矣若弟子之於師自端木氏後無聞也當其居師墓時風雨壞廬村人不糾而集剋時完葺給之直固勿受性至孝父患肝劇率生徒禱東嶽廟禱已以刃剸腹肝見剜分許氣絶仆扶之甦歸啖父疾愈旋歿葬陶朱山麓結廬墓旁朝夕問膳如生時歲時令節歸省其母無片言及家事光訓之奴日章阿貴母病刲股母死喪葬廬墓悉如禮

盛德之感人如此光訓字希伯乾隆辛酉拔貢生雍正壬子邑饑家僅中人產分其半質田數十畝捐振爲富民倡請縣發廩呈詞哀痛著有金壁十六訓據乾隆府志章志樓志允都名教錄蔡英侯采副草採訪冊纂

陳其煜字明侯邑諸生母歿殯金雞山結廬於側夜宿墓廬晝歸侍父一日有墓祭者遺火延殯屋其煜號哭奔救突入以衣撲焰衣燃火愈熾奮身覆棺號呼籲天少頃大雨棺無恙而其煜竟死乾隆府志

柴元啟里亭人字迪先母歿未葬火延及棺元啟不能救捧柩跪泣被燒死允都名教錄

杜世艮字吉士杜家山人父喪未除殯於堂鄰火延及舍世艮伏柩前痛哭撲救無及遂以身殉新纂

論曰南史孝義傳言邑人子賈恩及其妻桓氏以救母棺被燒死有司奏旌其所居爲孝義里今陳其煜柴元啟杜世艮之事與賈恩同而旌表寂無聞焉亦足驗世風之厚薄而有司者之茫無所知也噫

唐滄州許法愼以孝行致甘露嘉禾靈芝之木連理白兔之祥天寶中表異其閭而吾邑孝感里得同時被旌焉前明袁徵氏亦以孝致鳩巢檜華之異繼是者趙泰趙璧外又有三人也曰鄺祖桓曰郭子啟曰郭世勳祖桓字公璧邑諸生繼母病夕禱於庭願以身代中夜取廚水煎藥有奇花如菊生水缸內數日而萎母病愈郭子啟字緯生父病劇號天籲救忽有雀銜生魚回翔後圃檀樹旁號息魚墮烹以進父病即瘥世勳字麟圖邑諸生性至孝嘗輯鄉邦文獻著諸暨賢達傳八卷將授梓市梨於豐江所爲七浸鶴溪書院前池時値秋杪忽枯幹挺開十餘花彌月不凋人以爲孝行所感著有桐竹廬思親詩一卷祖桓著有制禮百詠毛詩集解據乾隆府志纂

蔣乾字天行蕺里人父遠出久不歸乾十六歲問父所在母垂涕與

語至八歲欲尋父母力止之自是日啼於家年十二乃就道緣路訪問不知父之所在逾年囊橐告匱不得已而返年十五復辭母長行抵都適父亦北上遇於郵亭各道姓名里居遂奉以歸馮文楷字端書祝隝人父客蜀死家未之知也文楷年十六赴蜀尋父負骸骨歸論曰宋蘇軾生平不多為人撰碑記獨敘朱壽昌刺血寫經尋母陝州為之反覆不置以蔣乾較壽昌其事為何如也若馮文楷之間關負骸而卒不獲遂生養之志則尤可悲矣又有鍾天覺者父鳴泰北遊太學母袁氏奉寡姑食貧力作天覺稍長即能佐母養祖母祖母卒母又病以故不得尋父或勸之娶期以父歸竟終身不娶或咎其不娶為非孝案唐陽城隱居中條山與弟堦域易衣而出謂弟曰吾與若皆孤㷀相育既娶則間外姓雖共處而益疏我不忍也城為大儒而兄弟之與父子又有間矣由是

而推則天覺之可傳無疑也據乾隆府志金汀拾遺章志纂

鍾英字禹鼎邑諸生母目瞽遭亂離負之走東西竄徙無停趾及歸母目復明周懋烈之父斯圖樵之母皆盲二子朝夕舐之悉明

論曰吾邑丁孝子之事陶九成輟耕錄言之甚悉鐵厓楊先生又爲之賦丁孝子行而其事遂以隸於史由此言之則鍾英之屬亦輶軒所宜采焉因著於篇據章志乾隆府志纂

唐書曰善乎韓愈之論也曰父母疾烹藥餌以是爲孝未聞毀支體者也苟不傷義則聖賢先衆爲之是不幸因而且死則毀傷絶滅之罪有歸矣安可旌其門而表異之雖然委巷之陋非有學術禮義之資能忘身而及其親出於誠心亦足稱者邑居山僻民鮮讀書而愚孝本於性成刲股截腕之事時有所見袁仁趙瓊徐鳳貞則尤著者也若魏家駒袁瓚父子系出世家而家駒更沐浴於

聖賢之教由父母以及其祖故爲輯而序之其他無事實者則著於附卷以存其名云家駒字樸堂歲貢生生平酷嗜宋五子書及國朝湯睢陽陸平湖之說行誼聞於郡邑祖士廉年八十患氣閉溲不行七日腹墳起如瓠醫無效家駒吮以口下如注逾時病若失事父母繼母如其祖璜字哲人父歿未葬洪水暴發衝其柩璜飛艇往救艇沈隨波漂泊者里許璜子麟徵聞之急飛棹往入水共持柩且持且號族人某從下水遊挽之柩得出父子俱無恙仁亦璜族人也父病刲股旋爲寇所掠念父益切朝夕飲泣恍惚有神告以無恙翼日寇見股傷詢其狀憫而釋之至家則父已愈矣漠字季子母疾革沐浴懷刃禱於城隍廟冀割股療之先是漠父病已刲股瘢痕所餘無多肉遂剸刃於胸割心如粒大仆氣絕廟主駭負以歸逾時甦和羹進母病瘳鳳貞三十七都刀狶隝農家

子也母病百治無效刲左股進病間母思更嘗復割右股病遂愈

據允都名教錄樓志

乾隆府志採訪冊纂

陳巧官孝義鄉人年十三隨母採桑東隝口猝遇盜母匿橋洞盜縶巧官詰母所在堅不言盜怒殺之於所縛梅樹下血滲梅根梅本白花自巧官死後花開作紅色人遂呼爲紅梅孝子錢唐張炳紅梅孝子詩鐵馬飲江豪於虹嶺上梅花臣死忠韓盧繞山很於豹橋下梅花子死孝忠孝兩字天地經梅花數點天地心誰補鬼中董狐史催取天上楊蟠吟浣東陳孝子年甫十三耳從母避賊賊忽逢賊逢母亟伏橋底天荆地棘何倉皇母身已藏兒未藏賊前攫兒索兒母空山無人梅花香縛兒其上迫兒語母兮兒否繫兒口兒兮兒否落賊手賊不得母怒及兒兒不怕賊心有母鐵鍋鐵轆兒願受兒喉如鍵膽如斗兒身無膚肥無首紅霞片片梅花朵猰貐技窮棄而走兒今死死矣終不言兒不言兮母節完兒歸覓母母在門清香寒立梅花魂兒魂傍母母先死母死魂返梅花裏兒血斑斕是梅蘂兒心酸楚是梅子萬古明月結煙水東隝大橋孝義里吁嗟乎閤部大節招雲旗衣冠之冢猶傳疑孝子當年農家子邑乘無傳墓無碑山精夜號木客嘯孤心訴與梅花知孤心訴與梅花知千年香徧春風枝

王孝子者名國泰有覺嶺下人父鑑字乾山乾山屋後山也鑑少時遇道士摩頂曰見可愛與登屋後山以足示之穴曰勿忘故字乾山誌勿忘也山陳氏地弗可得後爲鄰所誣官考訊無驗歷骨折國泰時年十三痛父非罪受刑備極孝養冬日負父就暄暄移負俱移或以事離左右則計暄影之移而歸不差晷刻嘗截竹爲筒數十計貯甘旨其中森列坐臥旁取攜即是父將卒跪請遺命曰道士道士以手撫心而歿國泰知旨慘澹經營竟葬乾山允都名教錄

周黃鳳幼孤貧無兄弟稍長傭作養母每夙興爲母具早餐始就傭夜歸一肉一卵一酒蔬出懷中進母母嗜性躁一日以齒齧黃鳳肩齒落黃鳳奉齒泣母以指爪其面指痛黃鳳兩手搓母指且搓且泣母怒未息黃鳳跪奉竹篠請責責見血潛洗之泣止即往

竈下作豆羹羹熟獻母覆之地再烹以進必母食乃已母懼雷每雷必急趨歸護母稽首願天弗雷雷弗已弗止傳蔡英

郭家麟字篆玉父晚年患瘋疾臥不起家麟扶持不離左右者六年父閒臥戲命家麟於榻前塑己像先塑首耳目口鼻悉肖父對鏡覽之喜即爲具全身坐高尺許削木爲手能運動四時冠服因時更易爲小龕位於榻旁凡上父歿家麟奉小像進盥餐易衣冠如父在時父遺一冠知縣崔龍雲所贈也家麟服闋後每大喜慶大祭祀必冠以往歸則藏篋終其身不易冠年八十妻長四歲皓首齊眉五世同堂有司上其事

詔旌其閭侯採副草

胡宏法上金人年十六隨父樵虎撲父宏法劈以柴斧虎負痛釋父宏法負以奔虎追及宏法持斧面虎虎卻又奔追及又如之至

山麓宏法力疲虎亦倦舍去樓長美楓橋人年十二隨父樵柯公尖虎猝起攫父長美奮臂搏虎虎怒舍父銜長美去樵者竟無後據採訪冊乾隆府志纂

蔣阿桂山環下圖人父張罟捕獸阿桂年十五挈弟往收罟虎伏草中突出攫弟桂張拳擊虎虎驚竄桂從容攜弟去教錄

允都名陳某店口人忘其名父母歿遺一弟寢食必與俱一日挈弟樵虎暴至撲其弟某奔救連以柯擊虎頭虎卻則負弟而去虎追及某左手挾弟右手格虎且格且走呼聲動山谷山下有聞者率眾逐之虎始竄去或問曰子禦虎不畏死乎某蹙然曰某知有弟不知有虎虎誠不可犯然情迫氣壯固夫人而能者也而曰吾不畏死夫豈其然人聞而義之遂共稱爲陳禦虎云壽子敏傳

郭元宰字聖臣江東人家贍於資好施惠捐田百畝充毓秀書院

嘗火百畝入儒學備文武科舉費又捐二百畝屋一所爲育嬰堂性好俠避愛馬廄中皆良駒觀其蹴踏齕脊驕嘶鼻語以爲快故良鄉令樓續襟期豪爽亦善畜馬元宰雞鳴起立庭中命廄獲牽駒出燃松枝照之親爲翦拂飲以豆芻放之高阪上風鬉霧鬣望若龍駒邀續往觀謂曰昔人有以千金買畫馬者何如賞此爲得神駿也又好畫閒作花卉草蟲窮極情狀人有得其畫者懸壁間忽作嚶嚶鳴由是名益著晚年或以意授人使先爲粉本已乃略爲渲染題識意匠傑出便能到人所不能到也知縣朱辰廉吏也能詩罷官後貧未能歸舍其家者六年辰既失官意恆抑鬱飲酒必極醉始罷元宰禮之無倦容辰同年友楊汝穀時爲浦江令聞元宰義往過之元宰爲作畫辰爲題詩汝穀歎曰郭畫朱詩可稱雙絕留數日贈以駿馬馳去樓志

趙世相字懷玉幼喪父竭力營葬不分任兄弟事母孝稍不愉即長跪引責得歡乃起母歿常至墓所悲號至老不輟歲饑輒運米以貸不責償子光仁邑諸生承父志捐田百八十九畝入儒學備鄉試賓興費舉人馮至爲作尚義頌曰以販爲業實利之圖歸帆浣浦鼓棹朱湖斜陽慘淡隔岸悲呼公言米在爾飢何虞以斗以斛鐙火長途更深人靜始放舳艫笑語舟子煮羹烹鱸明月在水獨酌清酤扁曰尚義出自中孚子貧而慧八璉四瑚孫曾挺秀寶蕚璇趺甘分桑梓潤及葭莩青衿鄉試入給青蚨腴田二百闔邑咨吁惟鄰於善厥德不孤公字懷玉敬告彼都邑自趙氏捐賓興費踵行之者有應甸街人應榮捐田百畝爲鄉試卷費北城鍾天玉捐田百二十畝爲縣試卷費蔡家畈何重九佩九兄弟捐田百畝爲府試卷費二十都壽維仁捐田四十三畝爲學院試卷費又

有烏巖蔡廣生者康熙年間捐千金董修學宮三年工竣郡守李鐸爲之記雍正七年傾廣生孫希賢捐六百金董修之邑宰張長庠爲之記據浙江通志樓志允都名教錄纂

石世祿客杭州同舍生病語世祿曰予浦江人客死於此家無知者囊有金五十幸斂我未及問其里居而卒世祿買棺殮至浦江訪其子以金還之酈膺祚字永錫邑典史容城宋延璧延爲童子師宋廉吏也不數年卒於官無以爲殮膺祚殯之令其子歸措扶喪之資去後四十年不復至膺祚年近八旬慮其柩之終暴露也質住屋爲擇地營葬令子孫世祀之乾隆府志

姚日南字仰雲有田百數十畝順治丁未邑水鬻其半倣義倉法行於鄉意來歲秋成其法可久也明年又荒焚其劵并所留之半盡鬻以振由是家貧命其子文典耕樵以給一日文典往樵路拾

遺百金許坐守以待日南往探之知其故喜相與守至暮不至逾日守如故卒不至遂命交與於拾處設草舍施粥及茶金盡乃止而日南竟以貧死乾隆府志

石有光字景虞邑諸生世居浮橋下一日行江皋拾遺金坐待三日還其橐趙璋志

張晉韶者東蔡人行經五竈渴飲於泉井旁遺六金守待之久不至乃交路亭主人屬令詳問金數而還之行十里至街亭其人倉皇至詢之符告以故令自取允都名教錄

周之德忘其里牌頭鎮陳某遺金張雎陽廟之德守至日暮驗實還之陳願以半酬堅弗受顧其家貧甚彭啟豐曰人非有品不能貧洵然哉彭啟豐傳

張奇生水霞莊人力行孝弟治家有法奇生傳汝璧汝璧傳宗道宗道傳建轅建轅傳維鎬凡六世二百二十餘人同室合爨內外尊卑秩如也建轅字殿揚乾隆辛未歲饑越三年又饑捐振施粥

弟建範，字洪九，邑庠生。幼聞大學誠正之說，欣然有得。及長，肄究濂洛學，先躬行，著有周易補疏、史記平衡。子岐，字鳳嶽，性篤孝。母病瘓，扶持抑搔，不解衣帶者七年。父歿，夕宿墓廬，晝歸侍母，三年未嘗啟齒。姪時豐，邑諸生，躬行一如建範，著有尚書評、兩漢辨義、韻學會考。乾隆府志

孫廉，字通源，道光甲申歲貢生。刻志經史，著有士習論，其略曰：士習與天下相倚伏者也。士習醇則天下治，士習澆則天下亂。西漢以卑靡亡，則激烈所以救卑靡也，而清流無補於東漢；五代以爭競亡，則道學所以化爭競也，而道學無補於南宋；金元以淫瀆亡，則氣節所以挽淫瀆也，而東林無補於明季。又曰：士非習不成，又非習不壞。家有家習，鄉有鄉習，國有國習。上士移習，下士移於習。明德之後，奕世象賢，奸雄之尤，父子繼惡，家習也；洛蜀交攻，齊楚浙交爭，鄉習也；漢之黨錮，宋之道學，明之東林，國

習也晚歲究心姚江之學著道學論其略曰堯舜禹湯文武周公孔子曾子子思孟子之所傳陽明起而任之窮則效微服之過違則建伊呂之業而後人顧以桂萼之邪說拾顧憲成呂留良之唾餘妄爲刺譏豈不惑哉性孝友以父病繙閱醫書著有麻疹闡注以始祖萬和無專祠集同族四十八村曉以大義醵貲捐田建孝子祠於大部之廬墓郎唐之孝感里也著有孝感里志以同邑章陶季漢書有遺義著有季漢書辨疑又著有春秋論列代史論輯生平所著經說彙爲經解若干卷新纂

虞廷鳳字果亭虞村人家貧作艮牯吟以寄意曰幽蘭發空巖老驥伏鹽輈由來相遇疏誰爲艮牯惜渴飲泌湖水飢食瞻山蕨一犂甘效能無心炫雄特主因憊欲棄罔念壯時力道逢物色人聲價忽然赫任重堪致遠轉售數倍值因歎古英豪失時多落魄一

且遇知音功名垂竹帛不幸牖下死後人空歎息榮悴有何常并沈隨所適剡川商盤採其詩入越風卒以諸生終邑詩之列越風者又有周二監字姬撰諸生大林人著有西巖詩鈔王紹典字畲經乾隆戊子舉人著有畲經遺集楊文振字振文布衣鐵厓先生裔孫也著有振文詩鈔越人皆供祀詩巢暨人入詩巢者二十二人餘十八人自有傳

壽文斗字映南增廣生鹽城人嘗從駱楓山先生炎遊寓楓橋鐘山下學者稱鐘山先生著有亦在吟二卷寸心草一卷儀徵阮文達公元選其詩入兩浙輶軒錄同邑詩人爲輶軒所甄錄者則有孫襄字夏佐貢生著有鹿舫隨鈔映雪堂詩鈔趙蘭字芳谷諸生著有十明詩鈔蔡本栽字蓼坡恩貢生著有蓼坡詩草馬以恭字鼎範布衣著有馬布衣詩稿馬

以智字貞一著有月門詩文集陳勳字思陶副貢生著有鳴鶴山房詩文集章瓚字錫文諸生著有竹林詩課醉餘吟周茂樞字賢美著有思霞詩草餘九人自有傳其詩名卓著而爲輶軒錄所遺者則有趙式字去非諸生工詩尤擅倚聲著有螢窗集雨鵑詞別腸詩選陳思湄字角村諸生詩宗李商隱尤工香奩體著有角村詩草孫克基字劭太晚號瓜田老人歲貢生襄從弟也詩境蒼古襄所不逮性孤介家居觸忿襆被出旋歸未幾又去或傳披緇淨慈寺或言天台國清寺不知所終著有瓜田賸草壽逵一字達夫文斗子邑諸生著有梅坡詩草逵一姪于敏字春亭嘉慶庚午舉人官湯溪縣學教諭著有古文見斑錄自鳴詩草于敏子僑自有傳

諸暨縣志卷三十三

人物志

列傳七

國朝

徐孝義　駱郊子文蔚

葛炳天　酈怡順　戚周倫　毛紹蕭

陳芝圖原名法乾，字崑谷，號月泉，楓橋人。廪膳生。博學，善書畫，屢試輒冠軍。金壇于相國視學浙江，芝圖與山陰劉鳴玉、會稽陶元藻同以古學受知，目爲東浙三才子。又與劉文蔚、沈翼天、茅逸、姚大源、童鈺、劉鳴玉稱越中七子，又與童鈺、劉鳴玉號越中三子。乾隆十七年，長洲彭大司馬視浙學，芝圖試復第一，將拔以充貢，與劉鳴玉同扼於郡守。少遊西粵，失貢後復東遊吳、楚，北之豫，南之閩，歷十餘年，足迹半天下，益得江山之助，詩稿滿行篋。古體直入浣花、昌黎之室，近體亦不在大歷之下。更精八法，工山水人物，品格雋雅。乾隆三十九年以疾卒於建甯府書院，蓋是時方主講也。著有秋暉堂集十二卷，其丹棘園詩一卷則同邑郭毓選本也。毓字文春號春林晚號紫石山人郭店人諸生初學制義交芝之圖始學詩遂以詩名越中復因芝圖交劉鳴玉童鈺嘗輯芝之圖丹棘園詩與鳴玉梅芝館鈺抱影廬集合刻爲越中三子詩山陰沈清玉徵君冰壺見而歎曰三子詩誠善若益一非郭誰也毓家貧好遊嘗絕閩海泛洞庭西南探桂林羅浮之勝北陟嵩華摹少室啟母之碑遊屐所經題詩摩崖都人士競相傳誦一時號爲名士喜讀司馬遷班固之書歲必一過故所爲文皆古勁樸茂著有帶山堂詩文集山居稿山居續稿別裁小箋訂訛七情賦并所輯浙水詩故三十七卷並行於世楊垂字統甫號可菴乾隆辛卯舉人初交毓復因毓交芝圖故詩文皆有師法六上公車不售留滯京師者十餘年識浦江戴殿泗所學日益進後以年老例貢國子監學正束裝歸里善醫能飲未嘗有酒過工行楷嘗謂五

洩山有鐵厓坪王元章陳老蓮畫有五洩圖而皆不可得則神溯久之其嗜奇獨往多此類也著有周易補義一卷醉餘吟稿二卷越中士大夫祀芝之圖於詩巢配唐賀監以下六君子而毓與垂亦以類從祀焉據越風詩巢祀位記泊鷗山莊集沈清玉集抱影廬集墨香居書識樹萱堂集帶山堂集孫度陳法乾小傳戴殿泗楊統甫家傳纂

石作硯字靜久歲貢生性至孝繼母卞急曲意承順久之母曰向固知若孝不謂竟若是也善撫諸弟偶不率教則垂涕諭之異母弟患危疾偕臥起者累年生平富撰述諸城竇光鼐視浙學目爲國士同邑章陶著幽芳集作硯撰序光鼐見其文歎曰吾與石生正在伯仲之閒可謂傾倒矣著有讀禮記孟子問鈔涉半壑代齒錄若干卷居室被火稿燬今所傳燼餘文集則綴補所存也因自號燼餘云陶初名兆驎字栽艮三都人慕靖節之爲人改名陶字

柴桑幼嗜書年十一私挾左氏傳二冊往家塾墮其一於水父覺遂授以左國史記恣所學事父孝昆季五人後先歿所遺孤弱二十餘口佃田數十畝歲入不足半年給餘皆出自稱貸然性高簡居斗室聚書數千卷及名人卷軸古琴硯數事寢處其中客至則論列古今不涉時事人無賢不肖悉待以誠遇不可輒義形於色甚則或引爲己事以是爲豪家所忌境益窘然方搦管或長吟家人向之索米則概置不聞五世一室內外蘄蘄無異言一時識與不識皆稱爲柴桑先生著有季漢書九十卷史記評選八卷幽芳集一卷古文雜著二卷呂鴻緒字大山號痌菴博學工古文以疾不就試老於布衣浦江戴東珊太史殿泗每有著述輒馳使百餘里就質於鴻緒呂氏先塋在溧陽被佔鴻緒輿疾就理溧陽令閱其牒據案朗誦事得申家貧撰述無存者惟傳制義數篇似學明

雲門派而去其穛秕當日西泠文社無此作者鴻緒嘗答蓴塘見趙裕所作文擊節賞以妹妻之裕因此得識戴東珊東珊贈裕詩有人情驚傲兀文格挽江河之句一日遊五洩遇浦江王盤洲璠一見傾心遂定交山寺盤洲不輕許可其於邑人曾見所著文而歎服不置者惟章柴桑陶石爐餘作硯及鴻緒與裕數人而已裕字匏園歲貢生著有蓴塘學古錄一卷自裕歿後吾邑無能古文者歷數十年而高湖余坤三都章瑞麟始崛起於道光之季坤自有傳瑞麟字素軒道光甲辰舉人陶族人也邃心經史於書無所不窺文勁健不及陶而樸茂過之一赴禮部試遂絕意進取與繼室朱筠偕隱山中擘箋唱酬希蹤鹿門己酉秋遊蔣隖秦山廟見土偶起立歸三日卒邑士白衣冠送葬者數百人據乾隆府志爐餘文集蓴塘學古錄詩存小傳大山家傳纂

陳祖範字法子號貞菴楓橋人廩貢生署杭州府學訓導膺特薦除曲城縣縣丞旋舉卓異陞博平縣知縣未至官卒性端嚴方履圓領雖盛暑必整束端坐居親喪水漿不入口七日始進饘粥居廬三年葬服悉遵士喪禮生平纂述無暇晷著有詩經古韻四書章句集注孝經刊誤三家詩辨異楚辭古韻韻補辨正彙爲法子類稿三十六卷桐城張英長洲嵇曾筠爲之序邑人著述向推祖範與楊有慶有慶字履旋貢生師事天台齊召南說經有師法著有詩序闡眞以詩注詩以傳注詩又援漢唐詩以注詩而折衷於欽定傳說彙纂召南爲之撰序推挹甚至又著有周易疏解洪範九疇論地理指南確注養浩軒文稿五雲山房詩鈔據家傳嵇曾筠法子類稿序乾隆府志纂

傅楨字紹說江皐人邑諸生肆究經術篤志不倦嘗取儀禮爲經

禮記爲傳采輯箋說著儀禮鈔解行於世同時與紹說後先以經學名家者則有鄺國華蔣其泳國華字尊庭邑諸生學邃於易折衷周邵二子鍵戸六十一年彙二家說著周易彙解其泳字天樂邑廩生舉孝廉方正著有四書考辨五經析義磐山文稿乾隆府志

周晉字接三水口人雍正丙午舉人座主陳萬策推爲對策第一同榜錢曰布素有文譽顧不及晉博時以錢爲賈君房晉爲邊孝先云生平究心理學邑令張長庠贈以詩曰濂溪家學深讀書得正派紀實也公車北上謁座師門者索金晉拂然曰師之拔我與我之受知於師皆公也非私也何得汙我師并以汙我即整衣冠望師門再拜去師聞之黜門者別遣僕追之則曰我已謝師矣卒不還其持正如此著有國風論周禮論續四勿箴朱陸異同辨四書體行集曰布字載錫洪袠孫也以所居江藻村有古缸故別號

玉釭與羣從塘竝以制義雄於時性敦厚博綜羣籍解經有聚訟者得曰布一言無不心折孫侍郎撫安徽那尙書督閩浙先後以禮聘之使子弟受業焉議論有裨時政者采之入奏輒報可著有大中條貫知非集塘字漢池號靑銅恩貢生官宣平縣學教諭博學能文與曰布競爽一時稱二錢先生據乾隆府志樓志俟采副草纂

蔡英字蕃宣號東軒世居烏巖有曲乙先生者僑居街亭蘆花山右遂爲烏橋人學精春秋以古人自期著有僑居雜詠英其孫也學宗程朱兼收陸王之說不規規於門戶乾隆丁酉舉於鄉官江山縣學訓導以扶翼名教爲已任嘗以事謁撫軍同僚皆拜英獨長揖撫軍嘉其知禮著爲令校職之不拜長官自英始也卒祀江山懷棠祠著有俟采副草東軒遺集張鴻儀字羽文號芥舟乾隆

戊午副貢生性沈確潛心理學從仇滄柱兆鰲遊日與研究性命之旨所造益深又從錢曰布講制義數十人同佔畢鴻儀獨居一室翫濂洛奥義曰布歎曰宋儒眞傳其在是乎邑令張端木名士也屢枉駕訪治道而鴻儀終不一至縣庭張喟然曰徐孺子有下榻時先生高風過之矣著有易經彙解芥舟文航陳大烈字熙梁諸生嘗讀韓康伯易注坐困累日忽掩卷曰易道精微乃至是乎因擘究宋五子書矻矻三十餘年其卒也山陰何百鈞爲之贊曰基之築性以蓄宋之揚德以彰温乎其栗惕乎其謐殆蔡沈黃榦之流而蹈乎紫陽之室邑人士以爲鴻儀大烈之學似劉靜之丁長孺而以蔡英比蕺山云英子粱嘉慶甲子舉人官開化縣學教諭以學行世其家著有萊峰詩草據江山縣志孝感里志侯宋副草允都名教錄纂

樓卜瀍字西濱乾隆庚辰舉人師事湻安方楘如會稽徐廷槐學

有師承辛丑會試後

恩賞國子監典簿銜著有易例四十卷毛詩訂疑二十卷書傳要旨四卷春秋三傳要錄十二卷禮圖約編八卷諸暨縣志四十二卷虛白室文稿一卷楊鐵厓古樂府注十卷詠史詩注八卷逸詩注八卷當時受業於方徐二先生而以著述名家者首推卜瀍其次則乾隆庚寅舉人楊裴午維信歲貢生楊西望如瑤維信著有三禮辨說離騷正義如瑤著有五經說三史辨疑滋禾堂文集卜瀍之修縣志也每訪故事於其族人樓大章大章字芥航歲貢生博該習掌故嘗主講毓秀書院議濬芹湖選石門縣學教諭未至官卒新纂

蔣載康名釗以字行別號楊莊博聞强記從餘姚盧抱經學士文弨遊得其師承歸而窮經乾隆辛卯舉於鄉典試者爲武進莊方

耕侍郎存與侍郎故精三禮壬辰會試後留京師數年就而卒業故所學於三禮爲尤邃戊戌大挑知縣分發甘肅不就襆被南歸下帷於白檪里之宣妙寺屏絕外事殫精治經謂周官較諸經爲晚出故疑義亦視諸經爲最多宗鄭注者墨守前失鮮所發明攻鄭注者排訐百端徒滋轇轕二者皆失著周官心解二十八卷謂三禮一貫而儀禮尤爲二戴之經後鄭三禮注亦儀禮爲最精朱子作經傳通解即以二戴釋儀禮而取別未審遺義尚多著儀禮獨裁十九卷晚年更好易謂王輔嗣以清言亂經遂發漢以後二十一家注精心探討著周易新義十三卷又著有鄉黨雜說左史合評各若干卷古先儒說漢唐而外獨推蕭山毛西河檢討奇齡謂西河說經本不甚醕顧其創解博援穿穴旁通亦罕有其匹嘗夢中得贈句云當今於我無儕輩世上如君復幾人蓋神契於冥

默矣孫如字暘谷諸生能世其學爲校刊周官心解行世餘稿毀

於家粤匪之亂燬

陳維垓字卓巖廩生交戴東珊曹茶山太史與之論詩深相契合

復從同邑陳月泉茂才芝圖餘姚邵南江侍讀晉涵鉛山蔣心餘

太史士銓遊故學有原本著有南村詩録嘉慶甲子以年例

恩賞副貢丁卯

賞舉人戊辰會試後

賞翰林院檢討銜時

上自圓明園回蹕與齊年生高亮僑等迎

鑾道旁予加級張大維字纚舟諸生敦行勵學乾隆甲寅

恩賞舉人乙卯會試後

賞翰林院檢討銜預千叟宴

賜冠帶杖履并
御製詩趙槩字一琴歲貢生乾隆乙卯
恩賞舉人嘉慶戊午會試後
賞翰林院檢討銜著有諸暨縣志勘誤胡序字集三歲貢生槩之母舅也亦糾樓卜瀍縣志之失得數十條又著有春秋簡融四卷春秋列女傳二卷餘語一卷

壽同春名星以字行號芝厓壘城人遊幕閩中嘗渡海至臺灣考其風俗人情苗疆海道甚悉值林爽文倡亂疊陷彰化諸羅鳳山不旬日從亂者累數萬郡城戒嚴淡水廳同知程俊新莅任方駐大甲防堵而竹山之賊乘間據淡水城劫府庫程同知子某挈印內渡俊斃於兵前任同知劉亨基合家殉難賊縶同春且問計焉同春紿曰若以烏合之眾頓兵荒城無積儲何以持久分剽擄[illegible]

則弱若宜自爲計賊以爲然脫同春械分其黨四出劫擾留守者無備同春客淡水久胥徒皆習識潛出募義勇宿李巡檢家賦詩曰已拚馬革裹屍還豈意重逢大海邊千里烽煙雙眼內百年痛哭一鐙前惟宜殺賊匡時急共望同仇矢力堅對此洶洶難袖手救民水火息戈鋋民稍稍集遂閉城縛叛首王作等騈斬之餘賊讋不敢動一一就縛抵於法乃益招集難民憑城固守伺賊少懈輒選鋒出擊挫其銳賊懼引去同春有賊退後寄感詩曰白髮感飛蓬蒼生泣斷鴻干戈百戰後兵火一年中辛苦疲筋力艱危仗樸忠堪憐城外地處處血流紅自丙午十二月至丁未四月淡水孤城兀然獨存同春力也先是諸羅彰化鳳山次第爲官軍克復而鳳山再陷於賊勢益披猖臺南北音問隔絕五月徐夢麟奉檄署淡水同知知同春才延佐軍務招安白石湖難民剿金貂尾賊

寨擒叛弁彭喜皆同春經畫之力有採金貂尾賊寨詩曰不辭冒險上金貂滿眼荆榛首竝搔裹甲暗行叢箐黑銜枚直踏亂雲高林深狐兔藏身固秋老豺狼踞窟豪爲有胸羅兵百萬穴中小醜那能逃時爽文方據大里杙負嵎自固官兵環營犄角莫敢深入同春謂夢麟曰賊介恃其衆數且累萬胡可勝誅不如直擣其巢爽文擒則羣賊瓦解矣夢麟用其計三上書提督請分六路進攻遂移軍大甲約鹿港官兵剋期竝進同春率師由西路入駐烏牛闌鹿港兵失期同春以孤軍近逼十三犂地伏發馬蹶被執至大里杙賊以刃脅降同春從容賦詩曰今日臣心盡從容甘殺身黃沙堆白骨碧血化青燐報國靈猶在除凶志未伸所欣芳潔體異彼作降人賦畢大罵賊遂支解之時年七十一湯禮祥弔壽芝厓詩布衣之勇不可敵七十老翁來殺賊躍馬大呼兒胄趨義氣一激吞澎湖狠豕獰猶恣奔突軍聲不動鼓聲咽血花射海海水紅狂氛惡霧迷西東

馬嘶一蹶落虎口怒罵羣凶爾莫走十萬官軍在爾後殲爾凶殘傳爾首是時月黑羣鬼號賊兵林立揮長刀須臾見刀不見人可憐萬刃攢一身嗚呼幕府之客有如此布衣不愧眞男子事聞

詔國史立傳予雲騎尉世職子聰官縣丞

特旨以知縣用嘉慶三年奉

旨祀昭忠祠著有閩遊政草芝厓詩集据臺灣府志張士元記事楊揖詠文芝厓詩集纂

湯聘字莘來號稼堂曾祖輝茲僑寓杭州遂隸籍仁和乾隆丙辰成進士授吏部考功司主事歷員外郎中調文選司轉御史遇事敢言奏請貧民零鹽毋許兵役需索其略曰貧民挑鹽易米額有定數原不在禁捕之例蘇浙官商設有常捕私役募作星羅遇大梟匪每多袖手一遇擔負數十斤之貧民輒借端誣索甚或擄爲已有此等貧民類皆典貸爲資家有老羸屋多孩穉嗷嗷待哺而竟絕食於惡捕之手非所以恤窮民廣生計也又言各省濱水

之鄉民多以漁爲業費力不多獲貲無窮此天地自然之美利宜
聽民自便毋任胥役借端索規奏上
上爲惻然下部議可又奏請嚴富商囤米之禁奏
旨允行河決奏
命由徐州相度地勢開引河殺水勢回奏稱
旨
賜表裏書籍充順天鄉試同考官轉刑科給事中巡視中城言部
務當公同詳覈不宜挾私見疏凡千言奏
硃批湯聘所奏頗知大體照所議施行庚午典陝西鄉試事竣奏
命提督江西學政所得士如彭元瑞戴第元王士棻等後皆以文
學受
恩遇癸酉授湖南辰沅永靖道署湖南布政使乙亥丁外艱丁丑

服闋

上南巡迎鑾問家有老親否以繼母樓氏對遂泣言母歸臣父時

臣年纔十四

上曰撫養亦自不易時已授陝西按察使

特命改江西布政使俾得迎養辛巳擢湖北巡撫歸州張洪順巨猾也吏胥目爲良民事覺復釋之聘莅任閱牘決爲眞盜以臬司沈作朋有失察處分逡巡未置之法旋奉

命移撫江西盜以他事發讞達部部議聘徇庇臬司不即奏解官罰修湖北城及孝感縣隄工尋授湖南按察使乙酉遷陝西布政使丙戌復任湖北巡撫調雲南緬甸請內附聘疑其詐總督楊應琚銳自任阻之不聽勸勒兵往又不聽果中計軍盡陷偵至聘檄提督李時升率兵赴援親駐永昌遣將出銅壁關提督出天馬關

分道夾剿永昌城虛賊由間道越關距永昌僅數十里鎮將懼欲令民登陴守聘曰賊乘我虛不可示弱戒勿妄動賊不敢犯事聞
上震怒敕應琚速進師以聘漢員不習兵調貴州命鄂甯代之聘自陳願留軍前效力應琚駐關外勒兵不戰聘知應琚怯泣與兵誓剋期出關而甯已至遂赴黔甯以應琚事聞聘坐不先劾逮下獄尋病卒著有稼堂漫稿據湖北雲南省志余叔子湯中丞傳魏默深聖武記纂

傅棠原名寅字石波賦性不羈以諸生應秋試再不售即棄去北走京師寄籍宛平易今名嘉慶庚申辛酉聯捷成進士官翰林院編修改歸本籍已巳以御史記名庚午典試陝甘歸授江南道監察御史時內監挂小刀棠劾罷之林清之變宮監有入其黨者同僚始服其識時
上方幸木蘭闔城遑遽棠與同年李鴻裔日夜巡城嚴飭備

上回鑾察知之嚮用始殷
賜硯扇各二次香珠荷包各一次甲戌
奏請刑部題員外郎郎中派秋審處總辦司員不得徇私
上從之陞禮科給事中轉刑科丙子奉
命提督廣東學政杜絕苞苴甄拔單寒士論翕然擢光祿寺少卿遷内閣侍讀學士甫滿任卒於粵棠文字雅贍官翰林時與同館姚元之最相得多唱和之作時人以之比韓孟居官清廉殁後至無以爲葬新纂

陳德龍字元文楓橋人家故貧晚年漸裕除夜挑鐙坐見人伏暗室默不語人靜呼之出曰是非君子之行也其人告以貧給之資勸改行愧謝去每歲暮輒獨行見突無煙者助以米有負者焚其券歲費千金以爲常孫殿榮字繼垣年十六父歿承遺命蠲租一

歲窮佃執香送葬者逾千人邑有義舉必首推之有爭訟得一言即解族甲與嫺乙以壙地搆訟乙背殿榮注其名於牒令直乙甲伉之殿榮出己資倍壙值兩給之釋忿去邑多溺女風倡建拯嬰局道光庚戌歲饑以倡振議敘布政司理問咸豐壬子東南兵起庚申杭州陷浙東議團防大吏檄有司籌餉輸皆逾萬晉知州邑令劉書田許瑤光兩旌其閭時辟輿從造訪利病而殿榮終其身不一履縣庭辛酉粵匪由金華竄諸暨里豪何文慶謀應賊殿榮發其事求援於族人刑部主事何維俊維俊為解於巡撫給以軍裝命隨總兵文瑞防義烏其黨至縣城與文瑞兵鬨敗歸據村叛九月諸暨陷邑令許瑤光被戕鄉民馬以位以簣輿送至楓橋文慶誘瑤光入其村謀執以獻賊殿榮遣健丁護至郡文慶益憾懟其室十一月賊卡楓橋偽軍帥某聳酋稱為鄉官堅不從遂拘焉

鄉人德殿榮者乘閒脫之以是抱憤卒於會稽先是陳氏以微嫌析宗祠已數百年矣殿榮惻然曰是同宗爲路人也謀諸族建萃倫堂基址土木則獨任之經營十餘載費鏹二萬餘緡而堂成而陳氏之宗派遂由分而復合

周源淋字沃齋藏綠鳴人援例授戶部山東司員外郎浙江巡撫奏南沙私鹽請官爲收鬻每百斤償六百事下戶部源淋議定海鹽斤三錢不應南沙可倍貲收必貴鬻南沙昂則全浙皆昂商民必俱病力爭不得悒悒病卒著有易外偶紀四卷姪春湆字巳村乾隆乙卯優貢生充八旗官學教習以知縣分發四川署平武縣知縣調資陽再調榮昌補南溪以張格爾擾新疆量才改甘肅署平羅縣知縣爲政不務催科任平武時繪有輸將圖浦江戴春塘聽題以詩曰能吏急催科苛政猛於虎凶荒必取盈逃亡責鄰戶

以此登薦章詎識民間苦道州陽使君下考將解組民恐好官去輸將力愈努卓哉古之人今人不如古我觀繆生圖繪者姓繆載負何旁午多者牛驢馱少者負筐筥絡繹赴城闉沿途譁笑語笑語問云何曰官吾民父終年勞撫綏絲粟未民取聞將舍民去先期問倉庾何忍煩追呼豈肯施撻楚昔聞陽道州今見周平武其治南溪也教民樹桑妻親育蠶命僕婦纖於廳事令紳民婦女次第進觀著蠶桑實要刻以行世春溶弟桐字洩莊嘉慶戊午優貢丁卯副貢儀徵阮文達公奇賞其詩與相唱酬桐從弟栻字敬之號未菴道光丙戌進士歷官南宮玉田縣知縣調天津有惠政以任玉田時失察劉吏議民冤之撾鼓訟大吏置不問則私集貲為官捐復謂可留任也及閒例當改銓則巷哭及去為之立祠改選福建請就教除嘉興府學教授時有鉅案久不決知府謂栻能委之鞫

囚伏法無怨言在任二十年士論翕然善畫蘆雁人得尺楮寸葉爭相珍弆著有未菴詩稿弟杲字蟫史嘉慶癸酉舉人官長興縣學教諭杲於羣從中尤稱博學著有尚書釋義水經圖說蟫史詩文集杲子炳鑑原名煥字立菴道光庚子進士改庶吉士散館授編修由御史官黄州府知府甫至省黄州陷於賊咸豐己未克復始抵任辛酉春文恭公官文督兩湖檄省鞫案賊由閒道襲黄州急馳歸而城已陷從都統舒保復隨州京山縣歿於軍營照道員例

贈光祿寺卿廕一子知縣炳鑑從弟惺然字篤甫道光己酉拔貢生歷署山西甯武朔平潞安府知府工書擅倚聲著有萬紅友詞律辨正一卷雙紅豆館詞鈔四卷邑詞學家首推趙雨鶴而疏影樓詞後出百餘年直掩古人而上之自是以後苎村洩溪之閒檀

板烏篷舶牙顧曲詞壇牛耳歸雙紅豆生矣惺然嘗學詞於蘇州陶鳧薌陶著有紅豆館詞故題其塡詞之館曰雙紅豆又著有敝帚詩略一卷周氏爲邑望族源淋之祖曰夢彪字睦堂合邑義舉知無不爲人以爲陰德所致云

陳大定字麟頎號甯齋乾隆乙未武進士選貴州安順守備題陞威甯鎮標都司湖南苗疆不靖爵大學士福康安由四川調制雲貴經略苗疆檄繞黔軍屢立戰功進雲南遊擊時湖北教匪蔓延川東經略明亮檄爲襄長自永綏抵達州軍律嚴布政使林儁勞於界上歎以爲不可及大定既抵達州即拔遊擊魏攀舉於營解參軍齊二克之圍賊聞風遁追敗之於善家壩又敗之於鳳凰山俘獲以千計事聞

賞戴花翎加副將銜

賜大小荷包未幾賊復合營於唐子山統帥檄諸營窮追時大定病不食三日矣詣帳諫曰賊敗而據險中必有伏我兵兼旬血戰千里餽糧士有飢色兵家所忌姑緩偵其虛實既確而後擣之餘醜不足平也不聽大定回營具粥飲而出其子三禎請從大定曰此行必不利汝姑爲後援以收吾骨師已行遇有稱鄉勇者疑而詰之出篆名牌呈驗縱之往入險即抽刀斫官軍四面馳至大定知不免駐軍喋血戰厓路陡絶躍馬上踞石側立賊擁集如蝟勒斬十餘人一賊潛出其右刺脇透裹甲飲刃入腋比三禎援至見父已死猶握刀倚厓立氣勃勃如生柩返貴州紳民設奠哭一軍無不泣下者

詔賜祭葬入祀昭忠祠廕一子官守備大定工詩殉難後稿無存者惟萬里煙波愁白髮一天星斗落清淮之句至今猶爲士林傳

誦陳之壯字夢周大定族人也乾隆丁未武進士三等侍衛選湖北守備嘉慶元年奉巡撫檄征荆州枝江縣教匪結營望佛山踰栗子嶺搗鳳凰山巢殲鋒先登六月隨將軍明亮討孝感縣賊銼其壘八月隨總兵富蘭察殲河南泰和山賊十二月進營襄城明年二月隨將軍鏟賊壘拔之三月偕同知周季堂勦賊鄖西屢以軍功保補安陸都司戊午二月檄征四川鏺達州賊剿之於夔州五月攻大神山賊踣之於塔坪蹂通江劉家坪壘殪其渠題陞竹谿遊擊歿於四川營山縣之固州寨

詔卹其家廕一子著有隨征紀略一卷

徐孝義清泉人幼好讀書有陳某者其父姊妹壻也無子求爲嗣以繼父母老棄舉業理家政生父母相繼逝請於繼父母歸持喪如諸子人莫辨其爲陳氏後也及丁繼父母艱一如生父母人亦

莫識其爲徐氏子也初陳氏無期功可繼及徐氏子爲之後生五子矣而陳某族子忽舉一子遽入繼爲孫盡收其業人有慫徐者曰吾向之後陳以義不以利今陳氏有後固所願也吾今之歸徐以理不以勢徐氏無我而卒有我我心安矣雖然我將終我身兼奉陳氏之祀以報繼父母陳氏其有以許我乎徐氏子卒居陳而歸氏徐人忘其名第稱爲清泉徐孝義云

駱郊字飄峰樂嘉橋人道光癸巳甲午邑連被水旱捐資平糶民賴以濟壬寅歲又饑村民肆劫掠郊集父老告之曰救荒得善策可資守望事至而圖之晚矣莫如仿宋朱子社倉法積貸斂爲久遠計衆許諾遂出窖粟千餘石爲族倡建義倉於鄉社庚戌歲大饑有司請發帑以振縣吏奉牒至鄉徵戶籍郊惡其擾卻之傾倉以給貧民一鄉無餓者居家遵禮法子六人孫曾數十人長幼秩

然家無間言邑人論家法者至以之比鄭義門云子文蔚字越樵咸豐壬子進士官刑部安徽司員外郎性耿介精刑名決獄多平反平居研究宋儒書與錢唐夏侍郎同善講學最契咸豐庚申京師被兵同僚多遷避文蔚獨不爲動文端公倭仁甚器重之京察一等以道府記名歿於京寓著有警枕集

葛炳天字曜南葛村人父歿廬殯舍旁夙興問安否盥水加巾獻食傴僂進請益屛氣侍良久進茗奉紫竹筩燃淡巴菰以次進日中如之日夕又如之夜深燈燼乃睡遇大風雨輒起立殯側歲餘母憫其瘁趣毀廬掖炳天歸迺奉主於室寢苫枕塊終三年如初喪母臨歿屬曰曩汝父之喪汝羸瘠且殆今勿貽吾地下憂哭受命母始瞑然卒廬墓三年酈怡順世居縣城翠峰寺前家貧販時果以給父維美遊幕歸里病奉湯藥衣不解帶者累月父歿事母

益謹婁勿善也出之母性潔怡順滌廁牏未嘗他諉母歿殯陶朱山麓歲時墓祭並及鄰冢泣拜曰吾母性怯願共相扶持祝畢號泣歸感動行人服闋始續娶樓氏年六十五卒樓氏苦守終其身又有戚周倫者年十三母病癰潰刀圭罔施呻吟牀席周倫不離左右手搔口吮者八年母歿哀毀骨立周桐鴻莊氏爲之撰戚孝子傳

毛紹壽字紹封毛村灘人家貧館於邑城距家五里許一日母思茶羹紹壽買茶攜筐回家渡浣江失足落水順流里許忽一人叩館告曰下流有筐浮水面不沈館徒疑迹之得紹壽溺水狀急拯之見紹壽首戴筐茶如故扶歸家母子相對泣既而大喜逾月母病卒殯伏虎山旁構廬將依母以終身未幾病瀕危夢中猶喁喁作囈語曰死便葬我殯側家人懼强舁歸數日卒趙機輓毛紹封柳梢青詞予季

長嗟出門一飽願難奢菜把零星米囊羞澀風雨還家百年

倏萎蕙花結廬處腸斷天涯楊柳墳前棠梨樹上莫打慈鴉

諸暨縣志卷三十四

人物志

列傳八

國朝

王海觀 金樹本 金樹棟 屠倬 子秉鈞 彝 姚倜

葉敬 葛玉書 趙機 余坤

駱衛城 壽僑 姚燮

郭鳳沼 郭肇 酈滋德 趙檝 周保勳

陳毓書 子秉鈞 孟夢虎 趙周誥

包立身 酈景焱 錢慶雲 周錫年 錢之瑩 蔣又新 陳朝雲 錢基泰

傅觀濤 兄春濤 周人吉 俞寶善 孟昌德

徐漸逵 弟繼杰 陳偉

王海觀字見滄號月槎有覺嶺人紹典子也嘉慶己巳進士歷官河南洛陽鎮平縣知縣信陽州知州多惠政公餘留意撰述任洛陽時築清敏堂以課士造就甚眾道光己酉分校鄉闈得士至二十餘人一時稱盛致仕後主講龍山書院與山陰沈霞西復粲會稽杜尺莊煦東陽程春鄂杼等九人稱龍山九老著有月槎詩稿十六卷新纂同郡宗侍御稷辰與海觀最契官洛陽時自京師單車訪之居其所築清敏堂與論道義性命之學及文章政事之源流窮數晝夜弗倦臨別贈以詩曰穎水清如許人將比使君蜚翔任流輩澹泊自空群古調琴彈雪閒情鶴縱雲近聞饒勝事壇坫會人文初稷辰寓京師藉筆耕以養母其友金樹本投以甘旨費頗感之後樹本令粵東且十年道光丙午再見於都下得其所刻近著迪吉編心史躋之樹本字培生弱歲有聲庠序試文屢受蒲

城王文恪公知登道光乙酉鄉書癸巳成進士以知縣分發廣東
歷署開平乳源縣知縣補瓊山縣知縣攝瓊防同知以捐修城垣
礮臺練勇得敘奉
旨加運同銜復以修省城礮臺保奏
命以知府用分發廣西署柳州府知府莅任四月遽卒年僅五十
三也性樸厚敝衣菲食尤能習勞初赴官徒步逾常山僮僕訝之
弗顧也及治縣訪積蠹巨盜多改裝走墟莽閒力行保甲恆親入
村落悉民疾苦任瓊山時治邊備興廟學試院皆身率先焉庚子
冬至辛丑春四月不雨日步禱弗遑寢食得雨乃已精覈勤鞫問
提督部校獲李茂興等商船八十餘人以爲盜幾成獄矣樹本悉
心勘察卒雪其冤又承審王二得石十六各案生全至數百人而
眞盜皆伏法病海澨多故上書大府極言營糧虛冒之弊議足兵

以防寇聞者大駭繼而悚然歷充庚子廣東鄉試同考官丙午廣西文武闈監試官衡校巡防靡不殫竭心力其任柳州奔步萬餘里入瘴地初政加悴驟咯血恃壯力疾理官牘遂致不起遺令割產爲宗祠祀田他無屬也稷辰爲銘其墓曰嗇身而不倦於施言善而行踐之其勇匆匆其仁孜孜嗚呼此吉人之歸也促於時而性舒也歉於人而天自怡也歿斯安矣吾何以悲爲躬恥齋集

金樹棟字筠莊樹本從弟也道光己亥舉人博綜經史於輿地尤稱專家著有羣經傳注地名今釋八卷圖一卷新纂

屠倬字孟昭琴隖人寄居錢唐不忘故鄉故自號琴隖弱冠好詩酒結客博綜經史旁及星緯兵家言涉覽諸子漢唐以來古文辭嘉慶辛酉偕仁和胡元杲秋日讀書清平山之拂塵菴與錢塘朱彭青湖吳錫麒穀人吳江郭麐頻伽海甯查揆梅史相師友是年

舉於鄉不赴禮部試明年仍居山中則錢塘范崇階小湖殳春源積堂至又明年梅史及仁和許乃濟青士來同居於是青士作五君詠梅史爲譔小檀欒室五人贊而仁和奚岡鐵生武進王浩椒畦俱有畫圖倬自爲記錄桐城姚鼐儀徵阮元無錫秦瀛錢塘陳鴻壽吳縣顧蒓開化戴敦元平湖朱爲弼蒙古法式善題詞於後小檀欒室者拂塵菴東簃也環檐種竹故名甲子諸君散去倬獨與德清陳斌白雲同居菴中學爲古文明年計偕入都下第還復居小檀欒室自辛酉迄丙寅始終山居者六年而所學乃大成戊辰成進士方

廷對時諸王監試者耳倬名且知其工畫即試几索畫時方日中文數千言立就潑墨揮灑意豪甚聲溢

內廷授庶吉士迨散館復試

殿上索畫者如故坐是汙卷改知縣旋除儀徵有殊績引經斷獄無留讞教民種木棉課農桑杏花春雨張蓋駐郊作吳語與野老婦孺喃喃說田家事歸輒賦詩紀事憫邑無蠶桑自湖州買秧二萬本給之作勸桑詩三章曰起家自田閒蠶事故所諳春郊五畝宅彌望桑柘佳吾鄉苧蘿村採桑多越娃朝畦婦姑共夕隴鄰媼偕眠起視時節飽飢慎勿乖桑條拂霜翦淨綠春雨揩蝸來孚此邦惻惻傷我懷地力誰爲盡生理詎有涯不見呰窳俗偷生滿江淮濱江曠土多灌溉亦頗沃去年種木棉及秋子已熟自注去春市木棉子徧給鄉民藝之多有熟者種桑如種棉即此生理足本計在一勤所望民氣復吳姜徧桑田樸茂好風俗家家箱篋盈婚嫁饒綺縠物土非異宜要以勤惰卜胡然局方隅曾不習杼柚我有萬本桑俾汝八一束清明葉漸生牆下陰覆屋一本三尺强一束百本移樹藝有方法

日夕勤糞治壓條待接種烙瘢初剪枝曖曖茅檐下樵熟亦療飢

爾民未習此瑣屑勿苦疲利興百年遠效不三年遲爾民亦有父

庶足衣帛資爾民亦有子勿念號寒爲提筐夕陽隴浴種清江湄

凍餓良可念他日視此詩其恤漕詩曰賦稅不可缺追呼亦可憐

粒粒倉中粟小民膏血煎江南賦尤重例由勝國延民已習而安

科則例所編取之不爲虐所貴長吏賢奈何有折色石米錢五千

漕丁猛於虎抑勒吏使然其名曰幫費千金開一船丁則固已虐

吏實任咎焉侵蝕到隸胥況以私槖先我

后付我民俾之使生全祿糈

后所詔撫字吏所專曾不我民恤而忍加笞鞭催科甘下考待罪

及四年民隱敢不書上有咫尺天省訟詩曰小兒習驕縱頑劣無

不爲豈伊孩提性父兄實誘之循循識規矩督勸貴嚴師有時不

卒教聊以夏楚威愚民蹈法網厥咎如小兒飲食亦興訟所爭或刀錐弟兄有交鬩鄰理有相欺肇釁乃至微厥罪且重罹長官民父母家國無異施有子誠不孝甯改父母慈胡爲獨於民而不一致思苟能正其本赤子皆良知有過與刑故信之使不疑以漸格其俗孝弟實始基方今

聖治隆民氣固未漓敢效俗吏爲抉摘毛與皮古有循良吏爲政不尚奇要當培元氣刑措庶可期憫旱詩曰甲戌夏不雨災傷徧吳會況茲濱江邑由來已凋瘵西北山田多犬牙錯鄰界尺寸土不毛涓流絕溝澮東南稍近江邪水繞其外盛夏潮汐枯天意吁可怪巡鄉問疾苦揮汗觸埃壒老農見官來奔訴馬前拜高田秧不生斥鹵種先敗禾苗如束槀日炙攏頭曬乙家三畝塘不足一頃漑昨日塘已涸龍骨壁間蜺小民并無田佃地耕而隰父子并

力耕殘喘一日句春來麥半收已畢五分債主伯急追呼無秋更誰貸西鄰甲窮老力不勝鋤耒一牛初生犢并犢市中賣吁嗟乎老農同此生覆載語痛徹肺肝聽之那不喟移時立田間驕陽灼肩背愧爾跣足趨卻我暑張蓋牆頭瓜蔓死青青但蒿艾脫非官自來誰則知其憊昔聞漢循吏甘雨隨車軑精誠召天和旱魃虐何害爾民實何辜籲禱亦至再咎由官不德天心倘將悔讀其詩者至此之唐元魯山云先是倬頒木棉子於民間逾年吉貝花開徧塍畦皆棉鈴也倬教村婦採擷須發織具於是負州之民始知織邑人名其布曰厝公布淮甯有張鐵槍者名永祥儀徵阮文達公撫河南及撫浙江皆置張麾下倬下車即聘張於揚州捕鹽梟蔣光斗置於法官儀徵先後五年蒞任纔一月城市村落徧書官清民安四字於戶明年捕盜四出於宿遷沭縣銅山逾境至山東

濟甯直隸武清到輒獲盜武清之役幾拒捕矣漕督適至停輿飭中軍協捕及還漕督語倬曰數千里不分畛域緝捕之勤天下無如君者倬聞言益自勵壬申以病乞歸兩江總督百齡下檄以兩漢循吏相獎勸堅留不得去循聲滿大江南北大興翁方綱覃溪寄以詩曰陸繼平湖陸師非里塾師百年前訪蹟一紙舊緘詩併入眞州志應鑴峴首碑琴堂經術富何憾不同時翁曾手摹陸先生師詩翰跋其尾云陸康熙中宰儀徵有政聲先君子少遊邗上日見其事此蹟方綱得於友篋者孟昭官茲邑克繼前賢故手摹以奉寄案陸號麟度歸安人至今百數十年邑人猶稱不去口平湖陸則淸獻公也翰林來作宰首日課農桑江邑培逾厚詞源話轉長循良增著錄政事出文章自注芸臺自注顧南雅令名宿蘇齋侑一觴倬性閒澹蕭然興江湖之思繪邗溪漁隱圖以見志臨川樂鈞侯官林則徐陽湖湯貽汾吳江郭麐皆有題詠未幾以父憂去官罄資構潛園因號潛園居士日與詩人逸客縱飲

賦詩結爲吟社不問生產有以急難告者稱己力周之不足丐他人助之嘗取史記游俠傳讀之愧不若也旣大病家亦大匱貧潛圖餓人半宅居之傭書授經奉母自給道光元年特詔起知袁州移守九江俱以母老辭閉門謝客飭子弟勿關白家事吟詩焚香終日宴坐而已倬先世自琴鳴徙山陰又寄居錢唐睠睠於故鄉桑梓每歲埽墓歸琴鳴所過山水經日流連往往見於詩歌有暨陽道中十八詠又請阮文達公爲其遠祖厝道補撰墓碑以寄永思顔其寓齋曰琴鳴舊廬徧徵名流題詠著有是程堂集十四卷唱和投贈詩二十三卷詞二卷子秉字修伯鈞字鷺洲彝字白巖皆以詩畫世其業而秉詩彝畫尤稱名家秉著有楓菴集（新纂）

姚佩字椿林邑諸生姚公步人少有詩才及長趨步唐律不踰尺寸與琴鳴論詩最契有讀是程堂集奉寄詩曰春風初

引階下桐蕭齋孤坐意轉慵挑鐙快讀是程集炯若金篦刮雙瞳權奇倜儻兼渾脫直以浩氣蟠蒼穹老蛟拏雲奮鱗爪雌蜺飲澗浮青紅臨風高張五色錦拔鞘淨拭三尺銅照眼十日不得散厥氣魂魂光熊熊行間謬欲一詞贊口訾舌拙詞不工譬如夷光姿絕代世無秦鏡難爲容吾鄉僻陋達者少楊（自注：鐵厓）王（自注：山農）以後無巨公安得公來任提唱坐使此道開屯蒙山水無靈挽不住赤鯉騰出秋蛟宮楚材晉有何足惜咄嗟吾道將何從況余窮年徒仰屋閉門吟苦如秋蟲青冥倘許附垂翅願借鵬翼摶天風年未四十卒友人葉敬去病輯其詩爲羣香吟館稿二卷越人祀僻於詩巢

葉敬原名元紹字去病號蕃生道光乙酉拔貢生博學通故訓及古文家言近取鐵厓章倓之閒遠契紫芝君復以上挾其學遊京

師與同郡宗滌樓侍御交先後六七年每見必以經史疑義宋元學派相質難後以校康熙字典銓雲和縣學教諭性坦易以自適爲道以有念爲欲始而棄妻子繼而棄文辭由拔貢爲學師舍其奉入又舍其官歸而寄食書院爲葛氏校書杭州項潛園進士敬道義交也性不同而各適其適其卒也皆以道光庚戌元日若相約者躬恥齋集著有樹萱堂集葛玉書字漱白諸生藏書甲越中多敬所手校朱墨爛然世稱善本玉書搜一邑文獻思刊鐵厓所著書而未果也一日遊吳門過黄主事丕烈百宋一廛室插架有舊槧商於黄黄慨贈之卽日買舟擕書歸繪有太湖載書圖敬復爲校勘繫以跋語今稿猶存其朱筆則敬手書也玉書旋歿兵燹後葛氏書樓燬鐵厓集亦不復存同時以博學與敬齊名者則曰趙白魚機機字春臺晚號白魚老人道光庚寅歲貢生性謙厚博通典

籍講學不規規於宋儒語錄蘄於無背聖言而止著述悉有根據晚年病痪以左臂作書畫購硬黄數百紙磨墨汁斗許日寫蘭竹松石分貽戚友紙盡而歿著有白魚堂集新纂

余坤字子容號小坡御史縉六世孫少負異才邑令楊丹山賞其文曰此韓潮蘇海也道光己丑由進士除主事時上元梅伯言曾亮桐城姚石甫瑩文章道德翕然爲海內所宗見坤折節訂忘年交同時朱琦湯鵬楊彝珍馮志沂吴嘉賓王錫振宗稷辰輩皆一時名士以風節相砥礪坤年少氣盛縱横不可一世值海氛不靖大吏狃於承平之習不爲備則寢憤輒發爲詩歌以洩其激昂憤惋之氣有夜坐述懷用伯言韻詩曰請纓長擬拂衣行待卷殘書撤短檠私託文章論近事終無才調逝時英狂愚差近齊三士高致逡慚魯兩生何日海東鼙鼓息天涯聊慰故園情伯言贈詩曰

客爲酉閑少詩常倚病多古歡良不淺世態覺如何吾自甘郎省君當擬諫坡人生各情事應未效蹉跎柏梘山房詩集一時同人贈答之作多散見各家文集中其僑居都中感時觸懷輒見諸詩官俸所入悉以購書閉戶丹鉛樵蘇不爨客至清談竟夕忘倦生平論學梅叟而外推同邑駱東溪次新城陳懿叔廣尊昆季東溪歿歸其喪并刻其遺集六卷既而擢郎中出守雅州伯言贈以序曰余初識小坡其貌甚落落久而情益親議論益同其有所作余未嘗不以爲工而於余文所可否未嘗不與余同其意也其相契如此未幾移署甯遠護建昌兵備道濬河戢盜所至有政績初官京師時姚瑩方以臺灣事迕英人逮繫刑部坤屢入獄慰藉爲之營救及出守雅州時姚事已白奉檄來蜀與論出處大節及經濟方略甚相契合書函見姚箸東溟文集中其署甯遠也坐細故左遷陳懿

叔昆季在成都慮其以无妄失官或抑鬱不自得各以詩多方開慰書巨册寄坤不知坤方欣然馳報二君以得歸就養爲樂報以詩曰一笑冥鴻脫網羅故人於此尚云何端因往跡多偏宕致累先憂見切摩若使浮屠求解脫何殊燕趙涙悲歌知君心爲狂奴劇遙攬芬菲鬢欲皤左降渾如得美遷激眸似水迴寥天一生遠意青山外萬里歸心白髮前且莫知交商出處但詢妻子孰安便玆心了了無餘累珠在淵心月正圓又謂昌黎廬陵東坡山谷諸君子皆不得遂其還鄉一日之樂吾年未艾得脫世網方之古人自謂過之晚歲值淇楊之亂友人有以乘時圖功爲請者答書略曰僕當時自蜀歸江右陳廣專臨别以宗留守歸山中讀書九年復出建功之說爲贈此言中心藏之於今耿耿然而遲回數十年内度諸身外度諸世上察天心下觀人事而知欲爲宗留守亦必

不可得也何也宗留守當國家傾覆之際用人者急何能擇苟有慷慨任事者事任卽歸之而今猶非其時也且欲爲留守亦須有知己而知己尤必須有大力者當今之世有大力者斷無有知我者也彼但知齷齪自大挾利勢以傲天下士所謂訑訑之聲音顏色拒人於千里之外則士止於千里之外而讒諂面諛之人至矣其能聽大度之言識英雄之性拔之於沈滯之中而付以大權重任而不疑者誰乎此僕所以徘徊而莫知所向也蓋其愼於出處如此此可以見風節矣又嘗謂漢重經術故黃巾見康成而羅拜唐尚篇什故盜魁見學士而索詩今非其時也旋卒著書數十種燬於兵燹今僅存寓庸室詩文稿默存錄小坡芻議若干卷

駱衛城改名觀光又名思贊其所居濱楓橋東溪故自號東溪居士少豪俠喜與屠沽遊稍長則謝之力學知名補邑弟子員後避

家雖遊京師更隸宛平籍爲諸生踰年補廪膳生名噪都下與上元梅曾亮平定張穆仁和邵懿辰桂林朱琦結文字社每會必推衛城爲領袖詩凡三變少學長吉中年出入東野昌黎之間晚乃力追魏晉每秋高風厲登南窪荒邱擊竹如意催詩頃刻數千言至窮途痛哭而返聞者以爲步兵復生云駱氏固世家溪園纘亭而後叔夜最有詩名其於衛城猶杜審言之於子美焉文學元次山參以孫可之皇甫持正而伯言位西輩方株守桐城故論多齟齬獨石洲與衛城合性奇兀不可一世故人有某太守者入都未詣衛城而贈以金大怒詈使者擲其金戶外時寓中絶爨方二日也中年墾究羣經精許鄭之學一夕過同邑余坤寓論檀弓至曾子易簀篇朗聲高誦響出鄰屋明日遂卒坤爲歸其喪刊東溪遺集行於世張穆東溪集序余坤墓表坤論學於同邑首推衛城次則壽眉生東

溪之死也坤哭之以詩曰東溪與世乖負恨入蒿里哀哉不貲身一憤棄如屣褊衷實天性不能容骯髒氣類稍非我怒髮遽上指小夫怖其來僵走汗如洗負質既偉異學亦有根柢頹孏不著書觸舌散名理得子意氣伸夢寐亦私慰心交豈無人知我誰如子薄德百不任貽禍遂至此已矣郢人亡揮斤臣質死余坤庸室稿眉生者名僑初名鳳庚字子家墨城人道光甲辰舉人性奇恣父于敏醇謹多苛責以避家難遊京師遭身世之窮爲從古才人所未有其蹤跡大抵類衞城故與衞城獨莫逆衞城死僑嘐落無所歸迺出京師踰太行溯汾而西入函關登華嶽摩長安古碣獨策蹇騾北抵山陰度雁門沿大同邊牆卬居庸稅駕燕市賦詩紀遊以抒其抑塞牢騷之氣而迄無所遇鬱憏南歸竟貧死著有蒙求草一卷北遊草二卷西行草三卷續北遊草一卷東歸草一卷投閒草

二卷守經堂詩餘一卷新纂

姚燮字梅伯高祖大嗣徙鎮海遂以鎮海籍中道光甲午舉人姚氏譜生周歲未能言而識字二百餘坐大父膝手指無謬者有客過其父燮時方五歲索佩囊勿與而嘑客笑曰能作鐙花詩當與汝琅琅誦五言二韻客大驚解佩囊去稍長讀書十行下自經傳子史至傳奇小說旁逮乎道藏釋家者言靡不究覽既登鄉薦公車北上則出其才交天下士士無不知姚生者徐樹棟煙嶼樓集編修徐寶善郎中湯鵬尤傾倒之鎮海縣志遊覽閱歷日益多交益廣譔述益富才益奇客中金盡不得歸拉雜畫數十紙投有力者旦夕覩之策馬行矣與鄞縣徐樹棟交最久論交最契道光癸卯大病幾死養痾甯郡報德觀忽大曉悟取生平綺語數十種雜燒之因自號復莊樹棟時客杭州有傳姚死者比歸知無恙過報德觀燮方作道

士裝爲人懺悔相視而笑出手注玉樞經瀹茗共讀樹棟許其著述駢文第一詩次之塡詞又次之餘所橫溢皆可觀傳人也而變自言有詩萬餘首遴之至三千可以視古無媿聞者笑之樹棟獨以爲變言不妄煙嶼樓集嘗與鄞縣張培基論詩謂詩必法古風騷以降漢魏六朝其選也唐宋詩格遞變要皆各有所長顧法古人而但蒙其面目則性情亡矣又自狀其詩如病者聽於醫莽夫拘於法始不勝其勉強後乃相安於自然所論如此宜其詩不可以一格名惟變而適莫知其所以然也張培基問己齋文鈔家貧不能里居近則滃洲彭姥武林禾中以暨滬瀆姑蘇廣陵燕京遊蹤所至騷客俠士方外藝術山人閨媛無不樂與唱酬詩酒聲歌風流輝映歌席畫船中人爭求畫無不應者仕女山水皆工而畫梅尤奇絶居大梅山下又號大梅山民生平以暨產眷眷不忘其故嘗至姚公步

謁宗祠祖墓著詩六章（載文徵）松楸墓廬俯仰眷戀論者謂與居孟昭太守後先照映云晚遭離亂韜聲山谷董理舊稿丹鉛不輟臨歿猶搜輯蛟川耆舊詩纂先正小傳卒年六十著有復莊詩問三十四卷駢體文摧十六卷散體文酌十二卷胡氏禹貢錐指勘補十二卷夏小正求是四卷漢書日札四卷四明它山圖經十二卷息遊閣雜纂八卷瓊貽副墨二十四卷苦海航樂府二卷西湖棹歌二卷疏影樓詞八卷疏影樓詞續編一卷玉笛詞一卷玉樞經鑰二十四卷梅心雪傳奇八卷所輯又有蛟川耆舊詩繫三十二卷皇朝駢文類苑十四卷今樂府選五百卷友聲詩錄十二卷姚門七子詩選七卷玉笛樓詞學標準八卷（據復莊詩問鎮海志姚氏宗譜纂）

郭鳳沼字集公號澹門道光庚子舉人父雲性好聚書環堵皆滿鳳沼藉父書杜門校勘所居介城郭人士輻輳有終身不識面者

學長考據尤工詩時東南多故以母老絶意進取旋遘家難俯仰身世殷憂太息無可語者則一一寓之於詩最後取楚辭箋之考異衷同裒然成集意蓋以自況也著有函雅堂集若干卷十六國宮詞一卷中庸說解二卷楚辭注解十七卷諸暨青梅詞一卷鷗鐙詞選一卷郭肇字復亭鳳沼族人也仁和籍歲貢生居東沙埭因自號東埭居士古文詩皆守唐人家法居家孝友絶迹不入公門著有東埭文鈔四卷詩鈔十卷晚年刊故友酈滋德所輯諸暨詩存著詩存續編四卷滋德字黄芝江東人性簡澹讀書鄙章句專肆力於詩五言胎息三謝七古雅近楊鐵厓近體亦有風骨邑中自傳莫菴陳月泉後此其嗣音也生平留心鄉邦文獻其於衣冠閥閲詩文宗派辨别最明著有半情居遺稿九卷諸暨詩存十六卷新纂

趙樾號雙溪道光辛丑進士以卽用知縣分發湖南初署沅江縣知縣縣境萬子湖濱洞庭沮洳利耕植奸民覬築隄爲開墾計樾相其地居縣上游受常寶之水下達洞庭築隄則水道狹必衝決力持其議旋補靖州通道縣縣居萬山中綏甯積匪據爲巢樾捕爲首者二人餘黨悉散調署常甯適耒陽匪徒擾邊境羽檄旁午募練設卡晝夜巡察民賴以安大吏以爲能檄署道州知州道州素號難治樾至則豪强斂迹未幾卒於官周保勳原名采臣字愼夫道光辛卯舉人考取咸安宮官學教習以知縣分發福建署建甯縣知縣修灘川書院捐奉創募三千金諭城鄉十里設一義冢力不能埋者柩給貫錢無後者鄰族代瘞產女者月給資宋李忠定公綱邵武人也爲輯其遺集而籲請大吏合疏請從祀孔廟其爲政知大體類此生平擘究理學以不欺心爲主嘗輯數十年日

記所爲得失仿宋陳宓朱墨銘書座以自警其卒也門人私謚曰
恭惠
陳毓書字玉書號竹坡性耿直由部吏考選貴州修文縣典史平台拱苗論功陞新城縣丞旋補清鎮縣知縣署郎岱廳同知道光二十六年龍理告變大吏以毓書撫苗有方調署縣事甫涖任事即平囘清鎮任咸豐四年苗擾黃平州之巖門復檄毓書會剿以西路兵失期入城堅守事急幕賓王雨蒼冒矢石突入圍計事毓書歎曰城亡俱亡人臣之責惟無裨於國爲可憾耳願先生歸勉兒曹矢忠義以報國也即草家書命健卒護雨蒼歸越日巖門陷巷戰力竭被害（余坤傳）事聞
詔祀昭忠祠并於巖門等處建專祠照道員例蔭恤予雲騎尉世職一子四品廕生後六年次子秉鈞殉難定番州秉鈞字仲衡以

貴州候補經歷署定番州吏目咸豐十年七月二十四日賊陷定番州巷戰死貴州省志

孟夢虎字吉堂十二都人道光乙未武舉人署金華東陽汛官咸豐壬子檄援江西癸丑正月攻吳城賊謀竄江南以吳城有兵遁去四月賊攻省城夢虎兵至卽懸索登陴守得勝門賊掘地道以火藥轟城夢虎急燃硝撲賊賊不得進城復完相持至八月賊力竭夜遁論功
賞戴藍翎以千總拔補甲寅賊竄浙東衢州戒嚴十二月夢虎奉檄堵開化賊大隊由常山擊其背適大雨燃礮不發賊別隊復攻前營腹背受敵相持數月至乙卯四月初三日陣亡於開化之大濟橋事聞
賞雲騎尉世職祀昭忠祠趙周誥尊塘人道光戊戌武進士官甘

肅烏魯木齊都司同治元年署甯夏遊擊二年調署玉泉營遊擊捻匪擾邊竭力堵禦賊由間道搗玉泉周誥謂妻袁氏曰我義以身殉汝可攜幼子他避以全宗脈城陷周誥率子振度徒步巷戰力竭死之

贈二品銜予雲騎尉世職新纂

包立身者包村人倡義結團假神術以結衆遠近附之攜家來投者不下數萬人賊屢以大隊擊之輒敗誘之降不從同治元年僞來王陸酋糾五僞王之兵分道攻包村夾泌湖而壘連營數十里立身以少擊衆先後殺賊十餘萬人是夏旱汲道爲賊所遏村中避兵者食不繼賊又斷其糧道勢危甚然主客數萬人無一降者七月朔日賊隧道攻之村陷立身潰圍出至馬面山中鎗死凡包村死難者約三四萬其入報者一萬四千七十七人同治三年護

理巡撫浙江布政使蔣益澧以其事聞
詔議恤如例俞樾春在堂隨筆　自粵寇殘兩浙士民慷慨仗義助官軍與賊搘拄者所在多有要以湖州趙忠節爲最至論殺賊之衆則未有如諸暨之包村者軍間倉猝多異聞然牵動賊衆以成金陵之圍功要不可沒也其時與難之最著者則有牌頭酈景焱藏綠塢周錫年蔵里蔣又新江藻錢基泰錢慶雲錢之瑩如歡潭田吉生農部祥硯畦孝廉福疇則山陰產也而酈氏周氏尤著戰功景焱糾團與檗浦孟氏相犄角及孟村陷率勇三百入包村爲五營翼當立身起義先罄產以資餉率子弟親執銳先登屢戰捷錫年初長頻踣賊營一家子弟陣亡者最衆越數年丁卯
詔於包村建忠義祠祀立身以次及諸人又新字筠亭咸豐戊午舉人

贈知府銜基泰字伯鴻
贈知州銜慶雲字梅垞之瑩字友薌俱邑廩生
贈訓導銜與景焱皆
卹雲騎尉世職錫年亦
贈如例陳朝雲者邑之古塘村田家子也古塘距包村不數里嘗
兵衝眾擁朝雲堞村守壬戌正月十六日賊至擊之斬十六級二
月二十二日鏖賊大歷坂晡至白塔湖與賊遌殲其鋒馘二十八
二十三日蹂陡亹賊營斬十五級三月朔躡賊臨浦掇錢清筊浦
陽江薄蕭山城初四日鏺山陰壽星步初六日剜大菱岡平其壘
斬二級初九日攻山陰任婁溇四月攻謝家橋皆銼直步傳某圍
其鄉逆朝雲留壁覘贍山率銳卒下近直步與賊遌戰不利傷母
晦日撳陳蔡營斬三級銼孔村壘五月賊覬隙撲古塘戰村外交

綏暝收兵晞賊大股擣祝嶴山包村不救營陷朝雲回兵不及退軍菩提寺五月二十七日薄謝家橋營不下別師戰嵊縣上碧溪當六月朔朝雲應檄至甯波擣甯波城不克蹂慈溪山北賊營八月五日擣嵊縣茶坊不利遂攻陳公嶺選鋒王連春掠陣中鎗踣師潰隊長余寅陷陣死朱雲生斷後遇賊戰殪十月十六日攻餘姚陸家步前鋒銼奔甯波遂不振浙東平當道予朝雲官散其軍

傅觀濤字秋生湄池諸生也咸豐戊午賊竄金華邑戒嚴觀濤練鄉團謀拒賊越三年辛酉賊蹂金華闌入境東南鄉團勇遮之不得城遂陷觀濤奮臂起集舊團得數百人以與賊遻嘬其鋒踣之既而賊大至觀濤退入壘塹村守九月二十七日賊絕湄池江窺其村觀濤父寶康出徇壘賊擊之踣遇救負傷歸觀濤乘閒出擊銼前鋒賊退營新莊觀濤追之摩其壘而陣十二月二十六日天

大寒日匿光夜半大風起捲旂賊縮頸匿帳中五鼓觀濤令拔營軍士面失色觀濤策馬先登鏟賊壘掀其壁賊酋聞鼓噪倉卒起跳而走觀濤據其營方治炊而賊又至鏺我塹轅旂仆前隊衝圍出賊躡之後隊潰觀濤馳回陷重圍賊擊以鎗蹶遂斃之時寶康方病卧聞之歎曰天數也創裂死觀濤母田氏伯母葉氏叔母孫氏相繼投水兄春濤挈眷避包村冀復仇明年包村陷闔家死難山陰舉人祝銓觀濤友也哭以詩曰衝冠一怒死生輕小隊弓刀夜斫營痛哭乞師天地窅倉皇陷陣鬼神驚能探虎穴眞奇士便化蟲沙亦義兵聞說睢陽誓爲厲可知遺恨尚難平觀濤死賊勢益張獨次陽俞寶善糾衆與之抗同治壬戌三月賊大舉攻包村僞來王陸酋糾金陵蘇州賊酋衆十餘萬合長圍百道進擊卒不克乃退軍掠婦女資財載輜重數十艘簇浦陽江連檣而下至山

陰小滿山寶善以鄉團蔽其前腰擊之賊首尾斷前隊殲斬千級

馘百人後隊潰寶善馳爲先驅鄉團踵之焚賊舟火徹兩岸賊溺

死無算追敗於尖山幾獲陸酋水村曹姓有通賊者匿之叢冢中

始免鄉團沿江下掇臨浦扼磧碱山絕江敗賊於義橋斬十二級

傷一人賊遁進鏈閘掘賊壘西渡江遇賊朱橋戰村外斬百級傷

十九人初十日追至富陽石板嶺焚賊營十一日晨戰不利傷五

人賊據險以礮擊我壘師無紀遂潰寶善馳掠陣遇悍賊喋血戰

馬踣被戕時有黃三喜者湖廣人流徙邑之大馬隖力能舉五斗

石臼小滿山石板嶺之戰三喜手執五丈大旂爲前鋒臨陣則縛

旂於樹挺刃四殺當者披靡至壬戌冬始陣亡於十一都之駱駝

山先是賊陷金華十四都周人吉居家練勇爲守禦計既而浦江

失守賊掠蒲岱嶺人吉率團進剿賊壘賊迎戰再戰再鏖之賊懼

竄去閒道入富陽鵲鳴嶺人吉馳至以兵障其衝賊復遁糧竭退屯麥灣以就食越日賊大至衆飢不能軍人吉慷慨賦詩夜率團突圍力竭被執不屈死人吉字藹士邑諸生著有劫餘詩鈔浙江平有司上諸死事狀傳觀濤周人吉

予雲騎尉世職俞寶善

贈鹽運司知事銜觀濤父寶康兄春濤母田氏伯母葉氏叔母孫氏及黃三喜皆

旌卹如例

孟昌德字憲聖號厚山檝浦人邑諸生援例授中書科中書官京師母病歸以輸餉議敘員外郎咸豐辛酉九月賊陷邑城積憂成疾會其族子學海自省城歸問疾昌德歎曰吾輩世受國恩坐視糜爛不得藉手報答死耳復何言學海會其旨集鄉人曉以大義

衆許諾推昌德爲長病即愈命其子慶熾親率隊伍周巡村柵遠近響應孟氏族數千家賊憚之不敢近以其閒四出殺賊閱七月大小數十戰殲驍悍無算賊引金陵大隊環攻之衆不支遂潰有勸昌德走者厲聲曰此吾正命時也遂以死殉家屬隨死者九人同族近百人時同治壬戌四月十三日也有司上其狀

賜一子襲雲騎尉（郭肇傳）

徐漸逵字煦齋溪北人廩貢生性端謹稍長即究心宋五子書晚歲絕意進取以扶持名教爲己任邑多貧士學院試獲雋每苦贄不給漸逵憫之徒步告邑紳捐田千餘畝錢數千緡以歲息案額送贄構肄雅堂於郡城倉橋爲院試塡冊局永爲制咸豐辛酉九月賊陷邑城漸逵倡義團旋以母年九十老且病舍之與弟繼杰奉母避大門山途遇賊匿叢莽賊迹之母出罵賊賊刃母漸逵徒

手與搏賊殺之繼杰從莽中躍出攘臂大呼曰殺吾母吾兄吾不與俱生賊又殺之事聞

邮漸逵世襲雲騎尉新纂

陳偉字耐安光緒己亥舉人大挑二等以教諭注銓性樸摯少讀書十三經古注司馬氏資治通鑑皆手鈔及長博通典籍而尤邃於經德清俞先生樾主詁經講席三十餘年論浙中經學必首稱偉及定海黃以周所著愚慮錄五卷皆說經之文其解尚書呂刑其罰倍差曰經傳中所言等差差次等字皆以遞減爲義此云倍差者當謂於倍爲稍差謂減於倍也其減數雖無可考以意求之則當於所倍二百鍰中減半之半通爲三百五十鍰以罰之加數言則剕加墨百鍰剕加劓百五十宮加剕二百五十大辟加宮四百以倍之減數言則劓適倍墨剕視倍劓減五十宮視倍剕減百

大辟視倍宮減一百反覆參核降殺適均解禮記三老五更曰鄭氏文王世子注三老五更各一人蔡氏邕以三老爲三人五更爲五人按王制凡養老有虞氏以燕禮夏后氏以饗禮殷人以食禮周人修而兼用之饗禮今亡燕食禮之存於儀禮者則皆以一人爲賓燕禮則以其次爲介餘爲衆賓樂記食三老五更於太學天子袒而割牲執醬而饋執爵而酳祭義文同是天子親爲主也三老既當與天子行賓主禮則必非三人可知竊謂必準鄉飲三老當賓五更當介羣老乃當三賓衆賓耳賓介各止一人則三老五更亦各止一人鄭注不誤也若禮運之文不過以三老與三公對言本不於三數取義與上宗祝等耳如文王世子以三公與四輔對言王制以三公與九卿對言此特三字偶同不足定爲三人之據其所以名爲三老者蓋當時三老以三公爲之五更以五大夫

爲之直言三公之老者五大夫之更者稱謂趨簡乃云三老五更也說冕服曰周禮司服鄭注古天子冕服十二章至周而以日月星辰畫於旌旗所謂三辰旂旗昭其明也而冕服九章劉氏彝云鄭說非也交龍爲旂周之衣不去其龍熊虎爲旗周之裳不去其虎何獨日月爲常而去其衣服之日月星辰乎鄭氏鍔云日月星辰登於旌旗王與公同服九章之衮君臣無別其說創自康成六經無見也今此經文公之服自衮冕而下如王則衮冕而上明有日月星辰公不得上服十二章可知且天子國十有二門旗十有二斿馬十有二閑圭尺有二寸禮物十有二牢何獨於服而有異數哉按周天子服十二章經中亦有明證禮郊特牲云王被衮以象天無日月星辰則不得言象天故鄭彼注亦謂有日月星辰之章唯鄭欲自護其說因指彼文爲魯禮竊謂彼經明言王則非魯

禮甚著而皇氏祖鄭以爲魯用王禮故稱王可謂謬說且周天子服九章而魯侯反服十二章於義安乎又彼交郊之祭也上云天子適四方先柴於魯固何所取乎又其上云天子大社下云天子大蜡大羅氏天子之掌鳥獸天子樹瓜華則爲天子禮無疑又彼上文云周之始郊日以至則不得強指爲夏殷之禮故知被衮象天必爲周天子服也鄭注之斷爲九章者意以服傳衮冕衮亦作卷義取於龍注周登龍於山賈疏若不登龍於山則當以山爲章首何得猶名衮龍乎故玉藻言龍衮以祭若有日月星辰則不當以衮名案禮明堂位旂十有二旒日月之章祀帝於郊而詩閟宮言龍旂承祀旂有日月可專舉龍名爲龍旂則有日月星辰亦何不可專舉龍名爲龍衮乎蓋古人稱名不拘猶書之梓材詩之巧言舉目不必定在首也摘謠正謬以經證經爲前儒所不及晚年肇究宋儒書所著有食古錄二卷待

質録一卷居求録二卷皆俞先生爲之序稱爲經明行修云

闕訪附卷三十四

梁

吳文龍　嘉泰會稽志謂江東永壽寺梁右僕射吳文龍捨宅建梁書舊志俱無可考

唐

張遵　孝感里志謂遵字庭實以明經授四門教授

張照　孝感里志謂照字叔暉遵子學貫經史唐末天下喪亂藩鎮割據隱居不仕

吳少邽　舊選舉志謂少邽太和癸丑進士官門下侍郎吳氏譜謂少邽字國珍咸通七年官兵部侍郎中和元年擢門下省侍中以老乞歸奏捨舊廬爲溪山院唐末越州喪亂劉漢宏董昌爭相割據少邽以唐朝世臣不少屈抑卒贈太師案

唐武德三年改納言曰侍中龍朔二年改門下省曰東臺侍中曰左相光宅元年曰納言門下省曰鸞臺開元元年曰黃門省侍中曰左相又龍朔二年改黃門侍郎曰東臺侍郎垂拱元年曰鸞臺侍郎天寶元年曰門下侍郎乾元元年曰黃門侍郎大歷二年曰門下侍郎據此則大中時有門下侍郎而無門下省侍中似宜從舊志作門下侍郎少郵事蹟史無可徵吳氏譜載有唐僖宗誥敕以官銜舛錯未敢妄登

戚高　宋趙玭戚處士墓誌銘謂高字景崇靈泉里人不重百辟之榮而嗜寸陰之習見一善而忘百非洞施恩而不念報中和三年終於徐流私第十月庚申窆於石斛杜春生越中金石記謂宋史載玭傳云太平興國三年卒年五十八當生於晉天福十八年距中和時幾四十載其非撰碑人明矣意玭

自署布衣而不著鄉貫殆亦諸暨人也詳見金石志

吳晟　唐平昌賀蘭晉吳府君墓誌銘謂晟官軍庫使團練衙前散官事未詳碑文載山水志

平察微　諸道石刻有平察微墓誌咸道三年八月立在陶朱鄉赤山岡嘉泰會稽志謂平字察微名闕漢相平當之裔也碑佚

五代

張守　孝感里志謂守字時則照子唐亡隱居南湖吳越武肅王錢鏐屢徵不就事無徵

張吉　孝感里志謂吉字復初守弟世傳家學以道義自任無事可徵

張復　孝感里志謂復字一甫守子博通經史尤邃於易著有

易原事未詳著述亦未見

宋

張芝 孝感里志謂芝之字處馨吉子嘿性岸異杜門撰述著有易原續解未見

張澡 孝感里志謂澡字雪齋自號南湖居士芝之子大觀中以薦辟官國子監司業文章德行著聞於時著有南湖翼聖集十二卷事未詳書佚

韓羽 舊選舉志謂羽熙寧癸丑進士子概政和乙未進士採訪冊謂羽父子以文行重一時事無所徵

張繹 孝感里志謂繹字統之官國子監司業受業程門學有淵源未詳

郭亢 舊選舉志謂亢政和壬辰進士採訪冊謂性恬澹工詩

別無事實厲鶚宋詩紀事載其詩

呂摭　勤王記謂摭字彥收呂頤浩姪建炎三年苗劉廢立摭轉運兩浙以蠟書告變於頤浩及平江張浚事平頤浩避親不奏浚上書言摭告變狀詔遷祕閣賜緋魚袋紹興十七年被秦檜誣貶吉州卒於貶所歸葬諸暨之西隖嘉定七年追贈大中大夫則摭已卜居諸暨矣今正九都有呂彥收墓餘無可徵

廖虞弼　舊志虞弼墓在陶朱山厲鶚宋詩紀事載其詩採訪冊謂虞弼官鎮東節度使勳業震一時舊志亦謂虞弼官鎮東節度使案李心傳繫年要錄紹興二十八年樞密院副都承旨廖虞弼入朝冬十月庚戌詔曰廖虞弼不安本分僥求無厭可提舉台州崇道觀即日出國門其人似無足取抑或

中時相之忌而被誣耶其官則固樞密副都承旨而非鎮東節度使也舊選舉志又謂廖俁乾道己丑進士官樞密副都承旨官至樞密副都承旨不應史傳中絶無可徵或因虞弼而致誤亦未可知闕以備考

陸唐老　舊志謂唐老紹興庚辰進士著有陸狀元通鑑詳節通釋一百卷而不言其事實

黄蜺　諸暨賢達傳謂蜺淳祐中進士以文字知名當時官至大理寺卿案舊志選舉無黄蜺名

蔣頴先　賢達傳謂頴先文章操行爲王厚之所重以五舉恩辟爲處州府學教授事無徵

王友吉　賢達傳謂友吉琰孫孝友博學不求仕進黄蜺銘其墓稱其有臨川家風墓銘未見

虞秀芝　東陽孫德之撰有墓碣見文徵

黄叔明　允都名教録謂叔明字明仲國學進士官至湖南廣右鹽漕封山陰縣開國男採訪册謂叔明歷官有惠政事未詳國學進士亦所未聞

黄應龍　名教録謂應龍嘉定梁克家榜進士官南雄府太守案舊志應龍爲嘉定七年袁甫榜進士

張汝楫　孝感里志謂汝揖字濟仲邑博士弟子員窮經博物著有詩集八卷詩未見惟姓字見其妻宣氏壙誌誌文載金石志

張志剛　孝感里志謂志剛字毅菴年六十定省不離左右親歿哀慕如孺子事無徵其名字見母宣氏壙誌

張翼　孝感里志謂翼字以敬咸淳乙丑進士博學工詩引宋

史鄭起傳言張翼善詩爲證案鄭起傳之張翼與鄭起馬應穎摯譚用之同知名於湻化時距咸湻乙丑二百七十餘年當別是一人

元

蔣明龍　黃溍撰有墓碣見文徵

郭性存　賢達傳謂性存字師道舉進士官至興安令運革不仕子同元初受辟爲州學訓導士服其教案舊志謂性存爲元至順元年庚午進士則非宋人也且性存至至順元年始舉進士其子同又安得膺元初徵辟舛誤可笑

韓耘之　採訪冊謂耘之精易學自號造微子著有乾坤鑿度注今佚

石渠　舊志謂渠字孟權年十六父陷獄渠往申獲免事未詳

黄行松　採訪冊謂其廬墓建思孝菴

周元助　舊志謂其從兄被誣逮元助代爲辨釋

錢恆　舊志謂恆字九成淹貫經史善論斷古人治忽著有灌園集未見

孟性善　舊志謂性善字志道載五世孫熟習孫吳書著有雅齋集未見

張宿　孝感里志謂宿字聖觀至正間以鄉薦官延平府通判延平號難治宿與吏民約法榜之通衢郡人向化考舊志選舉仕宦皆無宿名

胡筠　舊志謂筠字梅友割股救母而無事實

王汝錫　採訪冊謂汝錫有義行官晦菴書院山長溧陽縣學教諭案楓橋有孝義坊以丁祥一與汝錫得名

吳漂　字叔本申屠澂著有折臂生跋見坊宅志

陶澤　至元辛酉進士官稽山書院山長採訪册謂其積學勵行越士多資造就

馮勇　採訪册謂勇字剛中至正辛巳舉人官台州路教授有學行考舊志選舉無勇名且明以前祇有鄉試發解進士並無舉人

馮邦彥　採訪册謂其兄弟友愛築聯徽堂以見志山陰錢宰爲作聯徽堂記詳見坊宅志

張質　孝感里志謂質字世彩以富戶爲萬石長諸暨欠輸銀二千五百兩質傾貲代納年月無徵

黃景昭　黃溍紹興重修儒學碑記謂至正十五年達魯花赤九十修紹興路儒學從諸暨州判許汝霖言以禮招至郡發

學堂公帑所儲使景昭度財賦功揆日庀事經始於二月至十一月竣工不匱官而事集不足則景昭捐私錢以助功碑

存府學

黃彬　字仲恂申屠澂撰有墓志銘見文徵

陳玭　採訪冊謂玭父榮官稽山書院山長死難干溪玭匍匐往哭絕而復甦者再明初邑令田賦薦玭應徵堅辭不出築日新樓藏父遺書校勘甚精

王冕竹齋集有寓意詩次王敬助韻見文徵冕又有次韻答敬助詩見坊宅志

明

錢存源　字遠甫與兄淵明同應洪武壬子薦辟官羅源縣知縣舊志謂明祖召存源試治道論善之詔使守郡以老辭歸

知縣惠循懋著期月旬歸著有觀光集鈎元賦政迹無可徵

集亦未見

胡澄　胡混　字清伯一中子洪武辛亥進士官通許縣知縣

著有鵲窠集國子監題名錄其寓居溫州　弟混字本道洪武壬子舉明經

官高要縣知縣採訪冊謂澄兄弟以經術政事彪炳一時而

舊志無事迹可徵

陶涓　字叔爲洪武初薦辟本學教諭遷瓊州府學教授採訪

冊謂著作等身而無撰述可考

陳思齊　賢達傳謂思齊字伯誠洪武丙寅以薦起官蕭山縣

學訓導遷安遠縣主簿居官能盡其職無事實可徵

陳瓘　賢達傳謂瓘思齊子以掾吏官潛山縣主簿約己愛民

去官百姓走京師請留事亦無徵

陳凱　字希源洪武壬子以薦起爲蘭縣縣丞楊立傳謂知縣楊某議科斂凱力爭不得憤懣成疾卒百姓巷哭蘭州府志不載其事

陳嘉會　舊志謂嘉會字文友元時由南軒書院山長除香山縣巡檢有武功陞廣西宣慰司令史明初薦復原職興利除弊人戚德之武功政迹皆無實徵

孫述可　舊志謂述可字繼宗洪武丙子以薦辟官工部主事通達吏治性朗澈富陽姚肇比之玉壺秋月空言無事實

張次達　孝感里志謂次達字行可洪武辛未舉賢良方正太祖破明玉珍命次達至四川考覈土田剔蠹清弊民多稱之史傳無徵

桂昱　字如晦洪武戊辰以薦舉官金華府同知採訪册謂昱

工詩文而無著作

王允升　舊志謂允升字晉叔子軫洪武進士官崇信縣知縣允升寓家問屬史臺管句宇文桂遺之未達而桂被逮收錄其裝得書百餘皆不法獨允升教子勤官報國下詔褒美賜百金擢軫爲刑部員外郎案洪武國子監進士題名碑無王軫

張允恆　孝感里志謂允恆官行人英子正色立朝不避權貴而無事實

陳渤　採訪冊謂渤字持晦嘉績子簡默好學未詳

俞仕賢　採訪冊謂仕賢洪武戊辰進士官禮部主事擢御史彈章不避權貴貶鹽運司經歷以御史貶經歷則其以直言見忌可知而舊志不傳其事使後世茫無可考可惜也

胡驩　永樂甲辰進士採訪冊謂其經明行修名士多出其門而無事實可徵

石孟莊　允都名教錄謂孟莊弟孟棻論戍溽州孟莊請代父艮不許妻宣氏涕泣固請始許抵戍後巡撫知其狀延入幕久之以其子承冒令回籍案戍犯入幕似無此理

丁仲銘　駱象賢撰有晚節堂記載坊宅志

王璵　採訪冊謂璵晃孫官建寧府學訓導有學行

黃彥輔　舊志謂彥輔從兄彥寶被誣代械往戍事卒白被誣何事遣戍何地皆未詳

鄭瑩　採訪冊謂瑩字黃樵詩文皆有奇氣而無著述可徵

張銅　孝感里志謂銅字宗器官吉水縣學訓導知建陽縣事革弊恤民舊志謂銅景泰甲戌歲貢官建陽縣縣丞而不言

其爲知縣

張佊　字繼周天順壬午舉人官同安縣知縣孝感里志謂其居官廉介而無事實

陳奫　字叔堅採訪冊謂其生平以道自衛同邑呂升自謂其學出於奫未詳

陳元昭　字子亮宏治乙卯舉人官德府左長史採訪冊謂其居官清廉而無事實

駱鳳岐　採訪冊謂鳳岐字溪峰正德庚午歲貢官靈壽縣學教諭性端謹爲士林楷模

馮琥　字廷獻正德丙子歲貢金汀拾遺謂琥初官南安府學訓導遷汝寧陸開州學正權確山縣知縣治最召至京中貴索賄拒不與嗾部吏左銓九江府學教授不赴以學正選教

授非左銓也事未可信

石瑛　字貴磨正德壬辰歲貢官內黃縣學教諭諸暨風俗賦注謂內黃人奉入名宦祠案河南通志名宦傳無瑛名

俞价　字廷珪嘉靖丙辰歲貢官武定州學訓導名教録謂通州被寇武定戒嚴兵備使檄价守北門廵緝防禦動合機宜諸生爲作鴻儒虎臣頌而武定府志不載其事

黃池　錢德洪撰有墓誌見山水志聘師教子外無事實

陳元璧　陳法孖集謂元璧字德瑞輸貲贖錢塘孫琥於獄白

何氏女寃事無可徵

鄭靜觀　採訪冊謂靜觀字伯安以選貢生官潁州州判有惠政而舊志選舉仕宦皆無其名

駱夢周　採訪冊謂夢周字仰唐以選貢生官臨安府推官清

勤剛正所至宵小隱迹事未詳

駱續亭先生萬一樓集有五君子詠以陳芝列首詩曰怪底英聲襲里閈茂年才氣自來無五行並用攫金飾七襖俱成獻石渠正叔高標門外雪少君雅致道中車風流今古應同調遊景渾如過隙駒𢘅詩意似年少有才而早卒者採訪冊謂芝字九芝自號黯頎邑庠生著有黯頎詩文集二十卷未見

黃璧　萬曆甲戌歲貢官太倉州州判採訪冊謂其有遺愛於太倉州人爲立生祠王相國錫爵疏薦於朝以老辭歸錫爵贈以詩曰白日青天送君行江花江鳥不勝情長安爭似山居好清酒一壺棋一枰考太倉州志不載其事

駱意　駱問禮撰有駱汝誠字說見文徵子啟明見正傳

陳心學　心學字懷宇山陰徐渭贈以詩曰君是當年陸九淵

欲窮天地夜無眠不知天地無多大只在梅花紙帳邊餘無徵

陳于宗　採訪冊謂于宗字宗甫諸生心學子博學工文嘗校刻楊鐵厓文集五卷世稱善本

壽堯臣　字叔撰萬歷甲辰進士官霍邱縣知縣商周祚傳謂堯臣治霍邱則弊繩豪以勞卒於官喪歸之日以一棺載廣柳車垂翣而出士民哭奠考霍邱縣志無徵

郭元佐　舊志謂元佐字含沖天啟閒元佐以歲貢生官汀州府學訓導陞雒容縣知縣招民闢墾起兔宣滯世稱良吏權象州知州置堡設兵恩威並施轉思南府同知攝知府事皆無徵且元佐爲天啟六年歲貢則其歷官當在崇禎中所言亦失實

張賢　孝感里志謂賢字覺夫邑諸生從吳門周忠毅學顏佩韋等擊騎校賢與其事史志無徵忠毅當是忠介之誤

孫紀　舊志謂紀字印元官福甯衞經歷抵任詰戎兵修保伍瀕海居民賴其綏靜擢同知辭歸事無徵

張夜光　舊志謂夜光字元珠號炎沚崇禎癸酉舉人官鳳陽府推官作文或頃刻而就或月許不輕下筆載主試葛徵奇評語著有苧蘿山志北遊草未見又著有點花堂集乃制義也舊志所云文或頃刻而就或月許不輕下筆即點花堂集序文中語又以主試批語入志傳俗陋可嗤

陳檄　字仲琳號慎銘崇禎癸酉舉人官黃巖縣學教諭採訪冊謂檄文詩奧古著有慎銘遺稿未見

張世維　孝感里志謂世維字純如博學通經與餘姚熊汝霖

以解經相詰難往往屈汝霖魯王監國以汝霖薦徵世維不就汝霖死則撫膺大哭皆空言無實徵

楊芳　舊志謂芳字平寰崇禎閒官麻城縣巡檢時流寇猖獗橫尸徧野馬櫪閒見一女子垂斃詢之乃河南陳氏女王御史聘妻也距其家二百里卽引一騎往送之王遂疏芳有平賊功擢黃州府經歷以送女冒平賊功殊不足紀

楊三星　採訪册謂三星字炯若崇禎中以貢生召對官長洲縣知縣巡按祁彪佳甚器重之疏薦於朝卒以強直罷官甲申聞京師陷登鐵厓山不食死考江南通志蘇州府志彪佳巡按江蘇乃崇禎四年長洲縣知縣四年任爲徐謙五年任爲涂必泓無三星名至宏光五年彪佳巡撫蘇州則在甲申京師陷之後舊志歲貢例貢俱無三星名越中殉義錄諸書

亦不言三星餓死事

張震暘 孝感里志謂明末歲饑鄉人待震暘舉火者百餘家子士聰士明與太倉張溥友善名著復社阮大鋮翻三案被羅織兄弟偕隱句乘不復出考復社及留都防亂公揭皆無士聰士明名震暘事亦未詳

蔡堯中 採訪册謂堯中字允之烏巖人甯藩選爲儀賓後隸江西籍中舉人魯王監國以足餉練兵火攻諸策上聞授火攻營總督監軍道兩浙都轉運使知事不可爲偕和溪郡主退隱烏巖築五鳳樓以居郡主考南昌府學題名碑浙江通志職官表皆無堯中名

張岐鳴 孝感里志謂魯王監國紹興岐鳴罄產質於兄國信助餉十餘萬授參將協守諸暨江上師潰王遯舟山岐鳴哭

曰天下事不可爲矣北面再拜解甲歸里國信笑謂岐嗚曰家產固在任弟自取鼎革兄弟絕迹城市不聞世事別書無可徵

周駿聲　趙裕龍山錄謂邑諸生周駿聲當明季羣盜起天下騷動知事不可爲奔走消息日昃不遑甲申聞國變遂絕食臨死强起呼天痛哭北面再拜而卒事無徵

陳青綬　採訪册謂青綬字子言諸生明季青綬偕妻奉母避兵入山國亡不復就試有司屢造訪悉拒之

陳時暘　陳祖範東曦小傳謂時暘字東曦崇禎間考授武英殿中書國變間關南歸謀起兵勤王適江上兵起魯王監國授行人司行人銜命聘閩擢兵部職方司郎中未復命而國亡遂隱居不仕著有東曦詩集未見

俞情 名教錄謂情字壽和號澹菴官卭武府同知有惠政調廣西明亡道梗留滯廣西貝勒南征强之使仕婉辭曰情明臣今仕清清何愛也貝勒領之遂免惜別書無可徵

張國瑞 張學信 孝感里志皆稱其還人遺金而不言所遺之地所還之人

張士超 孝感里志謂士超字軼士蕭山洪某負逋鬻妻士超焚券還之

張文臺 孝感里志謂文臺字莘巖購婢有殊色詢知其湖州人焚券送還其家

張盌 孝感里志謂盌嘉靖末隆慶初二次振饑

張子吉 孝感里志謂萬歷乙卯振饑

邊應祥 舊志謂應祥字渭南崇禎末知縣錢時貴議振饑應

祥首創捐

應行簡　舊志謂其以義被旌而無事實

何時化　舊志謂時化割股療母親歿廬墓子起鳳起麟皆孝友有父風

郭琥　舊志稱其以孝旌而無事實賢達傳謂其割股廬墓

陳泰階　舊志謂泰階字星叔邑諸生父卒廬墓著有永思拾遺四卷未見

陳樅　採訪冊謂父渤病樅割股療之父歿事繼母以孝聞

石儒臣　風俗賦注謂其割股療親

楊士昌　舊志謂士昌字汝茂諸生援例官潞城楊氏譜作貴池縣知縣父病割股

馮聖錫　蔡萬華　採訪冊謂聖錫割股療父萬華年十二割

股療親

蔡濆　陳臺　採訪册皆謂其童年出父於獄事未詳

石世零　風俗賦注謂其父陷獄世零叩閽雪寃未詳

郭三省　舊志謂嘉靖中旌孝行而無事實

何瑞麟　舊志謂其以孝行旌而無事實

嘉定縣名宦志知縣朱顯宗諸暨人持守廉潔釐弊興利百姓德之卒於任舊志俱失載里居事迹無可考

國朝

壽以仁　順治己丑餘杭籍進士官至雲南提學副使馮愷燕山小草後錄有雲南巡撫吉林疏稿云查雲南學政案臨各郡向有供應每府百金二百金不等率由卷價加增生童被累已非一日康熙十九年壽以仁在任痛加釐革所至考棚

門左大書不准供應四字刻石永禁多士懷恩口碑載道日久禁弛供應如故而卷價益昂正在行文整飭據大理府生員藍英等具控前來詞稱德政碑沉寒士累重等語稿從部檔錄出後半脱頁案以仁舊志僅列選舉而無傳檢雲南省志亦未言其事實祇賸此殘缺疏草而無端委可溯則古人行事淹沒於修志之筆爲不少也又憶以仁後遷監司嘗應特薦何人所薦見自何書今皆忘之徧檢不得可查

國史館傳稿及湖南李氏耆獻類徵各書證以餘杭縣志補入列傳

虞六岱　原名士曙順治乙未進士官至廣西左江兵備道採訪冊稱其除暴革弊而無事實

金鶴淩　字沖之諸生官兩淮鹽運分司採訪冊謂其淌剔鹽

弊出寃繫窮販數十人於獄人稱爲金老佛而江南通志不載其事

陳國用　賢達傳謂國用字君勳康熙壬午副貢乙卯以明經中選官台州府學教授究心濂洛關閩之學案舊志選舉壬午科無國用名壬午後乙卯二十餘年既云壬午副貢又云乙卯以明經中選錯誤至此何以紀實諸暨詩存注則謂明天啟副貢而不言某科副貢亦是懸揣之詞國用既爲副貢舊志縱不附舉人後而歲貢例貢二類何亦皆不收入似以闕疑爲是

阮三仁　字德光康熙壬戌武進士官至温州城守營都司賢達傳謂三仁官四川守備時土番爲邊害募兵平之陞都司僉書署副總兵誥封懷遠將軍通議大夫考四川通志無三

仁平番事所敍官秩古今雜出文武混牽淺陋可嗤

駱元僩　採訪冊謂康熙十三年土寇楊六倡亂元僩以鄉團拒之賊不敢越楓橋而窺郡城府縣志俱無徵

張世良　乾隆府志謂世良言規行矩爲世楷則著有養正錄而不言其事實養正錄亦未見

壽運焆　官武平縣知縣李元度先正事略謂康熙五十六年福建閩浙總督陳清端公瑸疏薦運焆與田廣運等催科中能撫字不加火秏歲內全完請破格獎勵　上曰此奏甚善徵收錢糧惟少加火秏百姓易於輸納斷不至欠缺也下部議敍可考福建省府縣志稽徵事實編入列傳

陳慶勳　字垂竹諸生採訪冊謂其博覽羣書著有自悅集一百三十卷未見

陳人熙　字解菴慶勳弟諸生採訪冊謂其以撰述名家著有帝王系圖譜毛詩集解今皆未見

許爾秀　舊志謂爾秀字卓拔拔貢生生平篤志博綜力學躬行著有同山稿別無事實稿亦未見

邊信　字聖林歲貢生舊志謂其著述多衷經史詩法尤精嘗有青春烏哺情歉缺白首鳥號血未乾之句詩法尤精四字不成語詩亦不佳

袁紘　字御繡增廣生乾隆府志謂知縣朱扆素負博學自以爲不及紘著有毛詩彙解未見

郭甡　字純士官孟津縣知縣採訪冊謂甡官孟津多異政事未詳

郭錦　字清溪官平陽縣學教諭名教錄謂錦分齋課士與知

縣無錫王志喜相得甚然澹如也王以事解職則又般然王贈詩有黄金已盡應無諾青眼相看賴有君之句餘無事實

陳元杰　字玉初舊志謂元杰本姓周繼於陳勸繼父納妾生五子及分爨一無所私

沈應春　字子木舊志謂其承父命遊學每望白雲輒爲隕涕而無事實

袁駒　字昂千乾隆府志謂駒性長厚一日家獲盜燭之鄰人也慰遣之嘗完人夫婦受者竟不知出自誰氏也

袁鴻徵　字羽吉駒弟乾隆府志謂乾隆二十一年秋鴻徵詣莊徵租至廿里牌有方某者迫於債謀鬻婦鴻徵急止爲償所負

袁敘　字績菴乾隆府志謂敘每歲冬製絮衣給縣囚人各一

襲粥一盂

袁長齡　字常錫乾隆府志謂長齡捐貲修文明閣旁構講堂課士舍精醫家言施醫藥歲飢煮粥食餓者

陳履慶　字君旋乾隆府志謂履慶開横山湖捐貲振饑

呂鴻經　字芥青乾隆府志謂鴻經濬環山水利并建閘

周祚烱　採訪册謂其好施當時有小孟嘗之名

傅宗翰　採訪册邑俗田一畝秋取粟二斛春麥冬菽三取其一宗翰取粟而免菽麥窮佃德之

許沛三　漢三　採訪册謂其兄弟友愛子孫世守其法五世同居

趙惟秀　舊志謂以孝行旌而無事實賢達傳謂惟秀割股愈祖事繼母孝

姚光國　章志謂其孝旌而無事實

陳爾康　字瑕常廪生舊志謂爾康性好施寒者衣之飢者食之殯無柩者給之而事皆無實徵

傅艮龍　名教録謂艮龍高尚不娶日讀書不事生産絶炊輒入山採藥數日不還還即讀書客至攜所採藥偕至市沽一醉客去復讀年逾七十或勸爲藏器笑曰自有爲之者及殁水浮棺抵門遂舉以殮事涉奇誕又無所徵

傅睿　字聖若名教録謂睿爲日炯弟子工書錢唐高士奇贅於傅與睿甚相得後士奇招至京權貴多器重之性不諧俗辭歸以諸生終

傅存古　字圖熞余縉有贈傅存古詩見文徵

楊戒　字西疇康熙甲子舉人官永豐縣知縣採訪册謂戒年

二十募勇導姚啟聖破山寇甲子順天鄉試喜語上聞

特旨面試於廷前列多被黜且罹重刑戒獨從容搆思文成

上嘉之命改榜首遂領解由內閣中書改知縣著有垣居吟考

國朝貢舉年表康熙甲子順天鄉試第一名乃趙州王顧破寇

事亦無徵

蔣宏烈　號菊圃重艮孫採訪冊謂宏烈受業於馮夢祖夢祖

愛其才字以女後爲夢祖校刻蒼源賸草十卷治家有方幼

子方垣長孫元瑾輸振皆踴千知縣米嘉績兩旌其門元瑾

弟元瓏字金和幼失怙元瑾擊愛之元瑾卒遺二子元瓏一

子晚年爲子姪析爨三分其產妻死不再娶會稽茹敦和爲

作義行詩見文徵

許嘉　舊志謂嘉以孝行著兵燹後嘗振飢埋骸事未詳

王全　字伯仁舊志謂全捐設義倉渡船振飢而皆未指實

張子榮　孝感里志謂子榮父歿泉州扶櫬歸葬

駱士璜　字雲章康熙戊寅歲貢生採訪冊謂士璜少與仇滄柱陳介眉同受知於提學谷應泰稱爲浙中三鳳著有汲清園集未見

駱貞臣　字子幹官桂林同知署潯州府知府子宣遠鳳翔志适府志誤作志道同中廣西籍康熙甲午舉人採訪冊謂貞臣官桂林有異政宣遠官華州知州志适官洛陽縣知縣皆以循良列上考而無實徵

錢廷策　字遠工諸生著有一經草堂詩稿選入文徵

姚文翰　著有未信文稿五卷荇塘居詩稿十卷詩選入文徵

馮恬　字引耆諸生金汀拾遺謂其究心宋五子書著四書碎

錙棄諸家言據意詮解而自與大注脗合又著有潛菴文集七卷問心集十卷皆未見

樓卜岐　字西甸雍正壬子舉人採訪冊謂卜岐博學能文與弟卜瀍齊名而無著作可憑

黃國鳳　字久道號竹梧雍正甲寅歲貢生舊志謂國鳳肄業敷文書院徐蜨園朱可亭兩先生皆器重之著有語孟問辨四書融法經書字義竹梧外編其受知以時文其著書亦多爲時文計兔園冊子未足重也

陳日登　字子岸官直隸山海關通判書致潤傳謂山海關向由監督驗引轉給都司放行吏多需索日登詳請令都司管理商人稱便蔚州豪某殺傭工賄州得解總督于成龍檄日登檢驗知州要之於路啗以賄峻拒之幾輔通志未載

張楷　字端木乾隆甲子舉人官嘉興縣學教諭孝感里志謂楷官嘉興募陸宣公項襄毅之爲人春秋詣祠率諸生行奠獻禮登落颿亭煙雨樓分韻賦詩余尚書文儀欲特疏薦堅辭不出事皆無徵

鄭之罕　乾隆己卯舉人採訪冊謂之罕文學柳州長於紀事而著述未詳

俞之鉦　字實軒乾隆壬子舉人官興國縣知縣採訪冊謂其治興國有惠政縣人奉祀試院以配程伊川先生及海剛峰遷海陽縣悍俗頓革考興國縣志名宦無之鉦傳海陽事無徵

陳九簪　字靜峰焉至有懷人詩一首見文徵

蔣斌三　字上八曾名教錄謂斌三客天津草水道入疏上之當

事請代奏不報歸築箬隝山莊以著述終身疏未見

傅澄　字澹如乾隆丙辰歲貢生諸曁詩存採其詩

顧大治　字元林諸生著有周禮經疏備要十六卷採訪冊謂大治從蔣載康講經而是書則淺陋無條理

楊伯昭　著有易簡六卷乾隆府志已著錄

吳炳　字芥舟諸生採訪冊謂炳受知於知府木和倫木巾蜚語寄省獄炳囊金馳謁不爲威懾著有南村詩集事無別徵集亦未見

楊文燦　字谷士諸生舊志謂文燦應童子試有章姓既售被黜以文燦易之人皆爲之喜文燦曰我可喜章顧若何章年踰四十家有老母得而復失其志隳矣白當事者卒以讓章後三年乃入學

趙鴻業　字開伯建乾元堂歲儲穀五百石復建紹衣堂儲穀如其數以爲社倉

孟四聰子見三孫秪然　乾隆府志乾隆丁巳四聰捐田百五十畝爲義倉見三復捐田五十畝寄倉於社秪然建倉屋十六楹

周殿忠　郭貞遠　樓宗夏　趙學智　採訪冊皆謂其捐資建義倉

趙元度　字萬涵道光癸未輸振一萬六千金駱名高嘉慶庚辰道光癸未輸振俱數千金斯元儒陳之垣道光閒建縣試考棚各輸二千金皆奉

旨准建樂善好施坊

陳承先　字邦泰捐田九十餘畝屋一所爲梯山義塾

樓錫琦　字蒼佩捐田六十畝爲諸生試費

毛詩　郭銓　乾隆府志皆稱其捐田贍族

酈炳文　採訪冊謂山左有以城旦羈邑者貸炳文二百餘金謀生理耗莫能償檢務還之某村有盜利寡婦財貲夜往劫傭聞聲起盜刺傭死室扉下事聞令疑之寡婦懷刃入縣堂將以死自明炳文爲令陳其始末既而獲盜令鞫之一如炳文言事得雪義可嘉而事無別證

郭文宗　字亦彬採訪冊謂文宗寓京師患鼻血自分必死忽起據牀張目且諾且頷作禮客狀言謂僕曰吾生矣援三爲我得請於帝矣援三同邑舉人周晉字也嘗留京病文宗爲調治之死則殮之訃於同鄉緘所賻金歸晉家而以已資返其櫬故有是報事近奇誕

趙宗義　字丹若採訪冊謂宗義負邑人陳衞卿於蘇州捐振二次義冢一所

程位　字宅三貢生乾隆府志謂位捐修學宫建義塾義冢乾隆甲子秋大水位赴鄉試見浮尸沿江罄貲撈埋不試而歸

郭天道　蔡梁傳謂天道割股愈親捐創街亭義渡

郭鏞　字夏聲乾隆府志謂鏞捐建義塾及章家渡歲修貲

郭泮　乾隆府志謂泮捐茅渚步歲修貲

章嘉學　乾隆府志謂嘉學捐設新亭義渡

張效舜　酈鶴齡　趙廷訓　張江　張兆泰　丁水南　虞

生姚景鍾　諸生黄紹庭　採訪冊皆謂其割股救親

張介書　張廷珪　張其元　張永祿　張聖典　孝感里志皆謂其割股救親

傅鎮寰 名教錄乾隆己卯鎮寰建晩浦橋閘以便洩瀦建亭以憩行人費三千金方鎮寰營築時每夙興而至南望有星熒熒然橋左右遂名其橋曰南星

蔣瑨 王應鳳 鍾棟 郭廷松 孫廷皓 傅金衡 袁學洙 孫烈 金千順 金烈 廩生張爾鉞 乾隆府志皆謂捐貲助振

應敳 字毓初舊志謂乾隆十六年敳倡捐助振以議叙官廣西通判

周祚焴 余懋棅傳謂祚焴族人有喪不能舉者爲出錢葬之前後凡九十七喪女不能遣者出錢代嫁之凡嫁女一十八人一時有小孟嘗之名

章周禮 郭毓撰有章周禮詩見文徵

壽右發　字紹夷著有櫻盦集採訪冊謂壽同省循難臺灣孤貧不能奔喪右發厚賻之

陳安邦　榜姓裘嘉慶乙丑會稽籍武進士由二等侍衛官至壽春鎮總兵江寧府志名宦傳謂安邦官江寧城守協鎮治軍嚴巡緝不分寒暑宵小盜賊痛懲無遺民賴以安擢徐州鎮總兵遷壽春所至有政績案江寧志既入名宦傳則事必非無徵可徧檢江南各志採訪軼事編入列傳

吳樹滋　字聖範諸生採訪冊謂樹滋長於史學工小楷著有後漢書晉書天文志節錄四卷經籍志已著錄

錢鴻　錢秉鈞　錢瀛　鴻字漢林乾隆己亥舉人秉鈞字梓軒乾隆丙午舉人官建德縣學教諭瀛字檻園亦丙午舉人署德安縣知縣採訪冊謂鴻兄弟皆擅文章人稱爲錢氏三

鳳鴻子瑜字璞堂嘉慶庚午舉人官江山縣學訓導與同邑

蔡英並祀江山懷棠祠

毛祖蕘　字翰青嘉慶戊午歲貢生博該能文與錢秉鈞並稱

於時

蔣燮　字調元乾隆壬午舉人官義烏縣學訓導著有梅垞詩

草選入文徵

魏崇節　字拙甫著有問花山房詩草諸暨詩存小傳謂崇節

酷嗜隨園然清而不俗其於袁猶賸鱸者之以薑治蓴者之

以豉也

吳樹增　字益高諸生著有瑯嬛吟館詩草又與山陰王濬聯

吟著有鳳山唱和集經籍志已著錄

余鼇　字海山乾隆甲申歲貢生採訪冊謂鼇書學小歐詩學

劍南著有松蕚軒集未見所書字亦絕無傳者

袁曰森　字松亭嘉慶丙辰恩貢生古文辭頗有前輩風範亦間有存者惜零星不成編

陳淇水　字衛瞻乾隆丁酉舉人名教錄謂戊戌公車南旋遇人抱病不能行淇水與之同車推解一致抵家其人愈而淇水卒

陳世榮　字小鐵嘉慶甲午舉人詩選入文徵

錢衡　葉敬撰有墓誌銘見文徵

趙信艮　張履撰有墓誌銘見文徵

陳祥燨　原名衍號椒堂道光乙酉拔貢生本科舉人官海鹽縣學教諭採訪冊謂其課士以躬行而無事實

袁彙吉　字指山道光丁酉舉人採訪冊謂彙吉爲嘉慶辛酉

拔貢至登鄉薦年已七十好學能文書尤遒勁鄉人多珍襲之別無事實

郭源　字星海嘉慶庚午舉人採訪冊謂源居鄉人不敢干以私事實未詳

周謙　宗稷辰撰有墓誌銘見文徵

周檀　字樂園道光壬午舉人採訪冊謂檀以經學受知於儀徵阮文達公事未詳

陳珪　原名濟瀛字寶堂咸豐丙辰恩貢生採訪冊謂珪弱冠作釣臺賦其首聯曰一竿風月萬古乾坤學政汪廷珍奇賞之著有寶堂詩稿藏家

張之杰　字古愚號小陶著有學福堂詩鈔選入文徵

余振　字克家鼇子乾隆庚戌

愚貢生著有悔初小說未見知非齋集存

壽于牧　字貢九于敏弟諸生採訪冊謂于牧少年能文與余

坤齊名著有借一枝樓稿

張嗣軒　字瀟水諸生著有明詩百詠選入詩話

邊朝京　字王賓號錦堂採訪冊謂朝京事母至孝著有錦堂

孺話拙遲集

斯山　原名墉號雪曉諸生著有雪曉遺稿選入文徵詩話

酈依仁　字伊人廩生著有十三葉蟫廬稿選入詩話

陳鈵　字西亭官兩淮鹽大使淮海同聲集秋鐙唱和集皆載

其詩

杜賡棠　字東橋道光丙午副貢採訪冊謂賡棠從山陰邱石

香浦江趙朵山遊學有原本而著述無存

周紹宛　字平子道光壬午舉人採訪冊謂紹宛試輒冠軍生於京師故名宛字平癸未會試前有重尋四十年前夢仍作三千里外人之句遂殁於京邸人以爲詩讖著有味經草堂集

徐暨　字心臺諸生採訪冊謂暨博學能詩著有松岡處士集

孟一飛　字丹摩著有周官義疏望雲樓稿彤史百詠今僅見彤史百詠而詩格不甚高

石昭炳　陳子駿　昭炳字西山諸生子駿字旻生道光己亥舉人採訪冊謂其皆徇辛酉之難

周申緒　字保甫咸豐戊午舉人採訪冊謂咸豐辛酉申緒奉母避兵富陽之窈口賊搜山獲母申緒挺身與辯賊欲刃母申緒大呼曰我舉人周某也鼠輩敢爾賊脅以刀則大罵賊

怒殺之而毋獲免

郭熙恩　原名琳字春亭郭肇傳謂咸豐辛酉挈家徙郡城寓倉橋肄雅堂九月二十九日賊陷郡城熙恩適他出亟返寓告家人曰吾義不汙賊若自爲計遂赴井死次子增廣生秉衡及其弟惠元救不及相繼投井長子惠鈞繼妻袁氏秉衡妻趙氏俱攜子投城河死

傅克莊　字棠園著有棠園存草選入詩話

傅　岱　字江峰諸生著有梅嶺遺稾二卷經籍志已著錄仁和譚獻撰有墓誌銘見山水志德清俞樾撰傳詳曲園全集

駱繼元　字樸菴廪貢生文蔚弟與其兄諸生晉三弟監生文敏俱以敦行稱於鄉而繼元尤以能文著鄉里後進俱出其門

陳烈新　德清俞樾撰有墓誌銘見山水志天津徐世昌撰有墓表見文徵

孫維棣　字萼生翰林院檢討廷翰祖李榕撰有傳

周祜　周蕃　祜字耐菴廪生蕃字屏山咸豐辛酉拔貢生官遷江縣知縣兄弟俱工詩賦歲科試輒列高等

周紹逵　周紹适　紹逵字惺菴官宛平縣知縣紹适字蓉石官候官縣知縣採訪冊謂其兄弟皆膺繁劇有惠政而無事實可稽

金式如　字堅亭同治庚午舉人敦品勵行光緒癸未白塔湖災式如白當事請款於陡亹旁刷築新閘以工代振次年新亭湖道仕湖築隄亦式如主之民賴其利

蔣贊堯　字省三同治乙丑舉人性謹循研心宋學處家以禮

法子弟不敢爲非兄弟五人贊堯出繼分爨時仍析産爲五

蔡啟盛　字曜容光緒乙酉優貢生官華容縣知縣著有經窺燼餘正續編德清俞樾撰序

駱元邃　原名葆慶字鈞孫同治丁卯優貢本科舉人博該能文尤工塡詞著有守梅軒遺集詞選入文徵

孫篤祜　字痩生增廣生性戇直兵燹後文廟圮篤祜毅然自任酌定章程尅日興工不避勞怨三載而工竣先是廟右餘地爲豪家所佔力爭得復積勞成疾臨歿猶喃喃以邑志未修五湖未濬爲憾近事未入列傳以待後人參補

樓觀　字曉滄光緒乙酉拔貢生朝考二等未引見而歿於京邸遺著散佚

吳德楨　採訪冊謂德楨性好施同治壬戌六月賊酋陳四踞

陳蔡里人斯銘齋導陳朝榮襲之薄暮過琴弦岡德楨饗以牛酒夜半搗其巢陳逆竄去

顧飛熊　官福建副將護理陸路提督採訪冊臚列其戰功檢咸同年閒閩省奏疏皆未載

馮洼　魏廷經　洼字香伯道光壬午舉人廷經字專五採訪冊皆稱其廬墓

鍾步翰　號清菴道光六年倡建濟陰堂收埋暴骨

楊廷珪　字芳五捐田八十畝建賙濟倉錢四千緡建太平橋

陳垠　字步雲捐建育嬰堂於楓橋歲活嬰數百人築楓橋至古博嶺石路四十里

詹禮統　採訪冊謂其兄歿京師禮統在郡聞訃不歸家徒步行三千里旅櫬祗十餘金備極艱苦卒扶柩歸父年踰八十

不之知也

蔣士瑨　字城軒採訪冊謂士瑨築南門外至楊郎橋石路四十里

沈廷華　陳嘉秀　蔣允昌　鍾聲閏　舊府縣志皆謂其割股廬墓

趙祿愛　湯瑞　採訪冊謂尋父遠方扶柩歸葬

何步洲　採訪冊謂其家失火負母踰垣出母獲免而步洲被燒無完膚

杜夢白　字元達採訪冊謂其惠佃如禁小買育嬰如掬生生堂培才如興環山義塾闡幽如建蔣烈婦坊無不挺身任之

孫光懿　字心泉邑諸生管毓秀書院數十年邑人信服

郭汝龍　字蘭泉邑諸生與孫光懿同事書院人亦服之

楊志祥　號吉庵居江東性好義捐修會義橋詳山水志

諸暨縣志卷三十四終

諸暨縣志卷三十五

人物志

方技傳

周官大司徒以鄉三物教萬民三曰六藝禮樂射御書數與六德六行並列藝固先王學校之教也自七略以六藝爲經以術數方技爲子於是陰陽讖緯諸書推步占相諸家亦稱術藝而古義淆矣然性有偏至學有獨到苟造乎極而進於道亦足以專門而名家爰搜次見聞類爲一編有人以技傳者有技以人傳者均未可以泯沒也

宋

劉叔懷

元

楊維翰　黃源

吳庸　毛倫

蔣郁　陳宗堯　張英

明

石逵　周瑾

馮賁　鄭璁

馮璉　弟瓘　陳崧

馬元甫　陳開

國朝

唐龍　弟虎　魏湘　魏開蕃

金玠　駱度鏞

郭寶疆　陳愷

章白　張長溥　酈象格

周家庠　陳鳳起

石梁　陳聲凱　子衍書

郭雲　王煜

楊五德　俞啟茂

孫宇輝　斯天昭

吳膺洛　馮懋

唐慶　陳聯奎

余奏言

宋

劉叔懷（樓志作仲懷誤）山陰人元祐間徙諸暨善畫墨竹筆法師文湖州（畫史）邑城翠峰寺有叔懷所畫竹（浙江通志）今無存

元

楊維翰字子固號雲泉別號方塘全堂人鐵厓先生從弟也兩浙名賢錄作從兄誤茲據全堂楊氏譜訂正以文學知名於時起家慈谿學博遷饒州雙谿書院山長曉天文地理之學萬歷府志寫竹石墨蘭妙絕一時紫桃軒雜綴尤長於竹興至卽濡筆揮灑侍筆札者給弗暇博士柯九思自以爲不及稱之曰方塘竹文嗜三蘇書帖喜雙井黃氏乾隆府志著有光嶽集穉濟錄藝苑略行世萬歷府志

黃源字子達號松窰順帝至元中遊京師以書法精妙試奎章閣典書轉典籤遂歿隆慶駱志

吳庸字擇中號萬里又號雲泉善醫客翰林承旨脫脫家薦爲雲南行省大理路儒學教授親老乞歸隱於東白山之陽章志揭傒斯贈吳教授南歸序大哉京國之尊當海宇長謐兵革不試皇建其極於粲大猷遠方之人贏糧束書奔走萬里汲汲願覲清光者接踵至

然人生聖代霑濡厖沛既學博而譜荀不際明時出覲軒冕之盛宮室之富旌旂之美文章道德之所以崇威儀等級之所以章斯亦齷齪草莽焉而已耳吳擇中氏儒家子也且善醫往年來客翰林承旨脫脫公公有疾擇中氏投刀匕藥卽瘉公喜甚欲屬擇中授經其子固辭迺薦爲雲南行省大理路儒學教授未上輒惝然自止曰親老矣是誠愛日不自暇詎以升斗祿孑身萬里遠貽閭門倚望之憂因改轍而將南也承旨公嘉其志自爲古詞一通書製錦以貺之仍屬予鋪張贈言予方悲世齷齪士杲於自往而少於度慮乃爲之辭曰我隱者也殆未知巢許之介何如哉綺園之時何如哉擇中氏于于而來觀國之光一命官八品筮仕其初矣乃以親老急歸使予強擇中氏留則曷以勸人爲孝使擇中氏當大任當邊圉而遽行已志則誰其爲國之忠乎魏人之詩曰父曰嗟予子行役又曰猶來無止擇中氏勿遲遲其行也雅之詩曰皎皎白駒食我場苗縶之維之以永今朝又曰毋金玉爾音而有遐心此則予敬愛之私而承旨公所深望者也

〔脫脫贈吳教授南歸百字令詞〕

帝都佳士便拂袖天上歸歟定省儒以兼醫人物舊江左風流比並狄龍儲材義經採蹟譽望登臺省倚門頭白夢入故園風景　春滿南粵千山悠悠東去河水流華艇袖有除書正紫泥香靄枌榆鄉井堂上稱觴嬰兒戲罷看著鞭馳騁重遊京國會取勒勳鐘鼎

毛倫字仲庠居東郭食貧自樂放情吟嘯或寫木石或作墨牛皆精絕一時往還盡名流勸之仕則張目不答萬一樓集

蔣郁號雪巖十五都人元季隱於畫筆意簡古山水似唐人人物摹漢武梁石刻畫像新纂有陳宗亮者亦留心翰墨有聲於時乾隆府志

張英字仁傑世居北門外有儒行善寫花木蟲鳥府志洪武初州縣屢辟不就適情書畫題所居室曰新雨山房浦江宋濂爲之記宋濂潛谿文集妻莊淑貞見列女傳子允愜洪武中爲行人府志

明

石逵字良仁宋尙書公弼之後洪武中以薦辟至京師會諸王有疾近臣或言逵善醫詔視之有效自是遂以醫顯後爲御醫院使戴元禮甚推重之乾隆府志案逵府志作達

周瑾字孟瑾自號守一道人生有異質星歷卜筮天算音律儒釋異域之書無不通究前知如神言吉凶禍福多奇中人擬之臨川張鐵冠然深自弢晦當建文時或勸之仕瑾曰俟三年後更議之

及靖難兵起遂決意不仕永樂元年郡縣交辟不就以青囊隱夜分輒登高觀象晝則入深山中竟日不出同邑王鈺既及第踵門相訪欲薦之於朝固辭鈺歎曰山深如大古日長似小年先生眞神仙中人也瑾終以地理知名所著有地理指迷一卷樓志

馮賫字汝賢䄂隖人永樂癸未舉人才官蒲臺縣縣丞善觀字之形體參伍錯綜以知人休咎所言無不奇驗宏治府志

鄭璁字叔勤泰南鄉人精書畫嘗從叔南昌府同知鄭宏宦遊江西畫南屏勝觀圖波濤起伏環拱廣信郡治極蒼潤秀雅之致賦南屏十二景詩自書於冊人稱雙絕從孫天鵬從璁學書得其一體遂知名於時後官弋陽縣知縣親陟南屏益歎璁筆墨之妙爲不可及鄭之罕小傳

馮璡字廷瑞䄂隖人沛縣知縣馮謙子也性至孝從父之任母病

禱於泰山還過魯魯王重其名延敎世子以親病固辭臨行世子贈以序其略曰孝者忠之本忠者孝之推能孝於家者必能忠於國也予知璉之孝必能移作忠也璉弟瓘字廷瑗兄弟並善琴璉自號琴樂四明嚴貞爲作琴樂記瓘遊歷半天下宏治四年八月訪季弟珏於金陵居三年將還留都士大夫賦詩贈別張祖於石城之滸酒酣琴闋環江山青平陽杜整爲之譔秋江話別序略曰秋官郎馮朋玉之兄廷瑗將歸於會稽金陵諸名流相與歌詩以送之廷瑗生於世家從宦所至涉蠡吾絶濟水躋太山窺渤海南還彭城登戲馬臺溯揚子江而上税駕秣陵所至賢士大夫及湖海之士皆樂與之遊羣居有詩酒之驩將別多悲怨之感此秋江話別之詩之所由作而賓主交契之情亦因是以見也父謙內召歿於途兄弟扶柩歸葬廬墓三年馮至允都名敎錄

陳崧字子毓號九里楓橋人精醫起人疾效如神直指使者旌其門曰浙水名醫新纂

馬元甫忘其名以字行馬宅人幼過姚江遇異人授以祕書遂通太乙奇門之學明末兵起或問天下何時太平曰沐猴逢一小兒天下定矣又善青烏家言郭藩傳

陳開字治庵楓橋人老蓮先生從兄也邑諸生移家山陰復移家杭州設藥肆紫陽山下終日垂簾坐默不語病者至隔簾診其脈貧則施以藥效如神閒日刺舟西湖至煙水深處則歌吟忘返偶還故山則倚杖浣水若耶之閒或與鷗鷺相拜揖相問答見者皆以爲癡其寓宅對吳山名畫清樽室無纖塵供神農嘗藥圖黃帝素問圖各一幅皆老蓮畫也嘗曰庸醫之殺人也以術名醫之殺人也舉趾高不輕赴人之急良醫之殺人也勇於自信人言不能

入皆以心也刀兵之際人何以堪殺戮之餘自猶生毒苟欲自活者不爲也或天許活我而活人賜之因緣得行其道不猶救得一半乎乃攻苦方書將自活以活人嗚呼治庵豈癡人哉陳洪綬治庵老人賣藥緣起

國朝

唐龍與弟虎世居走馬岡下兄弟精技擊一日有遊僧叩門負一鐵杖屈如環已復直之龍他出虎延之入草舍石臼當戶虎以三指掇去之僧大驚謝去土寇陳其古府志作奇果聞二唐名數遣人說入伍不答强納幣卻之陳大憾簡精鋭乘夜縱火焚其舍龍倉卒起舉石臼擊殺數人虎舞槍潰圍出賊數百人無敢近然竟俱斃郭肇小傳

魏湘字季芳自號紅蘭老人藉隝人諸生魏夏弟也善畫工花鳥

草蟲閒仿陳老蓮作佛像蠻獅士女衣冠人見以爲老蓮也樓志數

傳而其族有魏開蕃者亦以設色知名於時新纂

金玠字介玉師滿洲人莽鵠立官長蘆鹽運使善寫眞其法本於西洋不先墨骨純以渲染皴擦而成神情酷肖畫徵錄

駱度鏞邑廩生明湖廣副使問禮元孫也畫得宋元人三昧鄉先輩陳洪綬以畫名天下度鏞後出數十年而名與之埒晚年尤喜畫尋丈大松因自號古松余懋棅傳〔余懋棅古松先生贊〕士故不妄有名如先生者可謂名士矣先生與先伯父惠州公爲姻家余少時見先生於鍾山別墅先生已老矣而豪邁之色猶在眉睫飲酒談笑如少壯時先生死而楓谿山水爲之減色惜哉

郭寶疆號磐莊郭莊人善醫江蘇胡岑梅需次杭州一日遇寶疆於旅邸勸胡歸胡故無病訝其妄未幾疾發而殂東陽令黨某子病延寶疆診視黨妻李適感冒請按脈寶疆驚曰郞君無妨夫人

脈空恐難越歲李方健飯不之信未幾黨子瘉而李以除夕亡一日聞鄰舍哭兒甚哀詢之知爲痰殤將棺殮矣寶疆案其脈諦視而笑曰可活也灌以升麻湯經宿而瘉王海觀傳

陳愷字樂園楓橋人康熙辛丑進士性純謹博學能文摹鍾王帖輒神似兼喜作畫竹石師明莊昺釋褐後以親老改就教職未及銓而卒著有樂園詩文集陳綏猷傳

章白字西鎬三都人邑諸生工八法篆籀隸草皆入古人之室癖硯每見一石必辨其洞之新舊質之麤細摩挲愛護寶若拱璧因自號硯谿居士新纂

張長溥字觀雲以書名家初學趙董後出入虞顔歐柳晚復潛心二王挾技遊四方居新疆烏魯木齊最久將軍延入幕府新疆人獲其尺幅珍若球璧其論書曰運筆以指運指以腕無嬾學嬾則

疏無多書多則滑仿臨舊搨當遺貌取神不必規規形擬多閱古
篆隸多讀古畫多遊名山水多察物化折錯釵股得於心自應於
手同時有酈象格者字遠山三都諸生也仿右軍聖教序亦以工
書稱於時

周家庠字芳湖精書法風格秀整逼近董畫禪乾隆庚子入成均
屢躓名場偃蹇京邸書益工乞書者屨滿戸居數歲卒於京

陳鳳起字翊丹店口人歲貢生弱冠以楷書受知於彭宗師啓豐
歲科十三試俱列優等名噪一時其書凡三變初橅趙文敏繼學
顏平原晚年出入於黄米之閒邑之以書名世者老蓮之後鳳起
其嗣音也

石梁字豎庵長瀾人邑諸生工書畫篆刻乾隆中舉人樓卜瀍修
縣志梁手自寫鐫世稱精妙著有草字彙十二卷行世

陳聲凱字魯傳諸生學有根柢善鼓琴知縣張長庠命二子師事焉學政李宗瀚表其閭曰學優行卓所著有正蒙錄子衍書亦諸生以琴學世其家

郭雲號也石江東人善畫蟲鳥花卉烘染有生趣性復沖澹築精舍數楹蒔花種竹隔絕塵事程炳亨傳子鳳沼見列傳

王煜字午園一字若蕙汪王人善畫蘭秀逸可愛性亢傲不諧俗官江西安遠縣典史忤上官罷歸其題畫詩有云不堪五斗折腰酸神武門前自挂冠獨有寸心千古合陶公爲菊我爲蘭可以想見其胸襟矣

楊五德幼善病母早寡因究心醫學邑養調護母壽至六十五五德病亦痊嘗行醫於嘉定上海青浦數月瘉人萬餘三邑人稱神術所著有女科輯要兒科集纂眼科心得外科薪傳行於世乾隆府志

俞啟茂字春珊號醉石花山鄉人嘉慶已卯副貢生性好飲善棊作草書不名一體自饒逸趣新纂

孫宇輝字靜齋獨山人性豪俠精醫嘉道閒有孫眞人之目學陸齋稾

斯天昭字松華上林人諸生能詩善畫以醫名自號需弗山人謂非儒非佛非仙只是箇人耳其風趣如此傳墨林補訂縣志

吳膺洛字寶書一字宓川號子樵流子里人邑諸生工詩古文善臨池行草尤渾勁絕倫嘗以書受知於學使趙光晚年書六帖分貽六子其第一幀曰筆權

馮楙字樂初以字行別號芝巖居玉屏山下自號玉屏山人少讀書不屑爲經生業獨好畫操其業數十年畫則不名一家飢輒爲人役然不可數得也至閩粱中丞章鉅命諸子兄事之嘗從中丞遊東甌雁蕩攜橫絹寫其谿壑時大宗伯奕湘方以

帝胄爲浙江駐防將軍慕其名奉尺一加幣懋則衣大布衣以客禮見將軍手絹素請之再迺離席握管瞑目若思少頃揮灑立就氣咄咄逼人一時薦紳無不慕若渴願納交懋益厭惡之咸豐庚申賊陷杭州懋先期去葺紫巖舊廬明年賊陷諸暨踞其城及懋廬懋大罵賊怒刃懋去郭肇東埭文稾寇平後中丞子梁恭辰至祝鳩搜其畫而去故鮮有傳者

唐慶忘其家世居全堂善圍棋道光季年大宗伯奕湘以帝胄涖浙爲駐防將軍聞其名厚幣聘至杭與之棊輒負請其術則瞑目不答再三詰則踞榻大言曰棊非將軍所當學無已請與言陣法將軍笑置之卽辭去東渡江遊金陵以其術遨遊公卿閒時稱爲國手然性放浪負氣不下人卒不遇而歸歸則家四壁立敝衣破帽踽踽行廛市閒人多不知之唐亦不求人知也新纂

陳聯奎楓橋人性豪俠幼讀鈕琇雪觚見吳六奇輩石贈查伊璜事心慕之因自號綯雲嘗有意用世與時齟齬隱於醫讀素問靈樞得神解輒謂漢以後無醫人皆謂之狂同里楊某六月患痢不止羣醫謂不治聯奎診之曰伏暑也投以香薷飲立愈鄰婦某氏猝中疾死矣聯奎過之飲以水卽起每診脈能於數年前決生死無不驗其所定方多非時醫可解咸豐辛酉九月賊掠楓橋被執大罵里有駱某者素德聯奎向賊緩頰聯奎厲聲曰吾方得死所若何雛必欲生我耶賊駭愕縱使行不顧去

余奏言字子鴻高湖人官廣西縣尉先世以善畫著名奏言至廣西窮探桂林山水之勝畫益進華亭張詩舲尚書祥河時方開藩粵西雅契重之與訂詩畫交不欲勞以吏事會稽宗侍御稷辰贈以詩曰古者弓與冶世守乃稱賢名醫歷三世其技通人天畫猶

藝之餘筆法由先傳單門或天授氣欲空雲煙無師識野戰紀律多未嫻太倉山水宗濟美幾無前吾越世繪事雨謙及老邁不若髙湖余皴綽有淵源高曾溯清芬韻事相循沿副墨詒兒孫畫學且蟬聯子鴻得名晚作尉如神仙西南富渟峙奔赴來毫巓勉肖清白箴進道庶承先學陸齋稾

諸暨縣志卷三十五

諸暨縣志卷三十六

人物志

列女傳一

隋書經籍志載列女傳十五卷注曰劉向撰曹大家注其書雜載古女行事與夫詩賦頌述著其所以致興亡者蓋以羅列取義不第以節烈見傳也今仿更生例著列女傳三卷竝取范氏錄其高秀不專一操之意於節烈外閒采文藝之嫺雅者其義無特著事出傳聞別爲著錄附於志後

周

西施　鄭旦

宋

貫孝婦柏氏

南齊

屠氏女

唐

張節婦賈氏

宋

倪節婦孟氏　　仁壽縣君劉氏仁和縣君王氏 吉國夫人蔣氏

王節婦方氏　　趙與婉

何道融附

元

章烈婦傅氏　　齊妙觀

潘節婦　　楊宜

楊處女　　郭靚

何馨　楊孝婦方氏

孝義夫人劉氏 子婦陳環娘　蔣孺人

王烈婦蔡氏 婢順姑　莊淑貞

明

周節婦趙氏　何烈婦黃氏

樓節婦斯氏 娣姒何玉 陳婉 錢氏 吳節婦鄭貴澄 妹貴深 娣黃昭 斯氏

孟貞女 童姬　徐孝婦洪氏

李節婦王氏 娣阮貞　俞節婦童氏 娣趙氏 金氏

王永貞　蔡六主

蔡節婦吳氏 陳節婦丁氏　袁節婦黃氏 陳六姑

壽節婦鄭氏 陳節婦俞氏　陳節婦童氏

陳孝女宋　馮寶娘

酈節婦楊氏　酈節婦周氏

蔣節婦呂氏　呂節婦傅氏　徐孝婦酈氏

余節婦曹氏　余節婦徐氏

胡淨鬘　陳道藴

苧蘿六貞　陳雙烈孟氏

傅節婦錢氏　二女

周

西子姓施氏名夷光世居諸暨縣苧蘿山下山離縣五里今在城南門外施氏有東西二村夷光居西稱西施父鬻薪母浣紗今山厓有方石相傳爲西施浣紗石也輿地志十道志母嘗浴帛於谿石明珠射體感而孕又夢翠雞五色自空而下久之化爲鶵遂生焉翰府名譚有殊色嘗病心而矉人轉美之鄰女慕焉人皆憎之其嬌豔如此

莊子列子抱朴子　越王句踐即位三年興師伐吳戰於五湖不勝棲於會稽用相國范蠡謀卑辭尊禮進玩好女樂令大夫種行成於吳先飾美女八人納之太宰嚭曰子苟能赦越國之罪又有美於此者將進之嚭因說吳王許之申胥諫不聽卒赦越國語三年越王歸自吳臥薪嘗膽謀所以滅吳者求天下奇寶美人異味以進於吳得陰峰之瑤古皇之驥湘沅之鱓拾遺記　越王謂文種曰孤聞吳王淫而好色惑亂沈湎不領政事因此而謀可乎種曰可夫吳王淫而好色宰嚭佞以曳心往獻美人其必受之越王曰善乃使相者得苧蘿山鬻薪之女曰西施鄭旦飾以羅穀教以容步近大道築土城周五百九十步陸門二水門一內建美女宮以教習之三年學服而獻於吳使范蠡進曰越王句踐竊有二遺女越國洿下困迫不敢稽留謹使臣蠡獻之大王大王不以鄙陋瘦容願納以供箕

帚之用吳王大悅曰越貢二女乃句踐盡忠於吳之證也（吳越春秋越絶書）乃處於椒花之房貫細珠以爲簾幌朝下以蔽景夕捲以待月二人當軒並坐理鏡靚妝於珠幌之内窺覲者莫不動心驚魂謂之神人（拾遺記）吳王目之若雙鸞之在輕霧沚水之漾秋蕖而寵媚西施尤甚擇虞山北麓以石甃城爲遊樂所（吳地志）又築姑蘇之臺三年聚材五年乃成周旋詰曲横亘五里高見二百里崇飾土木殫耗人力宫妓數千人上立春宵宫爲長夜之飲造千石酒鍾又作天池池中造青龍舟盛陳妓樂日與西施行樂歌舞爲水嬉（吳越春秋越絶書）又於靈巖山作館娃宫以消夏西施洞響屧廊香水谿皆在焉（姑蘇志）西施嘗浴於香水谿人呼之爲脂粉塘谿上源至今馨香（稗海）又開百花洲錦帆涇或鼓櫂而遊或采蓮爲樂（雜記）妖蠱既深荒於國政越乃伐吳至於五湖大破之留圍三年吳師敗請成不

許范蠡卻王孫雄擊鼓興師至於姑蘇之宮遂滅吳史記國語吳越春秋施與旦乃逃吳苑越軍既入見二人在竹樹下皆言神女望而不侵拾遺記蠡知之獨取西施乘輕舟浮五湖而不返蠡自號鴟夷子皮浮海出齊三徙成名而西施不知所終云國語雜記〔楊慎論〕世說西施隨范蠡去不見所出只因杜牧西子下姑蘇一舸逐鴟夷之句而附會也予竊疑之未有可證以析其是非一日讀墨子曰吳越之裂其功也西施之沈其美也喜曰此亡吳之後西施亦死於水不從范蠡去之一證墨去吳越之世甚近所著書得其眞然猶恐牧之別有見後檢備文御覽見引吳越春秋逸篇云吳亡後越浮西施於江令隨鴟夷以終乃笑曰此事正與墨子合杜牧未詳審一時趁筆之過也蓋吳既滅卽沈西施於江浮沈也反言爾隨鴟夷者子胥之譖死西施有力焉胥死盛以鴟夷今沈西施所以報子胥之忠故云隨鴟夷以終范蠡去越亦號鴟夷子杜牧遂以子胥鴟夷爲范蠡之鴟夷乃影撰此事以墮後人於疑網也　〔樓卜瀍案〕西谿叢語吳越春秋云吳亡而西子被殺杜牧詩西子下姑蘇一舸逐鴟夷後人遂云范蠡將西子去嘗疑之別無所考陸廣微吳地記越絕書曰西施亡吳國後復歸范蠡同泛五湖而去今越絕無此條蓋非全書也〔文德翼西子辨〕西子一沈一浮沈者沈浮者浮奈何作他人書鄞耶五代小兒列王軒傳并載郭素無有解者人人思爲太牢周秦谿中一片石石笑人哉軒同軒也王差也一入

閶門粉黛無色無與並軒也郭東郭也東西素也晨夕相數貴方
悟希刻畫不兔唐突也戲諢夢藝幾欲癡殺也又見錄李商隱詩
莫將越客干絲網網得西施刖贈人必指海中西施舌也古人待
西子寬今人待西子嚴寬則可浮可沈嚴則一沈必不浮一浮必
不沈故杜牧浮之西子不死李商隱沈之西子亦不死今人一沈
一浮皆死西子矣雖然西子甯沈不浮也　樓卜瀝案王軒郭素
事載雲谿友議乃五代范攄所撰其言甚屬不經今志於此其議
有三一去之一闢之一解之去之者謂前明纘亭先生邑志載之
陽和先生郡志亦載之皆不合今削而去之必不使存其說也然
吾暨邑志之王軒郭素可去其能盡去五代以來天下流傳之雲
谿友議一書耶是亦可以不必去矣闢之者如王會新編云西施
何曾返越苎蘿何曾有墓西子亦不應有此淫詞此欲爲西子洗
寃而嚴爲之闢也解之者如文登巖所云王爲夫差軒爲同軒此
欲爲西子解嘲而曲爲之解也然古來如許亶之遇飛瓊裴航之
遇雲英鄭交甫之遇江妃詩人習用不以爲怪洛神宓妃也湘妃
娥皇女英也巫山之女赤帝女姚姬也有娀之佚女契毋簡狄也
而屈原用以作騷宋玉曹植用以作賦不聞以荒唐相訾何獨於
西子而疑之　隆慶駱志載李商隱詩莫將越客干絲網網得西
施刖贈人讀文登巖辨爲之豁然朱長孺於李義山詩集尚嫌未
經注明也又義山詩有亦若暨羅女句注暨羅女西子也方輿勝
覽苎蘿山在諸暨縣南五里此則苎蘿一徵○毛奇齡西子傳後
跋自吳人梁伯龍作浣紗曲子以施屬諸暨云本十道圖經諸小
乘而以謫傳謫遂至天下之人皆不知施在蕭山吾謂施斷屬蕭
不屬諸考後漢書郡國志於會稽郡餘暨縣下云云越絕書日蕭山

西施之所出其云越絕書者非今本越絕此正春秋時人如子貢范蠡輩所作而其書既亡散見其語句於他書者與今本越絕作於東漢袁康吳平者大異

〔樓卜瀍案〕毛西河必以西施屬蕭其所依據者只後漢書注越絕曰西子之所出一語已耳考後漢書注爲唐章懷太子賢與劉納言華希元等作十道志爲唐梁載言撰均之唐人也載在十道志不可信而出自後漢書注顧遂足信耶即西河越絕書書後自矜獨得以爲其末篇明云句踐以來至於更始之元五百餘年又記越地傳云句踐徙琅琊到建武二十入年凡五百六十七年則斷在東漢之初至此書爲今本越絕所不載西河亦自知不足取信於人因曲爲之說曰書非今本越絕書此正春秋時人如子貢范蠡輩所作獨不思後漢書注於餘暨云越絕曰西施之所出亦即於諸暨云越絕曰與平二年分立吳甯縣豈有子貢范蠡所作而紀與平二年事者耶紀與平二年事又得謂子貢范蠡輩所作耶抑豈同一越絕同一後漢書注所引顧且謂此越絕乃子貢范蠡輩所作彼越絕則三國以後爲耶此即以子之矛陷子之盾而得失赦然矣西河又以蕭山芒蘿村祀西施爲士穀神嘗見夢於縣令又見夢於學使皆欲據以爲西施生蕭之證此直所謂宋徵諸鬼夫何辨

〔紫巖外史說〕余嘗考郡邑志芒蘿山一在諸暨縣之陶朱山南去縣五里臨南江中有浣紗石一在蕭山縣之芒蘿鄉濱錢清小江有西施廟而無浣紗石遂以西子產於蕭山而說者又以蕭山爲諸暨析置舊名餘暨芒蘿之屬蕭山蓋在析縣之時爲志者失考故疑而兩存之并也兩山相距踰百餘里暨載地有西施灘西施門西施坊西施湖則又不特芒蘿之有浣紗石也況浣紗二字題識尙在耶然蕭志何居蓋

浣江卽浦陽江水之故道繇麻谿經錢清入海越王棲會稽卽今越王峥也逼近錢清西施從麻谿入越今麻谿有浴美施閘相傳西施將見越王沐浴於此故名焉則凡所謂苧蘿鄉紅粉石西施廟皆因西施經歷而得名亦猶越王還自吳越人喜而迎之遂呼其途畔之山爲王還山之類今山陰有若耶谿而錢清亦屬山陰特地與蕭山接界西施從此入越又從此入吳當時紀其渉迹因竊其芳名耳則施之世居諸暨有斷斷無疑者魚元機所謂只今諸暨長江畔猶有青山號苧蘿也不然蠡非暨人陶非暨地而范時未更名朱何暨有范蠡以陶朱山陶朱鄉鴟夷井且祠而尸祀之也蓋越王追崇蠡功命嚴貝金寫其狀而朝禮之環會稽三百里爲奉邑則暨或隸焉故會稽者越之總名陶朱鴟夷則後人食其德而表之以誌不忘者也又吳越春秋逸篇云吳亡後越浮西子於江令隨鴟夷以終楊升菴曰浮沈也反言耳子胥之譖死西子有力焉沈之所以報子胥之忠蓋以鴟夷爲子胥之鴟夷而爲是聽說耳胥嘗讒施不應令隨以終如反浮爲沈則國語載范蠡浮五湖亦將反言之耶不知吳有三江五湖吳越春秋亦云蠡出三江入五湖而不返則其浮於江與浮於湖記者特互言之又何疑於同浮之說杜牧詩云西子下姑蘇一舸逐鴟夷東坡詞云五湖問道扁舟歸去仍攜西子此足徵矣然蠡曷載之以往鶴林玉露曰懼其以蠱吳者蠱越忠臣晦迹以成其君此論已足千古而後世遂斥爲亡國之妖甚括谿紗訂合一段公案其與王軒魔語何異

鄭旦字修明拾遺記與西施同居諸暨苧蘿山孔華會稽志或云居茅家

步沿村有谿二女曾浣紗焉距苧蘿數里許步有茅家井居井左右者世出佳麗如綠珠井云王會新編或云今江東金雞山下有鷓鴣灣灣厓鄭姓世以捕魚爲業相傳鄭旦家於此郭鳳沼青梅詞注越時與西子並獻於吳夫差惑焉吳越春秋

宋

賈孝婦者姓柏氏孝子賈恩妻也姑歿殯於堂鄰火延屋將及柩柏隨恩號哭奔救竟得全嘉泰會稽志

南齊

屠氏女者諸暨東湾里人也父失明母痼疾親戚相棄女移父母住苧蘿晝樵夜紡績以供父母卒親營殯葬負土成墳忽聞空中有聲云汝至性可重山神欲相驅使汝可爲人治病女疑魅弗敢應久之鄰人有中谿蜮毒者試之瘥遂以巫道爲人治病無不瘉

鄉里多欲娶之女以無兄弟誓守墓爲山賊劫死縣令于琳之具言太守王敬則不以聞南齊書孝義傳

唐

張節婦賈氏孝子張萬和子婦張孝祥繼妻也淑孝工詩孝祥歿氏輓以詩曰三十功名四十亡有才無命兩堪傷夫妻鏡裏鸞分影兄弟天邊雁失行七尺紅羅題姓氏一堆黄土蓋文章妾身不敢高聲哭祇恐猿聞也斷腸後以清節終身孝感里志

宋

倪節婦孟氏海門尉倪夢應妻也倪早世孟刻苦不嫁訓子孫以仁厚每糶粟必縮直十二三歲以爲常時以比椽斛夫人兩浙名賢錄

仁壽縣君者孝義贈衞尉少卿黄振妻也姓劉氏歸振家政皆委藉焉耕僕紝婦處無不當以故家益饒而振益得肆志問學恣其

好義之行教三子成名明道閒歲旱浙東西乏食振磬貧振贍憂不繼劉語振曰濟人德無窮飾説之好奚取焉悉籢槖規義田每歲收其入無遠近給以爲常鄉里待之舉火者數百家遂名其莊曰仁壽子宋卿妻王氏世爲儒族始封聞喜縣君再遷仁和縣君孝義黃氏譜

元孫汝楫妻蔣氏生八子閨教甚肅倣仁壽縣君規立義莊八子皆貴賜進士第者五人閥閲之盛邑無與比蔣以子貴封吉國夫人允都名教錄

王節婦者姓方氏王友仁妻直寶文閣厚之子婦也厚之藏書甲海內友仁卒子澹倘在抱氏闢樓藏之嘉定中柄臣遣使持書幣再三指求竟拒不與萬歷府志

趙與婉者宗室桂平令趙希堅女張軫之妻也軫與同邑朱光殉義與琬守志四十餘年教子復有義方復亦刻志勵學有聞於時

其卒也黃溍銘其墓隆慶駱志

附

何道融字處和邑何氏女善讀書鼓琴年十九歸浦江凌柟一年而柟亡遺腹產一子曰堅道融誓不再適惟晝夜教堅以學使從陳亮遊及堅能與薦書以姓名自見於諸君子閒喜曰吾之不死待汝者欲持見汝父於地下耳汝益勉之堅後以學聞紹熙元年卒年五十一浦江人物志

元

章烈婦傅氏年十八適同里章瑜瑜爲守吏脅軍興期會迫死道上訃至傅氏蒲伏抱屍歸號泣三日夜不忍入櫬屍有腐氣猶依屍呵含冀甦既殮嚙其棺成穴及葬投身入壙母强挽以出制未百日母欲奪志語聞大慟遂絕食母屬侍婢謹視之閱數日紿婢

吾當浴若理沐具俟予既而失所在明日婢汲井見足倒植井中乃傅氏也（輟耕錄）〔楊維禎贊〕余讀古節婦事至靑陵臺及祝英氏以爲後無繼者世道降也久矣今瑜妻乃爾謂世降德薄者吾信歟夫婦倫與君臣等世之稱臣子者獨不能以瑜妻之義於夫者義其君歟噫

齊妙觀者楊敏妻也年十八敏卒子仲湑甫周歲舅姑欲奪其志齊斷髮破面抱其孤向舅姑哭曰我爲死者守孤忍令此孤無歸乎舅姑怒令自食居一室晝夜紡績以資養舅姑卒屬老婢經理其家閉門不出開竇通飲食如是二十年年六十七卒（兩浙名賢錄）

潘節婦者忘其姓居北郭夫歿節婦方盛年誓志守節事姑教子見稱於時（吳淵穎集）〔吳萊題諸暨北郭潘節婦卷後詩〕天地昔立極聖人本有防辟之制洪水瀦蓄以爲常不然遽汜溢隨處恣披猖終將大節撓寖我彝倫傷南州彼何人北郭得新孀盛年喪所天臨鏡毀舊妝春秋奉饋祀暇乃治蠶桑豈惟育稚幼抑且禮尊嫜尊嫜日已老稚幼儼成行託孤生當盡從一死則臧乘時或棄背促嫁更衣裳疇悲膏沐容畢命松柏岡世人如輕塵風至即飄揚我身類完玉火烈愈耀光自來昔蒯姿曾不異姬姜毋甯竆寵化孝敬著一鄉一鄉尚謂狹千載顧不長吾其撫野

草可但感嚴霜起操膝間瑟彈作雙鳳凰鳳凰不再下寒月照屋梁

楊宜全堂人楊維貞從父女弟既笄歸陸氏一夕而夫卒達官爭聘之宜誓不嫁母逼之閉重戶自盡維楨表其墓曰女貞鐵厓樂府序〔楊維楨女貞木詩〕守死重關志不暌九泉不負陸郎妻至今墳上女貞木不受商陵怨鳥棲

楊處女名雪字玉瑛亦維楨從父女弟也年十三善琴十五工詞翰二十許陳氏子未娶陳歿遂守志不嫁達官聘之不允自作處女冢以見志兵亂處女閉戶餓死年四十有二

郭靚者趙宜震妻也元季亂夫婦伏叢莽中數月始歸而宜震死郭年少苦節遺孤從師以練布爲贄師辭之令孤致辭曰非此無以成弟子禮苟憐死者而及其孤則請勿辭後疾革謂子曰爾既有成我以得死爲幸遂瞑兩浙名賢錄

何馨者楊氏媵也其主曰理馨善女紅服室勞靡有厭倦頗嫺於

容主婦過猜至於嫉詈積而至於笞榜苦楚不能勝然而服勤主婦益不怨母家欲奪其志者數矣而馨誓死不忍去遂終老主婦家年六十卒楊維楨何賸志

楊孝婦方氏名迎年二十七歸同里楊敬生二子敬有母何氏婦左右就養惟恐違其志何病腑道澀不能親御匽溷婦浸之湯盆中以指探出之積歲手文皆龜裂未嘗有倦色性儉慈頗知讀書嘗鬻田教子父德載母張皆宦族年六十一至正二年九月五日卒葬於馬鞍山章志宋濂爲撰墓表宋潛溪集

孝義夫人劉氏者名勝處士吳康妻也性端謹嫻禮法吳門族親歲時會祭皆有條序處士歿事後姑尤孝敬姑年九十夫人春秋亦高起居躬自扶持巾幂浣濯勞勿憚諸婦媵爭代之輒曰調護老人非若輩可得意每晨興至寢所問安起則奉盥櫛掖至堂上

坐率子婦侍立俟膳罷退夜則治衾裯元末名人如浦江宋濂戴良輩避兵流子里者金雍墓文厚其餼遺諸子與之遊處資其講學周子治墓志及歿鄉人即以其里名私謚曰孝義葬石尤山長子銓卽世所稱虎髯生也婦曰陳環娘字淑益楓橋陳明善女陳氏故世家幼受孝經列女傳陳氏譜年二十歸吳會元末天下亂居民盡走入山谷陳氏舉族來依祖父母叔弟相繼亡環娘捐簽槖殮葬無虧禮未幾母劉氏亦卒於吳環娘以母寡無子歿又在他鄉哀毁特甚竭力治喪營兆域於胡塗之原吳銓壙記以從弟凱能文待之尤加禮凱父倉卒歿於外還葬無期爲營殯於母之墓側後洪武中凱以人才薦得官知名於時感環娘德不置晚年與虎髯生偕隱白鳳山中詩簽茗盌對案論兵閨俠風流人爭傳之年五十五卒葬楊村山參用吳陳兩家譜

蔣孺人流子里陳堂繼妻也至正戊戌東南兵起浦江宋濂避兵流子里居堂宅西軒蔣待濂妻賈專若妯娌撫濂子璲長孫慎如子姪濂得濟於難宋濂墓志

王烈婦者名相字彥卿隱士蔡基先女王琪妻也舊志至正二十二年張士誠陷諸暨避長甯山中賊猝至有造紙鑊方沸投其中死元史本傳賊驅其婢順姑婢曰主母死我可驅乎賊怒殺之兩浙名賢錄烈婦兄蔡概收骸骨葬於水漯蛇山之麓明洪武時詳請建祠南塘隖萬歷閒知縣劉光復又建祠於五里亭與孟貞女合祀顏曰貞烈祠允都名教錄有兒三人長樞次權三概舊志烈婦

莊淑貞者北門外張英妻也至正乙巳張士誠兵攻城氏被執度不可免厲聲大罵曰爾輩鼠賊耳敢肆行無禮執略衣冠女子乎我死即死奪我終不可得也賊怒抉其口而死兩浙名賢錄英見方技

傳〔吳伯宗輓莊淑貞詩〕倉卒戎馬間慷慨義不辱剛腸決白刃恨血濺青玉陰風悲死處春草不復綠千載鐵石心足以扶頹俗

明

周節婦者名淑宋燕懿王趙令誑九世孫女也父孟德有文學愛節婦授以孝經列女傳皆能通其義年十八歸周本恭始歸而姑卒舅及夫兄姒氏相繼死姪顯宗幼節婦相夫飭喪葬育顯宗如子歸十一年生三男宗善宗祚宗政宗政始生時天下亂夫嬰疾恐不起顧婦曰今兵革四興嗣子單弱我死爾能自保乎節婦齧指流血曰有不能保孤者天誅之夫卒節婦年二十九髽跣號泣泣間含食哺兒不出戶限明年明師克諸暨與僞吳分邑拒戰兩軍焚掠家貲無纖毫存節婦抱兒攜顯宗從一媵出匿持田籍行深山窮谷間或閔其艱勸曰是呱呱者奚足恃奈何自苦節婦怒不與言翦鬢髮示之益栽戢厲色峻辭人莫敢近兵定富民侵其

田殆盡節婦持籍與辨卒賴以完知州田賦欲上其行於朝節婦力辭乃復其家益感泣日治麻縷市詩書教諸子夜焚松脂於室坐諸子兩旁而口授之或怠睡首俯輒笞咄不少恕諸子皆凜然畏如嚴師睹色變即惴恐莫敢舉目視節婦以夫兄早歿惟顯宗一子婚娶先已子諸子皆遜悌有士行宗祚尤以文行著於時宋濂傳

何烈婦黄氏何暎賢妻年二十歸暎賢比孀居值亂兵焚掠遭驅追肎死詈拒被刃死時盛暑屍横野五日始殮神色不變浙江通志

樓節婦斯氏名鞠字妙善元末避兵山中夫師忠出負米罹鋒鏑死斯年二十六後一年師忠弟師實亦遇游兵死妻何玉年十八師實弟師彰以病歿妻陳婉年二十一從子珏妻錢氏年二十九夫卒皆不嫁時稱一門四節又有吳璟妻鄭貴澄璟弟璃妻貴深

從姊妹也瑀弟瑛妻黃昭從子儉妻斯氏亦一門四節萬歷府志

孟蘊字子温毛奇齡傳作所温其先爲鄒縣孟氏宋有封信安郡王者判紹興府事家諸暨遂爲諸暨人蘊父鋋明初生員夢女官送雲冠繡裳於庭生蘊性慧讀書工詩善畫墨蘭會同里蔣文旭者年十七膺洪武二十九年鄉貢授河南道監察御史巡按湖廣聘蘊未娶陳時政忤旨賜死蘊聞訃大慟請於父曰大人昭信踐甚修之言問吉以通是兒爲蔣氏婦矣文旭之不幸即兒之不幸也願得一履蔣氏門事舅姑父母未許蘊私念文旭柩歸必過門乃密爲衰麻蒙絲俟柩過從門閒躍出裂所蒙服長號扶柩去既而文旭父母死無嗣父憐之迎蘊歸宅後巖閒構柏爲樓令蘊處其中曰柏舟之意也聚書百餘卷晨夕觀玩足不越梯有雪前種柏詩曰繡衣御史柏爲臺烏府庭前夾道栽今日淩霜無可睹爲君植此

寸心摧一日樓後巖石間梅花盛開賦老梅詩以見志曰傲雪經霜已有年凡花未許與爭先乘驄人去無緣折留得清香滿世間疊韻至百首先是蘊矢志守貞姪婦童氏進曰賢姊此志可質鬼神無相違也因披心相翼情若共生蘊有與童姬夜話詩曰樹底蜩螗聒耳窗前蟋蟀齊鳴話緒無端攪斷明河天際雲橫親黨有餉荔支者蘊曰此玉環所嗜物何爲至我前作詩卻之曰金盤誰薦紫袍新野騎無端擾漢津縱使夷齊心不易難將青眼笑紅塵年九十三卒髮無纖白人稱爲黑髮姑生卒皆重九日鄉婦於是日會拜墓前至今不絕張元忭傳宣德二年巡按直隸監察御史蔣玉華翰林院侍讀黃文瑩等疏請建坊立祠孟母廟側毛奇齡傳詔給學租銀於大寒日遣官詣祠祭章志著有柏樓吟行世

徐孝婦洪氏徐溥仁妻有婦德舅道州守雅重之姑王氏疾洪不

解衣帶者數月及卒不食肉三年人稱其孝（隆慶駱志）

李節婦王氏名秉適同邑李通與通弟遠妻阮貞並早寡以志操自立備經飢亂卒得自免親族勸使再醮二婦歎曰甯餓死肯爲是哉（宏治府志）（陳留題李氏二節卷後山石有時泐井水有時乾嗟哉兩孀婦秉節永勿諼白髮同初志時人多厚顏長憶泉下人相視起悲歎枯榮連理木聚散雙飛翰並違偕老願共守衾牀單一醮雖不易保此良獨難彼美共姜誓貞毅不可干苟非柏舟詩未俗何由敦）

俞節婦董氏年十六歸俞瀟未幾瀟死童翦髮納棺誓不再醮瀟仲弟滋妻趙氏季弟潤妻金氏夫歿趙有子金惟一女妯娌並守志紡績養舅姑撫子女成立戶側竹一本三幹本皆疊三節事聞旌其門曰三節

王氶貞者王山樵先生孫女也豐姿逸才性復瀟散有林下風適楓橋駱秴谿園先生子世皆儒家評茗角韻唱酬甚得晚年以竹

齋詩集歲久未梓寒夜清閒躬自校讎朱墨燦然令子居安居敬編次爲四卷蕭山魏驥爲之序鐫板行世世稱善本四庫提要竹齋集序

蔡六主者蔡鈸女有容德年及笄東陽王姓義烏虞姓爭姻連年訟不已六主歎曰豈以一身累父母乎遂翦髮誓爲貞女王會新編

蔡節婦吳氏年十六歸蔡温明年温卒節婦茹苦守志年至一百一歲始卒於越新編陳欽芝妻丁氏亦安貧忍飢守節三十餘年章志

袁節婦黃氏歸袁仲解未二載夫故遺二月孤伯氏忌之黄斷髮毁容以示無他後歷艱苦足不踰閫者數十年王會新編陳六姑者楓橋耒陽縣丞陳廷傑女年十六歸壽吉階甫八月夫卒亦斷髮自誓家貧依父居日夜紡績寄所得以資舅姑守節五十年卒陳祖範傳

壽節婦鄭氏年十九歸壽九章生一子和僅三月九章卒鄭年二十一後至五十二終其舅富甲一邑生六子皆雄貲豪舉鄭既孀

多歷變故而調停得體自始至終不爲人所疾當娶婦告其舅曰欲得讀書種子庶昌吾後乃擇同邑陳士華女生孫堯臣以進士令霍邱萬一樓續集陳㒧妻俞氏守節持家孫元暉亦成進士萬歷府志

陳節婦者山陰童氏女楓橋太學生陳心學繼妻也心學爲還沖方伯從弟以詩文馳名越中童年十六歸陳前妻所遺二女長六歲次三歲撫之有恩三年生子于京又四年夫卒年二十三陳本世家族姓蕃衍孀居後家務冗雜蝟生其中公私大小應酬各有條理嫁娶皆以禮遠近無閒言萬一樓集〔陳洪綬題貞婦傳〕十五嚴霜烏夜嘑此身原已客天西連環偶醉千山雪淚浥蓮房一束谿

陳孝女名宋陳方伯性學季妹也萬歷府志適生員周道隆父疾冒雪歸甯躬調湯藥至廢寢食疾劇籲天刲股和羹進竟不起宋猶呵氣入口冀甦已乃辟踊搶前嘔血斃年二十有六陳性學乞賜表揚疏

馮寶娘者，後街酈浹妻也。歸數月，浹卒。寶娘年二十三，撫姪楹樓志作楹，諸暨賢達傳作檻。爲嗣。一婢有殊色，寶娘遣之，辭曰：「願與主母同老。」於越新編寶娘年八十卒，婢卒年亦七十餘。寶娘葬後，浹墓一夕產連理枝，合抱扶疏，日益滋茂。萬一樓集

酈節婦楊氏，廩生酈煉妻。年十九，煉卒，孀居六十年。一日鄰火逼煉柩，節婦急號奔救，天忽反風，火遂熄。章志

酈節婦周氏，年十八歸酈元獬。未三歲而元獬歿，遺腹生女。節婦泣告舅曰：「守節事舅，媳事也，獨宗祀不可絕。」典妝篋得數十金，謀於族爲舅娶翁氏，期月生叔元。姑病，產乏乳，節婦出資雇乳傭哺叔。姑旋歿，撫抱哺養，皆身親之。舅卒，喪葬無所資，盡斥篋飾始得成禮。家徒四壁，母女、幼叔三人相依爲命，凍餓備嘗。家故有藏書，或請易以米，堅拒曰：「留待叔讀，甯死不敢售也。」元長，節婦資之讀

食以飯節婦與女別具食元怪而窺之則糠粃也新纂

蔣節婦者姓呂氏年十九夫昌卒無兄弟節婦出簽為舅購妾生二子舅姑與妾相繼亡節婦撫二叔成立年八十七始卒乾隆府志

呂節婦傅氏夫元鎮病刲股進壽瘳姑病躬事藥餌扶持以時年二十寡又二十餘年卒徐孝婦酈氏徐行恆妻姑病刲股祕不敢洩病愈姑終莫之知也章志

余節婦者姓曹氏余獅妻也獅歿曹年二十一子良充生甫五月姑憐其少議改嫁曹斷髮不從姑歿值歲歉家益貧鄰婦勸曹攜孤他適曹嚙指自誓年九十餘卒萬歷府志

余節婦徐氏侍御余縉叔祖母嫁未及歲而夫卒日夜號泣思以身殉縉祖母嚴孺人謂之曰叔亡嬸氏當代承宗祧奉舅姑以一死塞責豈明大義者所為乎節婦輟泣謝嚴以次子元亮嗣節婦

故殺其恩俾嗣子繼所後而節婦得施其撫養節婦居孀未嘗輕出里門病革謂元亮曰成吾節者吾姆也後毋忘余縉家傳

胡淨鬘者陳章侯先生侍妾也草蟲花鳥皆入妙品王士正池北偶談揚州鐵佛寺在堡城楊行密舊宅也先名光孝院寺前後多紅葉章侯攜淨鬘往來於紅葉之間命寫一枝懸帳中曰此揚州精華也胡本揚州人故云李斗揚州名勝錄錢唐馮硯祥貽陳詩曰吳興女子工花草待制丹青步絕塵三百年來陳待詔調鉛殺粉繼前人盍調之也明詩綜

陳道蘊楓橋人章侯先生女畫得家法工翎卉人物乾隆府志尤善寫竹師管道昇晴籜新篁瀟脫出塵小楷學趙松雪先生嘗命之寫經精緻絕倫因題其所居曰寫經軒池北偶談漚簃詩話

王肅二者苧蘿閨秀也年及笄誓不嫁弟肅六奉養終其身鄉人

私諡曰妙端舊浙江通志 鄰里周之德早死妻柴氏守貞撫孤子名雄基奉事翁姑生養死葬以婦代子與劉子美妻吳氏徐夢旦妻王氏胡斗輝妻許氏盛鳴鳳妻孫氏皆家傍苎蘿誓死完貞人稱爲苎蘿六貞樓乾隆志

陳氏雙烈者姓孟氏姊妹也父曰孟桓山陰人同歸陳元倩潛夫同日合巹及江上師潰潛夫倉卒歸小赭里語二婦曰行矣我爲忠臣汝爲烈婦泉下差不惡也乃推二孟入水爲具棺殮置酒賦詩與親友訣題絕命詩於孟氏屋壁曰萬里關河戎馬奔三朝宫闕夕陽昏清風血染萇宏碧明月聲哀杜宇魂白水無邊留姓氏黄泉耐守度寒暄一忠雙烈傳千古獨有乾坤正氣存題畢至化龍橋北面再拜赴水死孟治傳 案越殉義錄以二孟分妻妾又云二孟與潛夫同時赴水死與此小異潛夫絕命詞亦言挈我妻妾從彭咸逝則孟治傳誤也

傳節婦姓錢氏中黃先生曰炯母也夫餘福早世守貞撫孤明之亡也曰炯誓死殉顧以母爲憂節婦窺其意慨然曰汝盡忠卽是盡孝我奚憂曰炯聞言向北再拜還拜母節婦笑受之曰炯既死撫育孤孫年九十餘始卒節婦生二女皆曰炯姊也失其夫姓既嫁夫亡姊妹矢志守節白首完貞曰炯爲之賦貞壽篇曰鄙心標瑋節書珉古所彙詎識其姜賢家有兩同氣先後抱孤貞傷哉餘凜毅里標匹嫠操綸甓賁猶未畫荻儆藐孤夜鐙慘蕭緯血殷染棲霞苦深輕蘗味天錫孝錫嗣句章發誠慰重以風化嚴刊名載所謂保乂當黃耇福祿臍何既不朽甯藉言吾言幸相暨維則樂欲宣艱難鬱存慽傳中黃集

諸暨縣志卷三十六

諸暨縣志卷三十七

人物志

列女傳二

國朝

徐昭華

胡愼儀

姚孝婦徐氏
趙節婦周氏
應節婦俞氏
陳節婦趙氏

朱孝婦駱氏
蔣孝婦黃氏
樓孝婦湯氏
許節婦壽氏
鄭孝婦酈氏
酈孝婦壽氏
郭孝婦王氏
樓節婦鄭氏

孟節婦陳氏
袁節婦余氏
蔣節婦陳氏

金烈婦廖氏
傅烈婦華氏
石烈婦王氏

酈節婦周氏
駱節婦郭氏
胡節婦
陳節婦周氏

姚節婦孫氏
何節婦趙氏
陳節婦楊氏
俞節婦蔣氏

馬烈婦章氏
吳烈婦周氏
王烈婦傅氏

何九娘

朱節婦沈氏
樓氏
陳節婦石氏
周節婦楊氏

石節婦駱氏
陳節婦傅氏
趙節婦楊氏

駱孝婦余氏
趙氏
徐氏
陳氏
錢氏

陳孝婦潘氏
鄭孝婦胡氏
陳孝婦魏氏
虞孝婦阮氏
張孝婦趙氏
錢節婦蔣氏

趙節婦
蔣節婦楊氏
駱節婦樓氏
蔣節婦孫氏

陳烈婦朱氏
章烈婦羅氏
袁烈婦趙氏

趙節婦蔣氏
葛節婦濮氏
周節婦戚氏
陳節婦何氏

馮節婦蔣氏
余節婦蔣氏
趙節婦周氏

趙節婦壽氏
魏節婦宣氏

郭烈婦章氏
方烈婦蔣氏
程烈婦馮氏

傅節婦張氏 蔡節婦沈氏 徐節婦楊氏　朱烈婦楊氏 邱烈婦傅氏 陳烈婦徐氏

鄭節婦丁氏　陳烈婦王氏

張義烈俞氏　陳孝婦駱氏

郭孝婦章氏　張大家

余孺人樓氏　余孝婦何氏 娣孟氏

宣烈婦宋氏　傅烈婦俞氏

楊貞女　樓貞女

黃貞女 婦胡氏　丁貞女月嬙 姒孫節婦 章氏許氏

李貞女　柴貞孝 顧貞烈

壽貞女鳳姑 張貞女　湯貞女大姑

孫貞女 周貞女 呂貞女 斯貞女　趙孝烈珠姑

趙孝姑端先　樓節婦魏氏

宣孝婦黃氏某氏　金節婦鍾氏

章節婦俞氏族婦陳氏　酈節婦蔣氏

酈節婦章氏　趙節婦章氏

陳節婦胡氏　王節婦陳氏

應節婦孟氏俞氏　應烈婦方氏

蔣節婦傅氏子婦劉氏　傅節婦馬羅氏

黃節婦大小何氏　陳貞惠湯氏

楊節婦樓氏　陳烈婦蔡氏

何孝女二姑　黃孝婦郭氏樓節婦阮氏

朱節婦金氏子婦金氏孫婦陳氏　錢節婦駱氏錢孝婦趙氏

呂節婦酈氏　蔣宏烈妾李氏

趙滕　王節婦壽氏子婦周氏孫婦邊氏

柴烈婦高氏

陳烈婦王氏古竹里人歸鯉湖橋陳耀數年陳卒會明季盜賊竊發猝至其里掠烈婦拽置馬上大慟曰我乃爲賊所拽耶痛哭求死賊笑不答投地求死不得行數里至長塘躍入清潭死時順治甲申六月十四日也越五日族人殮其屍蠅蚋不附顏如生章陶幽芳集

何氏二烈婦者一何瑞上妻駱氏一何汝輝妻黃氏汝輝者瑞上姪也俱早卒順治甲申邑被兵二烈婦皆匿吳家隝兵至撥荆棘得黃氏拽之堅不出刺以戟黃厲聲曰我斷死荆棘中耳兵怒亂刺之遂遇害駱挺身出罵賊賊又殺之乾隆府志

王烈婦陳氏王祖念妻順治乙酉方國安據越士卒縱横不法里人多避入山烈婦倉卒攜子行質弱不能前遇兵於沼間黶其姿

說使從正色拒之兵變色烈婦凝立不動擬以刃無所畏兵驚異睨視良久而亂軍沓至知不免遂置其子於地躍入沼中死越月附家人言曰方氏肆虐逼我至死我得訴於天矣踰年方敗幽芳集

余烈婦吳氏高湖余長三十一妻也順治丙戌爲遊騎所掠置馬上去余追及之烈婦遥謂曰吾必不相負速去毋兩傷余悲之輸金求贖賊旣利金復豔婦姿睨視久之忽揮刀斷余首挾烈婦行至花山下烈婦覗旁有深潭奮躍斷縛投潭死諸生陸廷茂嘉其節收殮之張夢憶岱爲作三不朽圖贊是年姚瑞芝妻黃氏亦被掠不屈投蘿村池死幽芳集　陸廷茂殮余節婦後旋卒兵騎充斥妻張氏奉舅姑攜幼子東西竄處屢被兵逼卒全其節章志

郭烈婦蔣氏諸生郭增妻也出避難遇遊騎於林間將汙之蔣奪刀自殺騎憤不得逞而陳守義與妻俞氏匿其旁騎殺守義以亂

俞俞乘間抽刀刎頸死（幽芳集）徐烈女者徐承明女也遊騎至其鄉烈女被掠縛馬上過全湖跳躍斷縛投水死（章志）

顧烈婦者長瀾石聖八女陡亹顧英奇妻也年十五歸英奇逾年夫卒與英奇再從弟某聘妻姚烈女居甚相得姚烈女者姚公步人家貧待年於顧年十四成人矣且有志操以故烈婦善之丙戌六月朔邑被兵烈婦謂姚曰若之何姚曰避之避而不免若何曰死之烈婦曰死吾分也翁無人焉養之蓋英奇父世俊老且無子故云是日世俊出偵不返二人鍵戶居薄暮聞叩門聲急曰秋桂也秋桂者姓蔡氏鄰婦顧張氏婢也時從張走孤山恐二人不免中途返曰二姑不知耶兵至三港口矣二人聞之大驚倉卒南奔烈婦曰去將何之不如死秋桂西指曰江匯蘆葦中可匿也問何以渡曰嚮走隄上見村北泊小艇因疾趨刺艇渡入葦兵已環里

肆掠號哭聲震江岸矣時鄰嫗亦多匿於匯驚悸失魄泥首蒲伏無人狀夜午雞聲出葦中烈婦驚曰此何時猶戀此耶因謂秋桂曰吾二人不能行止死於此汝急行毋致累秋桂曰死則同死耳然小艇固在且乘晦避之秋桂往駕艇於匯之中港所謂磨心潭也期二人乘之遯而二人心悸股慄不能前又夜冥迷所嚮反覆顛蹶蘆葦中比出葦又陷於淖秋桂急返櫂迎之掖烈婦入艇而數十輩沿江列炬掠船操白刃驅馬洶洶濟水來姚曰吾年少女得死爲幸即躍入潭死秋桂從之烈婦仰天泣曰婦今不得事翁矣復躍入兵相顧錯愕驅馬返而鄰嫗得免先是潭當四水之交激蕩至深不可測自三烈死水東徙不入潭旋成大阜至今屹立江中幽芳集

磨石山三烈婦者蔣奇瑞妻駱氏兄子茂柏妻葛氏順治丙戌賊

至其里避入磨石山賊搜得之不屈同赴磨石潭死賊無所得窮搜山谷間則茂琳及妻楊氏伏叢樹下茂琳者茂柏同產兄也賊殺茂琳劫楊去曰從我則生楊曰一門在鬼録奚生爲至中途奮躍入金家潭死

傅烈婦者蕭山蔣氏女年十四歸湄池傅河源烈婦出自傅河源者舅子也歸九月而河源卒翁姑繼歿無所依遂還母家順治丙戌越中被兵母女同赴蔣家池死幽芳集

傅有益妻應氏亂兵至恐被辱投屋側池內死浙江通志

斯烈婦者姓黃氏上林斯曰福妻也順治丁亥賊據東白山出寇上林曰福攜家避不及被殺賊豔婦欲妻之烈婦曰我今無依君丈夫也願託然義不野合有家在奩妝備請從我歸賊喜隨烈婦行至中命亭下潭深不測烈婦急挈子女及婢銀桂躍入潭死幽芳

集當烈婦之誘賊歸也其姑隨之行及死姑亦隨之投潭須臾浮水面如乘筏然次日兵退獲救甦求入覓婦尸見婦端坐潭中作結趺狀子女及婢以次序坐婦旁新纂

郭烈婦者姓周氏郭維魁妻也順治辛丑九月王師勦楊四兵過花亭劫烈婦去踰五鳳嶺將出邑境矣烈婦乘間抱子投厓兵覓挾上馬烈婦哭曰願以淨身死故土兵怒斧其首墮厓死血漬谿巖殷如硃

朱烈女者孝子樓墨林聘妻康熙甲寅議親迎請期蓋十月三日也七月四日墨林與弟丞叔殉父死楊六之難訃至烈女歎曰得死所矣餘不一語夜侍母寢母撫慰備至烈女曰遭此大變能如此則爲人否則非人矣何傷焉母寢乃退紉衣裾自縊死樓志　幽芳集

燕窠烈婦者姓陳氏農家女也初生有道人以符授其父曰異日

遺女可禦神武女稍有識向母索符不得父驚烈婦曰父弗怪生死命也既長歸藏綠鳴周士亨甲寅三月耿逆叛朱德甫結砦紫閬

王師討平之朱成龍復以數萬眾踞紫閬號神武紫閬去藏綠二十里烈婦聞而疑之既而曰燕窠僻且神武在者庶幾其免告士亨徙焉自是賊勢日張邑令劉餘瑻初任諸暨未察實倉皇申報曰西路皆賊於是諸軍悉聚焚掠無算烈婦雖避母家聞之益自疑知同山練壁堅周氏往者十七八謀諸嫂應氏曰告若兄曰不及雖然無憂也我僻壤小民簞壺迎諒弗殲我俄而兵至盡掠其婦女六十餘人烈婦曰命也隨而行至雩塘曰得死所矣置兒於道側縱身入塘死兵曰烈婦也以手加額去有頃應氏踉蹌至見女尸亦躍入塘死明日士亨與婦兄陳瑞芝迹之見尙呱呱泣不

止收兩屍神如生邑令趙佽旌其閭曰雙烈同清新纂

長清嶺烈婦者失其姓里康熙十三年土寇朱德甫踞紫閬山官兵進勦有一卒擄良家婦并其幼子於馬後婦且行且謂卒曰吾旣被獲從汝固佳但夫止一子必來俟其至以子歸之然後任汝欲卒許之行可半日至長清嶺夫奔前請於卒以子付夫度去遠投巖死浙江通志

潮坑烈婦者忘其父家夫姓陳氏居潮坑康熙甲寅寇至豔婦色殺其夫逼使從烈婦紿曰吾夫已死惟汝是從然有子在當得鄰姥屬之夫屍未葬葬畢乃可寇使以其子屬鄰姥遂焚其廬投屍於火語烈婦曰爾夫已火葬矣烈婦即躍入烈燄中死樓志

戴玉蕚字綠華甬東人歸邑諸生余蔭祖有謝外寄春衫詩曰窄袖春衫小樣新勞君遠寄別離身幾回對鏡增長歎不是當年綺

麗人讀之諳伉儷之情又有送外之河北詩曰一輪冰鑑滿照晃物華新入幕君甯貴持家我固貧素絃揮寶瑟清淚掩羅巾去去還無恙前途有故人則又孟德曜桓少君之流也新纂

端娘者廣陵陳氏女年十二鬻於姑蘇木商商母解詩文教女讀端娘侍久之知書及笄買唐宋人小詩晨夕諷誦遂工五七言摹趙松雪帖通星學湄池傳昇以數百金買爲妾相從渡江端娘饒姿工言笑昇變之所居臨湖築亭湖壖種竹數千竿間植桃李花藥滿階砌與端娘聯吟其中客至輒令端娘侍引滿浮白刻燭賦詩一時有樊素小紅之譽明末兵起流離奔竄亂定歸里廬舍燬昇賣詩文端娘提甕拾柴爲人推星命以給食數年昇歿端娘賣辮裙以殮家貧無子食窮苦守而口不言貧青裙白髮衣無纖塵經日絕爨必爇煙以通竈突有餽以錢米者辭不受其度歲詩曰

索米搬柴又一年，形容無復故時妍。今朝隨例重梳洗，羞把梅花插鬢邊。可想見其志趣矣。傳學沆傳

徐昭華字伊璧，性好蒔蘭，自號蘭癡。上虞徐徵君咸清女，其母則商太傅女景徽也，著有承雝堂集。與女兒祁忠敏夫人商景蘭俱能詩。景蘭女祁湘君、子婦張楚纕、朱趙璧，詩什播海內，而皆無專集。繼起者則昭華與其舅妹商雲衣也。雲衣又早亡，綠窗集乃掇拾所得，零翠碎玉，珍祕無多。惟昭華爲毛奇齡女弟子，才又甚高，下筆都利，如巡林秀樹，使人彌望不能卻。咸清嘗宴奇齡於傳是齋，酒半，昭華請試題，爲命二題。一擬劉孝標妹贈夫詩，曰：流蘇錦帳夜生寒，愁看殘月上闌干。漏聲應有盡，雙淚何時乾。又曰：芙蓉花發滿池紅，黛煙香散度簾櫳。畫眉人去遠，腸斷春風中。一倣六朝賦得拈花如自生詩，曰：明珠照翠鈿，美玉映紅妝。步移搖彩色

風迴散寶光蛛絲髻上繞蜨影鬢邊翔誰道金玉色皆疑桃李香又請題會昭華畫蜨遂命題畫蜨五絶限東韻昭華立成詩曰蛺蜨翻飛去翩翾綵筆中雖然圖畫裏渾似覓花叢奇齡次其韻曰滕王有遺譜描之深閨中羞煞東園蜨翾翾滿綠叢宴畢又書二絶句於傳是齋曰四十年來老自驚新收門下女康成不知書面緗花好試看階前帶草生深堂樺燭照銜卮隔幔新吟畫蜨詩不是小鬟頻乞試那知閨閣有陳思初昭華讀瀨中集畢詩曰臙脂花落覆紅鼉獸頸初垂火自含坐對西河才子句渾如秋月照澄潭又曰少小曾觀白石詞蘆中人去竟如斯溧陽浣女空相殉悔不先吟瀨上詩奇齡次其韻曰秋霜如雪裹冰鼉石闕高嶟口重含不道美人居洛水能憐才子在昭潭欲唱迴波未有詞鹽車無復聘雞斯向非道蘊眞才女若箇能吟中散詩嘉興曹侍郎榕曰

左嬪蘇若蘭後文章之盛無如昭華者昭華又善鑒山陰童鈺時方丱角抱之膝上口授唐詩謂此子異日必以詩文名世已而果驗所著有徐都講詩花間集鳳凰于飛樓詩若干卷壻駱襄錦字佳采諸生陳迦陵所謂問其桑梓千春西子之鄉詢彼絲蘿四傑駱丞之壻也毛奇齡宿傳是齋贈佳采詩曰開卷煙雲集當軒花樹明贅爲齊地客少傳義烏名永夜看揮塵論年及請纓閨中有徐淑莫忘述婚情時工詩者推盛唐王錫而西河謂俱不及昭華以其解唐人法外意也昭華所寄改詩西河輒爲留稿名徐都講集爲之作序又爲著傳是齋受業記據毛西河集上虞縣志駱氏譜宋長白柳亭詩話纂

何九娘楓橋諸生駱師洙妻伉儷甚篤有寄遠詩曰闌干閒倚日偏長別後相思苦斷腸願得化爲松上鶴隨風容易到君旁新纂徐昭華輓何九娘詩芳魂飛上大羅天不獨才郎泣斷絃霜冷齊眉青玉案塵生簪鬢翠花鈿妝臺脂粉香難散篋底新詞韻必傳閨道

關雎不復詠仍還仙界卻青蓮賢母名高鍾郝同辛勤勖子苦丸熊身歸碧落情無限絃斷瑤琴曲未終楊柳煙消楓凋月梨花豔落萼蘿風欲尋鏡裏丰姿面只可相看圖畫中

胡愼儀字石蘭山陰胡天游從妹也父世繹籍大興官元城教諭遂家於燕與天游妹愼淑字景素愼容字臥雲俱擅詩名稱越中三才女後歸楓橋諸生駱烜隨夫客嶺南臥雲與之俱霜郵露驛擘箋和詩語多窮愁旣而烜客死攜家及五櫬北歸撫臥雲女思慧爲女讀其歸裝過庾嶺詩曰五櫬十三人艱危仗此身經年淚洗面百感痛傷神江左無茅屋燕南有老親如何千樹雪不似去時春可謂極閨中之苦境矣蔣編修心餘中表弟也石蘭嘗寄詩曰如何疏散臥江皋卻負詩中一世豪沽酒每聞捐玉佩濟人時復典宮袍文星下界耽遊戲嫛婗天涯苦鬱陶消受吾鄉巖壑美玉堂風月未宜拋時蔣方主講越中故云所著有石蘭集與臥雲

紅鶴山莊集竝行於世（新纂）

朱節婦沈氏歸朱濂無子爲娶妾樓氏濂以暴疾卒沈氏終養舅姑撫二叔成立年八十餘卒樓亦同守五十年而歿（章志）

陳節婦石氏夫祖法卒撫舅側室子祖霖無殊所出祖霖生子鞠爲子（石作硯傳）

周節婦楊氏年十八歸周元士婚七年元士卒遺孤及季弟皆幼氏左乳叔右乳孤皆撫之成立

姚孝婦徐氏年二十夫大彰卒家貧事姑極孝養叔年十二撫之成立祧其子元升爲後守節三十一年而卒（樓志）

陳節婦趙氏年十五歸陳士元士元患癩生一子而卒婦撫叔逾於所生（允都名教録）

趙節婦周氏南城趙兆秀妻也生一女而夫卒舅年逾七十無他子婦泣請於姑爲舅納妾生叔震年四歲頭出血晝夜涔涔不止殞命者數婦泣禱於江東東嶽廟願以身代甫回家震痊而婦病卒夫婦人無子而撫叔冀以延夫祀

也若楊氏趙氏以有子而撫叔則奇矣而趙節婦之事爲尤奇新纂

石節婦駱氏楓橋人幼敏慧通列女傳訓詁歸邑東門浮橋石帝建生一子一女帝建販茶之京卒於旅舍櫬至哭盡哀絕而甦者再既念夫遺有孤爲臼易爲嬰難乃勉爲其難無何遺子殤誓以死守寒暑一樓非舂爨不下梯如是有年會邑富人謀續娶倩鄰媪爲地舅意動節婦聞之泣曰新婦誓爲舅子守節歷有年所今復作此紛紜是新婦誠有未至也然此事關大人門戶亦非小終不肯效人事二夫醜顏立人世時女長及案度可供使令卽攜居樓雖舂爨亦不下矣每日米數升薪一束使女下汲取火作糜課鍼線相資度日足迹不出戶外者復十餘年迺卒卒前一日謂女浴我浴竟使女啟舅姑與娣姒作別既死毋啟衣蓋已屬襦於裙密綴之如跗注預爲殮日計也時當盛暑天欲雨蒸熱雷殷殷作

聲衣既連不可啟而殮具未易猝辦越三日殮色如生人皆異之石作硯傳陳節婦傅氏歸諸生陳烈年二十夫亡婦守貞五十年居一樓足不踰戶口不見齒鄉里私諡爲貞淑章志趙節婦楊氏年二十三夫友齊卒守節撫孤樓居四十一年人無見其面者樓志應節婦俞氏夫汝愷卒欲殉不得乃於里中搆三層樓額曰顯志挈女居其上寒暑不下語鄰媪曰絕壁百仞壯夫畏登猛虎驅之雖素怯者扳之而上矣一橋橫江柱欹湍急行人卻步如遇大兵掠其後則飛度如康莊如此者冀免其身也吾恐失身惴惴如遇猛虎大兵其在層樓安於絕壁危橋矣居樓五十餘年年八十卒石作嗚硯傳呼自吾邑有孟貞女而柏樓之名滿天下石節婦諸人其繼起者也猛虎大兵卓然名喻知守身之道矣題曰顯志於是應氏之樓屹然與柏樓並峙

駱孝婦余氏者，御史余縉孫女，楓橋駱錫光妻也。與同族孝子駱恬妻趙氏、駱運龍繼妻陳氏皆以封股療姑。獨駱黄庭妻徐氏姑病將封股，爲婢見，泣曰：「封股被人知，不效，姑得毋不起也。」强和藥進，果勿療。同邑封股者如孝婦族人駱公球妻錢氏及朱雲望妻駱氏、鄭復修妻酈氏，則以舅。陳素存妻潘氏、虞釆章妻阮氏、蔣元瓚妻黄氏、酈一俊妻壽氏、鄭允卿妻胡氏、張士鎧妻趙氏、樓文博妻湯氏，則以姑而有效有不效，命也。若郭國屏妻王氏、陳大乾妻魏氏，則皆以封股療姑而不能療舅，豈非天意哉？錢宗肅妻蔣氏、許釁妻壽氏又以夫病封股弗效，守志數十年，此天之尤留意也。又有樓節婦者，鄭復修女也，夫亡，節孝終身，人謂承母教云。新纂

孟節婦陳氏，邑諸生孟立志妻。立志早亡。順治丙戌歲旱，貸粟三百餘石。乾隆辛未歲饑，袁節婦余氏亦捐振二百金。余故惠州太

守毓浩女孫嫻閨訓歸袁紹唐生子淇十有三日而夫歿撫孤成立同邑蘭臺里趙嘉禾母年七十諭子勿爲壽但出粟五百石以振飢民駱遐音妻樓氏樂嘉橋人子賡颺以舉人官福建長樂縣知縣年二十二而寡族人駱名高創社倉於楓橋每歲除給貧族人米若干斗　饑難徧給族稍疏拒勿與婦聞其事罄倉得米千餘石徧給之蔣節婦陳氏早寡成夫三槐志捐田獨建義塾蔣節婦楊氏磨石山蔣邦達妻年十九寡光緒丁丑捐田建樂善亭於方村庚辰又建清風亭於十里牌此皆生長素封貞淑而明大義者也若蔣節婦者家貧而好義里有代客貿布而亡其金將鬻子以償節婦聞之罄已貲完其骨肉則事爲尤難矣節婦姪孫氏夫蔣義卒時節婦年二十五守節二十三年而歿

金烈婦廖氏歸金子俊遇强暴死傳烈婦山陰華氏女歸湄池傅

煥照家貧夫患瘵烈婦不得已傭於杭暑月僦釣舟回里櫂入江心舟子顧無人思辱婦婦投江死煥照至杭迹知舟子爲何四鳴諸官陳穎通妻朱氏家貧穎通外出氏獨居山莊鄰無賴子豔婦色假事入其室頻挑之氏憤自經死袁烈婦趙氏夫曰東山江東人一日夜膳畢持鐙就寢甫闔戶鄰無賴子突自帳中出婦駭號無賴子遁去越二日婦縊石烈婦王氏歸石大傳大傳客雲南旅人大鳳往借器物語褻烈婦忿訴於翁曲喻之止鄰婦倪氏笑之烈婦愧自縊事

聞五烈婦

旌如例部議華氏生貧賤倉卒幽僻中臨大節不可奪殺何四小舟著編籍著爲令大鳳戍邊倪氏予杖殺廖氏者論抵而無賴子卒倖免當時鞫華氏獄者錢唐令鮑鳴鳳能吏也故乾隆五十二

年申牘獨詳據章志名教錄節孝錄纂後有章昌瑜妻羅氏者亦以遇强暴服滷卒新纂

酈吉士妻周氏婚甫一月夫亡舅姑諭改適周正色引古列女傳截髮毀容以自免駱國華妻郭氏夫病革屬他適氏號泣斷髮誓曰有孤可撫我何求哉夫歿遂絕膏沐諸生趙育德妻蔣氏夫歿翦髮納棺以死自誓周遇暉妻戚氏胡永安妻某氏葛蕃妻濮氏陳洪先妻何氏陳首安妻周氏皆截髮守志夫婦人不幸而寡又不幸而致自戕其身其志固有所不得已也是八人者後皆以節終據樓志章志節孝錄纂

馮節婦蔣氏夫繼茂歿婦年未二十伯氏謀奪其志節婦堅持不移遺腹生子艱苦數十年撫孤成立余節婦者亦出蔣氏歸高湖余祚曾夫亡撫孤炳成立後中乾隆乙酉舉人趙節婦者姓周氏

諸生趙益宏繼妻年二十二夫歿撫前室子駿適於己出駿患奇疴周晝夜調護艱苦教養守節三十餘年而卒姚節婦孫氏歸姚庭年二十二夫歿父母迓歸逼令嫁前期一日忽失所在覓之已投池中半殭矣懼送還姚苦守撫孤四十二年而卒陳節婦楊氏年十七媵於陳十九而寡嫡遺一子甫三歲節婦食貧撫孤稍長爲娶於趙子婦俱早卒遺一孫又撫之成立爲娶於袁袁又卒復娶馮抱曾孫焉年八十卒趙節婦壽氏生子甫七月夫用和卒家故饒戚族有覬覦者節婦以禮自衛撫孤全家年七十始卒用和族某女歸何御彩生子甫月而御彩病歿俞汝相妻蔣氏夫卒年十九皆撫孤成立魏節婦姓宣氏歸魏聚成未及歲夫歿越十二日遺腹生子彭年艱辛苦守至四十八歲迺卒彭年已成立矣夫婦人不幸而無夫則以保孤爲重程嬰杵臼之難易可知也若楊

氏者以妾媵撫嫡子子死撫孫輾轉以延陳氏之血食其事不尤難哉據名教錄乾隆府志樓志節孝錄纂

馬烈婦姓章氏年十七歸馬瑞龍甫一年而瑞龍病烈婦百計禱治無效及病革烈婦適舉子瑞龍起視之仆遂卒烈婦慟哭覓死者屢矣娣姒規以撫孤乃忍死治喪未二月子又殤烈婦方撫棺哭其母踉蹌來坐未定遽諷以微詞烈婦色變默不語有頃起入廚自縊死吳烈婦周氏年二十二夫陳友亡烈婦忍死養姑未幾姑病歿喪畢二孤又相繼殤慟哭曰未亡人所以不即死者將代夫養母延吳氏血食耳今若此何以生爲遂自縊郭芳芝妻章氏夫病刲左股和藥以進卒不起忍死治喪未旬日孤殤仰藥不死引繯又不死卒吞鉛死程赤城妻馮氏家貧赤城客死杭州烈婦號泣奔喪無舟資一日夜徒行百數十里鬻赤城衣裝扶柩歸越

數日子死無可爲計絕粒五日死王賢哲妻傅氏年二十一而寡生一子家貧姑又悍令改適堅不從越四年子殤姑曰今絕嗣留奚爲鄰村某豔婦色賄其姑約定烈婦忽投繯死方烈婦蔣氏年二十六夫玉相卒誓死殉既念姑老子幼强忍守志越二年長子殤甫殮次子病劇姑以哀痛臥疾烈婦倉遽無可爲計夜投池水死及晨家人得其尸顏如生衣裙連綴面浮水手足無纖泥比殮子病忽愈姑健適常時嗚呼天既傷其夫又夭其孤何酷也或曰此所以成其烈也而方烈婦次子之病卒以母死獲痊據乾隆府志節孝錄纂

傅節婦張氏年二十三而夫愉歿無子夫兄憬惟一子無可繼者傅苦守至六十歲而卒蔡節婦沈氏年十七適蔡世昌越兩年世昌歿無子夫兄世法舉二子一已出繼沈無可繼者又越二年世

法復舉子天禧沈乃抱裹血兒鞠爲己子教之成立守節四十餘年年七十卒徐節婦楊氏歸清泉徐某生一子某痛從父伯兄之無後也嫂宣氏茹苦守志以其子嗣之未幾死楊號哭血淚俱迸旣而哭無子於邑不出聲慮傷宣氏心也及子娶婦生二子長歸宣氏次爲節婦孫夫夫死而無子又無姪可繼婦人之至不幸也而以沈絜張則幸矣若楊氏者始有子而無子卒無子而有孫何始不幸而終幸歟據樓志節孝錄纂

朱烈婦楊氏幼育於朱舅卒哭泣如成人稍長父死號泣奔喪告族長爲父立後及婚夫兆誠惑於術數以婦命不利於己決意出之烈婦泣告姑曰婦不能事夫夫去何足惜第蒙教養未酬萬一死不瞑目耳夜自縊死邱烈婦傅氏夫甫誤罹刑網罪當辟婦匍匐陳情乞以身代格於例夫伏法自刎死陳烈婦徐氏夫秉道比於

匪以摴蒲傾家烈婦泣諫不悛一日鄰嫗紿之曰某家索博進甚急汝夫已鬻汝家饒無憂衣食矣烈婦信之遂自縊鄭節婦丁氏年二十七歸鄭興洲越二年興洲兄某與無賴子爭興洲出而排解之無賴子舍兄而戕興洲婦大慟欲以身殉旣念冤未白强忍之夫兄訟官置弗理發憤卒節婦泫然曰撫子守節吾分也夫以兄死而冤不雪亦吾責也遂挈子走訴府府下縣而縣仍未結案節婦痛哭渡江控司讞屢翻始終四載艱苦備嘗無賴子始論抵如律守節至六十餘歲始卒夫婦人不幸而不得於其夫與夫强死無所依而以死報之亦事之最可憫也若鄭節婦者忍艱苦以雪夫之冤而卒以全節終庶足對死者而無憾矣據節孝錄鄭氏譜纂

陳烈婦王氏年十五歸陳賓賓世儒家閨中以書史相詰難略通大義能詩歌閱五載賓疾革屬曰吾兄弟無行爾守不易曷若改

圖烈婦不答會畫工傳賓容氏請并繪已容圖成色喜持示賓曰君死安歸此吾志也已而賓卒越三日殮如禮卜殯烈婦曰遲之柩祔堂一夕人定從容步靈筵者數帀瞻顧低徊久之入室賦絕命詩曰自許同歸去不願在人世乞葬夫之旁連理黃泉地賦畢援筆書簡遂自縊踰時家人救不及得詩裙間翁姑見而憐之因殮而合窆焉樓志

張義烈者俞氏女及笄而歸張仲卜仲卜沈痾勿可藥俞傍徨不知所出詣社廟禱請身代珓勿許稽首血淋漓溢額得吉珓稽首謝仲卜瘳而俞竟卒鄉人私諡曰義烈馮夢祖蒼源膽草

陳孝婦駱氏太僕寺少卿方璽孫女事父甚孝歸諸生陳人熙人熙父檄老多病孝婦扶掖湯藥滌廁溺衣事必躬親夜闌背鐙侍立舅不睡不退也每歸甯過肥鮮輒不舉箸母知其意遺使饋陳

則色喜歷數十年如一日舅歿孝婦聞日必至殯所薦時食遇風雨則凝立而泣霽乃歸新纂

郭孝婦章氏浣東郭允龍妻姑患乳癰孝婦衣不解帶者數月病危禱神刲股和藥以進遂愈知縣朱扆旌其門曰誠孝格天有豪家傭婦過其居遺金釵一股綴珠數十粒覓不獲豪家繫傭送官允龍歸述其事婦遽起曰釵遺吾家時方午飯趣夫罷食往告出傭婦於獄乾隆府志

張大家江東陳氏女張子宜妻也張嗜書大家絣澼絖佐張讀張偶舉列女傳視大家則曰婦道歸順卽周南首數什已盡之何事多爲張補博士弟子員負笈讀於寶珠橋宗塾俄患病慮父母知治於館旋死使至一家哭問故又哭有頃大家服常服請於君舅君姑奔喪於館舅姑欲與俱大家止之曰死者有知必不安不可者至

哭盡哀止遂俱行三十里至於館大家入門左升自西階臨尸哭盡哀止舅姑出而問宗人大家立牀左東嚮而復者再遂殮於塾東側室哭盡哀止出柩停阼階請於君舅君姑先柩行乃攜二子復進張讀所檢架上經部卷若干史部卷若干子部集部若干卷一一成帙顧二子曰此汝父手澤也置諸篋拜張先生於堂降自西階出門左觀者環堵哭而不哀人曰此寡婦也歟哉何其不野哭也或曰是禮也既至家成禮大家辟踊哭不止舅姑哭喪子二子哭喪父一家號咷良久大家撫柩曰吾欲見而地下吾何爲不死雖然舅姑老子幼吾欲見而地下吾何爲乎死自是强顔順舅姑終夜哭無聲人曰此寡婦也歟哉何其不夜哭也或曰是禮也事舅姑垂數十年無纖豪不當意或疾嘗藥扶搔未嘗委閽婢至終喪祭盡禮束二子於教以是窟窟成就無違禮年七十餘卒八

以其嫻禮教也呼之爲張大家趙裕傳先是耿逆遣命陷溫州浙東賊猖起富室多移貲入城大家潛鬻簪橐以金授子宜曰縣爲利藪賊必攻白埭吾宗也凶年售產賤告舅速市莊田明春託種移家官不能禁也賊至謀恐無及矣舅善而從之未幾賊果攻縣富室被劫獨張氏得全人尤服其遠見云孝感里志

余孺人樓氏邑諸生寒芬繼妻也樓故楓橋望族父文彬娶明遺獻張陶菴岱女生孺人好讀書嫻內則孺人承母教性敏謹能詩小楷學曹娥碑辰暘令若山先生毓澄寒芬伯父也與文彬同里居聞其女賢適寒芬自郡往省方失偶若山卽爲聘之年二十婚於辰暘官署逮歸謁舅姑甚得歡心寒芬前妻壽遺三子三女撫之如已出歷十餘年舉三子二女而寒芬病孺人刲股進不效遂卒家中落舅春秋高子女甫成童幼者在襁褓孺人曰書是吾家

事令諸子日就傅夜手績口舉日間所讀書大旨使繹之長子斌補弟子員有文名孺人曰是未可以言學且少者甚穉不治也東嬰遣師石爐餘爐餘者名作硯邑名宿也既至館彬彬有禮度石歎曰賢哉母也行且光大浣公之門矣浣公寒芬祖余御史縉字也後家益窘斌遊學會稽仲季復出就師修脯絡繹於道皆孺人衰年手力心計措之斌刻厲益摯中乾隆丙辰舉人以教習分發南河仲季皆學有根柢而孺人始卒年六十有九生平勤苦治家暇則讀書青山章陶造其廬見几案間隨處置一編問諸子曰吾母所觀以事置之者也內有物黨纂異百卷世無刻本皆孺人手錄書法之遒麗則素所稱工小楷者不及也章陶傳

余孝婦何氏山陰峽山人歸高湖余鳳鳳弟稷娶舅之女曰孟孝婦後何數年歸余氏與姒相得若姊妹其奉姑也侍櫛沐奉盤匜

進衣納履罔勿偕姑嘗曰吾一舉動非兩婦心勿愜也姑疾晝夜侍目不交睫者旬餘病革二婦潛刺血書疏禱神願身代禱畢額如懸癰未幾姑愈而何卒年三十三孟哭之曰吾與姆共禱姆何先我去耶遺二女孟愛逾己出每抱持輒涕泣憶何不置姑年老脾弱減食孟飪進輒加飧孟病泄謂稷曰吾不起矣預告期邀姻戚敘別笑談如平時衆怪之及期聞雞鳴謂侍婢曰吾行矣以首叩枕謝姑曰兒不能終事姑幸無念展衾更衣遂卒年三十有六時乾隆丙寅六月七日也是秋爲姑七十壽日遺言勿停柩傷老人心姑哭之慟曰天何奪吾兩孝婦也命卜地韓家灣並槨葬李凱墓誌

宣烈婦宋氏山陰人年十七歸西安鄉宣拱拱家貧且年長有風疾烈婦事之謹數月拱病卒氏慟不省事時君修來治喪槀葬之

君修者拱兒也初烈婦來歸經白塔湖輿杠折從者曰此非吉兆也然烈婦志不易亦知家不給視伯氏非相恤者也欲以死守之請後於君修君修勿許有淮商聞人美者豔婦欲娶之賂以厚幣君修許之復紿其姑爲主婚行有日慮烈婦不可奪祕之將陷以計既又恐烈婦死使妻日夕與處陽言慰恤實陰防之也幽芳集烈婦度不可脫佯喜改裝爲適人狀使不疑十一月十三日夜天大寒風冽姑與君修皆熟寢室無人烈婦密紉衣履潛出戶攜所用翦尺置鄰媪窗檻轉至屋側下堰塘取巨石擊冰冰破躍入死之鄰媪者故所善嘗見烈婦翦尺愛之故臨死贈焉翼晨君修迹覓翦尺責嫗家匿婦索勿獲則疑鄰人挈以遁族父老唾之曰若何言是必投水死耳乃共之下堰塘凍已合厚三尺許不可鑿父老焚楮祝曰若何死死當穴凍出祝未已有聲砉然如雷鳴自水底

出冰忽裂尸起立如生君修驚走入室尋病死父老爲殮烈婦而葬諸里之東原時年十有七王元啟宣烈婦傳後二十餘年邑孝廉楊三炯聞之列狀上學使商邱宋至宋方案試甯波未達適聞訃解官舟過越夢一女冉冉前肅揖如禮翼日睹楊狀心動泊舟烏鎮作文具牲醴遣祭之賦詩紀其異三炯上公車屬其友何宏基白其事於有司建祠白塔湖側即杠折處也碑其池曰盡節池水故汙濁婦死後澄碧異他水每冬池凍獨婦起立之處水瀜瀜如春幽芳集湖濱人言祠中常夜有火光出入其精爽蓋不沒云王元啟傳

傅烈婦俞氏次峰俞琦臨長女年十六歸湄池傅瑞有甫期而夫歿初瑞有出爲叔元章後故從元章居與伯分炊伯姒與烈婦不相能及瑞有卒元章夫婦慰烈婦曰婦孝不忍爾去特念爾異日耳烈婦對曰待二老百年婦自有去所母鍾託病迎烈婦歸脅以

危言烈婦遽厲色曰毋言病也今特爲兒計耳兒不遺父母戚也立返不再往嗣是言者皆不得入一日里中火將延入室烈婦居樓不出有呼之者則曰室火吾與俱火耳已而鄰室皆燬烈婦所居樓兀然獨存閱七年元章歿大慟欲自盡以姑故執子婦事者又七年姑卒治喪如平時五日送葬畢沐浴更衰著青衣人問之答曰向吾所以不遽死者惟茲二老耳今事畢其行吾志矣遂絕食時乾隆壬戌三月四日伯氏聞之大驚使人勸弗聽數日口渴求水姒以米和汁進之十餘日不死伯氏至次鳴邀婦叔來勸亦弗聽顧飲者如故也二十餘日奄奄不得死烈婦乃知其故在水也并絕水姒以鐵箸撅其口堅不啟四月四日迺卒族人成服於祠中男女會弔者數十人紳士作文祭之殮時其口旁撅處血痕猶殷見者淚下一鹿自東渡湄池江哀鳴於柩前逾時始去幽芳集

題旌冊於伯姒多諱
言樓志據之非實

楊貞女者概浦鄉人年及笄歸義門應某入門未成禮某得暴疾卒羣謂未成婦也可無服貞女特服齊衰或問之曰服此則終焉已不可改某孤子也獨寡母存所遺猶中人產以喪子故無固志緦麻親利所有思啗之貞女不變乃私訂聘期約聘家數十輩內外守之篡取去炎炎勢莫禦矣貞女急走樓上截髮擲下示不顧身否則墮髮噎其黨始懼會母家率衆至數十輩者遁去事得寢因居所截髮樓不下既而姑他適無依乃歸母家年八十餘卒

樓貞女者楓橋廣西籍解元駱鳳翙未婚妻也父桂亦以廣西籍舉人官江西贛縣知縣鳳翙卒母欲奪其志女曰安有贛縣知縣女駱解元妻而可他適者且大人以賢令著兒當貞孝自持不敢以死傷父母心事遂寢桂解組女隨還里歸駱居旋吉堂繼伯氏

子維蛟爲嗣遣使至廣西迎鳳翔柩及其生母陳氏東歸養姑葬夫以處女終其身允都名教錄

黃貞女者璜山黃運晟女也幼字獨山趙學溥未娶而歿訃至含淚請諸母欲齊衰赴弔不可遂以所服白練衫付使者令殉於棺姑黃氏貞女於父黨爲諸姑會歸甯相持泣欲與俱歸少孤母氏相依爲命乃終養十三年卒歸趙旣歸孝事舅姑告於廟繼夫兄子毓晟爲後娶胡氏生子概而毓晟又卒方貞女未歸趙議婚者時至輒引刀自裁曰吾將見趙於地下吾何惜一死及歸子又死人謂貞女且以死繼女曰天竟不祐趙氏乎趙氏有孤吾將見趙氏於地下吾奈何乎死竟撫概成立概母明經胡序女兒也志行貞潔婦姑煢煢撫孤守節歷數十年如一日貞女年五十九概以事

聞

旌如例又八年卒乾隆樓志

丁月嫱概浦鄉人太學生汝霖女也家素封月嫱有淸操嬌嬌出儕輩稍長字萍谿孫有親有親母汝霖同產也生三子寡居見月嫱請於汝霖聘爲婦年十四有親卒訃至時方刺繡卽引刀裂之旣而富室求婚汝霖許之納采有日矣月嫱聞之病狂家人勸不聽汝霖曰以若所爲將欲守貞乎使貞可爲奚吾里僅有孟大家曰旣有孟大家則後此者亦可爲矣乃引刀截髮事遂寢姑聞之迎以歸年十八矣旣歸廟見謁夫墓依姑居不踰閾家事任伯姒伯姒者蕭山章氏太學生章周尙女兄也故世家嫻禮教年二十餘寡居無子守志不渝時人謂之二難二人煢煢所期者仲氏多舉子則伯季胥不乏祀也越年仲生子楷又越年仲卒仲姒許亦

寡居守志時方痛悼不能爲懷而姑病延醫治之曰疾不可爲也三八百端維持數年弗獲瘳楷疾作患瘵不受藥漸且沈痼姑年七十餘傷甚疾大漸遂卒三八泣血覩含殮甫二十日楷亡月孀曰吾忍死至是者冀祀事有人耳今無望矣遂寢疾乾隆戊子三月某日卒年四十六葬概浦鄉廟屏之原章與許又各守志十餘年而卒幽芳集

李貞女者冬松嶺下李聖祚女也許下屠里屠天瑞居隔里許天瑞家貧年十八西遊蜀四年客死天瑞孤子也母獨居奄奄病女聞而傷之一日鄰嫗有至下屠者貞女謬言所之隨嫗行過其居嫗指曰此姑家也貞女不顧而入蓋女父母竊有異議恐不得遂所志以故決於去室且憫姑者實深也姑見之喜問來意則對曰願事姑俄而聖祚倉皇至捉女歸貞女不行曰兒既許屠氏安有

姑病如此而忍置之者乎守此而已不計其他里人悲其志嘖嘖稱道轉計其家則又怛焉難之頃之乏食計無出視所居環山多曠土可植也乃親墾闢播種粟麥身事刈穫旱則汲以溉之時在田者皆內外族黨也咸敬貞女相戒勿犯其田禾歲入乃給如是者十年姑病癱日治田夜則扶攜搔摩寢不交睫者又十年雍正甲辰姑卒貞女子身治喪與其翁合葬先壟養從姪美先於家乾隆戊辰貞女病告族長曰吾憫先人無後積漸置田八畝餘爲祭祀且爲亡人招魂計恐後無主願繼美先奉祀事嗣定卒年六十有九

柴貞孝柴士珪女母病侍湯藥衣不解帶者數年以母老無兄弟矢志不字事母終身又有柴鼎彥聘妻顧貞烈者未婚而夫卒父母議改字女以死誓強之自縊死新纂

壽鳳姑謝世琮聘妻也未婚而世琮卒鳳姑請於父奔喪守志三年父迎歸有勸他適者斷一指以死自誓守三十九年而卒浙江通志

後百餘年而泰南有張貞女者埂頭張沛霖女字鄭國仁未婚國仁卒有議聘者貞女聞之泣言於父曰兒字於鄭則終於鄭而已餘非所知父嘉其志予田數畝爲養資貞女素服居室足不踰閫者二十年既而父母相繼卒家中落鬻其田貞女無所計鄭氏聞而哀之啟族長具衣冠素輿迎貞女歸既至成禮易吉服廟見族婦女至者近百人與貞女序長幼行相見禮貞女年近五十髮半白貌和藹登降跪拜秩秩無違儀懽宴盡日乃散時道光己亥某月日也年六十一卒新纂

湯貞女名大姑湯舜臣女趙源未婚妻也源卒大姑年十九父母不以聞大姑偵知之堅請奔喪至則執喪成禮事舅姑盡孝後舅

姑歿歸母家茹蔬服素屏居一室守志終其身浙江通志

孫貞女者俞士茂聘妻也年十五以夫病歸俞夫少女二年舅姑命以姊弟相呼侍病三載未及婚而夫歿矢志守貞終身縞素勤紡績以盡孝養繼姪汝珍爲嗣年四十一卒又有周貞女者幼字何宗濂未婚宗濂卒女守貞不嫁孝養舅姑歷四十餘年而卒樓志

呂貞女俞文昇聘妻也未嫁文昇卒貞女髽髮奔喪願守終身舅憐而許之爲舅續姑舅年七十生子虹後舅姑俱歿貞女撫虹成立爲邑諸生年六十餘卒虹終喪以其子繼貞女後王會新編又斯貞女者幼字吳文謨文謨出亡十年不字既而文謨弟又殤貞女乃請歸吳贅舅納妾復生二子女撫之成立及生子繼爲文謨後守貞三十七年而卒樓志

趙孝烈者名珠姑八歲即知愛親祖某嗜酒病目珠姑扶持謹一

夜家人不戒於火珠姑驚呼撼其祖祖方沈醉即倉皇上樓疾呼父母兄嫂破隙下梯拽出醉者鬢髮已焦禿矣一家六人俱得免珠姑稍後火愈猛樓燬竟殞家人收燼骨葬於蓴塘之官山年十二乾隆府志

趙孝姑者諸生趙聲璧女也名端先父病咯血晝夜奉湯藥不少懈旋又患痰症孝姑目不交睫夜不解帶奉事經年醫不效嗚咽流涕禱於天願以身代未幾父病瘳而孝姑以勞卒年十有三岑鼎傳

樓節婦魏氏父粹純十六歲歸樓培本壻年相若貌不颺若未成童者王姑病日者謂娶孫婦可祓不祥遽行合巹禮時乾隆甲子十二月二十一日也明年春正月母迎節婦歸婚甫二旬耳至七月培本病遣使告節婦節婦方瘧母祕之明日又以告節婦力疾

歸則已不可爲矣撫牀大慟培本口張直視執節婦手良久遂歿節婦枕尸哭三日水漿不入口既殮欲以身殉姑曰是兒幼慧更得汝爲婦吾願足焉今兒亡見汝如見兒矣汝死吾兒其眞死乎言已撫節婦大哭節婦自是不敢復言死祖舅憐其少謂節婦父曰汝女年甚少愼勿拘吾門楣誤女終身父告母母餂之節婦正色曰女命如此幸勿以人言汙吾耳邑巨族某慕節婦賢密約聘婚有日矣節婦聞之蓬首垢面出中庭與姑訣曰婦所以不死者姑在耳今舉家惑人言使婦不得終養姑也言已號慟欲自盡事得寢乙亥十月姑病醫勿效節婦計無所出焚香禱天刲股進病瘥十二月四日轉劇丙子二月八日歿承遺命繼伯子某爲嗣未幾某殤復繼夫弟培元子尙鑑家故貧姑歿益窘日一舉火早暮用瓦甌埋火阬煮粥半升子母共食饔飧常不給然未嘗向鄰貸

升斗也苦節二十六年年四十三卒（魏家駒傳）

宣孝婦黃氏名蓮會稽古儀塘人父某郡諸生也年十九歸邑奉化里宣明政（樓志作宣貴隆）其姑楓橋王氏家貧明政販釜於會稽山中閒出爲傭所得下農値居常無以爲養孝婦旦成衣夜隨月光紡績以濟之王年八十餘患瘕且盲孝婦扶持起居三年不懈乾隆戊子三月七日氏出貸米比鄰失火延其家遥望見之號哭奔至曰姑安在鄰人曰在寢冒火入人止之曰往不免曰姑死吾奚生爲二子幼牽裾止之不顧突入抱姑趨門陷不得出遂俱死翼日明政至出兩屍於灰燼中孝婦猶手抱姑不解二孤無所依呱呱求母見者爲之於邑（幽芳集）同邑有某氏者亡其姓氏姑歿停柩於堂鄰火延燒氏冒火入移姑棺前和出火鄰人助之棺得出而氏焚死（徐容光述）

金節婦鍾氏藍田金君佐妻君佐家貧工書康熙間客死京師婦聞訃慟絶復甦子陽正甫垂髫挈之北行三年扶君佐柩歸歲饑富人設粥廠婦以男女雜沓不肯往所居屋後鳳凰山下有泉婦力疾飲之甘而不飢鄰怪其餓久而存也詰之以泉告鄰飲則苦澀不下咽後節婦卒知縣牛光斗詣泉試酌果甘俄而泉竭歎曰此天所以植苦節也題曰瑤池冰雪乾隆五十七年節婦墓上忽生一花色白而香大如盌狀類秋菊事聞於府乾隆府志

章節婦俞氏年十七歸章子魁章素貧家又甚貧未幾子魁卒節婦年二十章兄弟四人皆相繼早世其季遺一孤曰常生甫數月娰遺之他適節婦乃守死代撫爲子居無屋僦一敝廬刺苧或竟夜不寢卒不給絶食者月凡幾然終不向人言越十餘年常生稍長事節婦謹比鄰稍稍聞之曰德修婦實有志德修者子魁字也

既而常生娶婦屢產無子其媳孕節婦每向之而泣曰以吾家數卜之又將生女也已而果生女卒不得一孫孀居六十餘年晚境益窘其卒也無以爲殮槀葬青山之荒原未幾常生卒終不祀時有族婦陳氏守志撫孤亦著苦節云陳氏者邑諸生章禹功第五子呂夏妻也年十八歸章生二子而呂夏卒長子九齡幼在抱家貧無以爲生拮据撫育而絕口不言苦越十年長子成人能治生矣遭疫卒幼亦隨亡節婦悲痛數月竟以心傷死棺槨不備族人稱苦節者必曰俞陳云章陶傳

酈節婦者蔣念生女歸酈經期年經病瘵醫弗效刲股飲之卒不起既殮節婦絕食誓相從泉下當是時親屬見少婦股血淋淋沾衣襟無何氣奄奄欲絕咸嗚咽涕泗交下不能爲懷舅姑哭之曰若何至此若與孤在吾兒不亡吾二人心也若亡則孤與俱亡則

吾二人心亡也既已亡吾兒若奈何并亡吾二人心所謂孤者節婦時蓋舉子一月也姑抱其孤置懷中乃復進食居無何孤又夭絕食數日私自言曰二人在堂亡人自出也奚忍傷其心且亡人先我死以我爲能成事也既不能字人之孤併其血食而亦斬之何以見亡人地下又進食告宗長立叔氏子某爲嗣守志四十七年卒又二年大吏列行實上於

朝入祀江東節孝祠有司春秋致祭

酈節婦者永甯縣知縣章平事次女也歸酈非聞非聞祖允昌死國難父逢時以蔭官桐柏縣知縣未幾卒非聞年十餘再得蔭授縣丞又不幸早死無子節婦志延宗祀家無近屬節婦抱再從子雲鵬撫之家窘甚攜其子依青山母家娶婦生二子矣復死節婦年已六十更煢煢無遺孤較前爲倍艱及孫長家益窘日或不再

食者十餘年七十五歲乃卒卒之日至無以殮葬而先世傳有山陰徐渭所書食無魚篇及綠礬彩雞詞蓋渭爲非聞先世績谿簿酈琥義士酈燧所作也節婦獨珍重之人購以百金卻不與

趙節婦姓章氏歸趙用韜生一子一女用韜卒節婦年少誓撫孤當是時用韜之父及伯季行相繼謝世族多匪人好摴蒱百金須臾盡窘則索諸用韜家不足則掊鑰擴門窖取之一日節婦姑錢氏向用韜像而泣節婦問故曰若知邇來情事乎聞人將殺爾子節婦曰無之何隙而至此夜三鼓有自牖入者家人驚視之則挾刃而前曰吾將殺爾孤急救獲免姑命避之節婦曰人皆有子婦獨我垂白之姑不得一日養乎因大哭聞者泣下卒不得已攜孤避於母家教之成立既有子又卒節婦撫諸孫一如用韜遺世時蓋身歷艱阨者三世

陳節婦胡氏山陰人歸邑諸生陳瓚爲妾年二十四瓚歿遺孤殤瓚繼妻姚氏年老無依胡誓與死守後數年姚卒長女念胡氏獨居迎至家居旬日至瓚墓下慟哭半月後託祭祀歸啟門環視寢處無牀席廚下無釜甑獨一犬嗷嗷守鄰人飼之不食牽之不去餓斃門中喟然曰吾爲陳氏婦乃不如一犬乎脫衣質錢邀鄰家孀媼作伴晝夜業錫箔堅守五十六年年八十卒乾隆府志

王烈婦邑烏榿頭陳可元女年十四歸王龍泉越五年龍泉卒烈婦竭力營喪葬夫祖墓旁婦送葬回素服坐船頭謂妯娌曰舅姑老若善事之未亡人命薄無可爲也躍入江舉舟惶駭閲數日網得尸色如生衣裙皆密縫不沾纖泥鄉人爲立碑江干書曰王烈婦殉節處

應節婦孟氏應甸街應俊生妻也幼養於夫家家故貧年十六畢

姻辟纑織屨無暇晷連歲遇歉至爲人推磨以具饘粥生子國安俊生病腓及革執婦手不釋婦誓無貳遂卒君奇者俊生兄也利節婦年少盡之萬端不動私納人金率輿從至門俊生之卒也毋俞病遂劇節婦刲股療之得不死猶支離在牀乃以危言懾君奇曰我麻尚在身姑病奄奄一息毋相犯以取禍納金者懼舍去君奇謂其怯欲得一有力者會富室某求婚君奇大喜約盛飾輿從以來且熒惑之不從則篡以去節婦見事迫斷髮毀容執利刃相嚮誓不踰閫君奇知不可强取乃已顧饔飧無所出仍爲人推磨以夜繼日磨聲絡繹出戶外過者憐之年六十以節終同族應宗瑗妻俞氏亦能以節著宗瑗卒婦年纔二十孤子龍甫三歲誓死守或曰子何恃而如是答以恃志或語塞忍飢餓以奉舅姑迨子成立爲娶婦生一女不育而龍暴卒節婦遣媳去曰前途遼修修此

苦非汝能茹也或聞其言疑婦有他志密遣鄰媪道意婦則厲聲詈媪亟去乃撫姪爲子事姑愈勤自奉益儉約如是者又十餘年姑癱焉成一老媪嘗覽鏡笑語人曰吾嚮者恃志之言驗矣後數年卒石作硯傳

應烈婦者姓方氏監生應榮室也幼穎悟喜讀書年二十五而寡翁姑俱逝有一子甫三歲烈婦矢志殉夫以子幼忍死撫孤及子長成於己巳春葬翁姑及夫柩於蕭山義橋初榮置田百畝捐賓興未葳事而卒烈婦續成其志稟縣通詳立案幷焚券貸結伴攜子之三竺禮佛夜回舟近夫塋處抱硯石投水死陳柏榮詩序

蔣節婦傅氏蔣六位妻年二十六而寡守節四十三年課子七辰嚴飲食從牖間出旣而七辰卒妻劉氏年纔十六誓以死守家貧奉姑謹姑患瘋疾鄰火及檐婦號泣呼天反風火滅同鄉士人題

其室曰孝婦亭乾隆府志

傳節婦馬氏羅氏俱惠州倉大使傅玉衡妾玉衡卒於官羅年二十四馬二十二扶柩歸至江西遇盜豔其色欲劫之二婦投水獲救貲盡喪歸家貧甚煢煢苦守羅年五十八馬年七十九卒

大小何節婦者一黃鼎元妻一鼎元族子南維妻也姑歸鼎元而南維娶其姪大何年二十七而孀一女未晬其明年南維死小何年二十四子呱呱耳家並窶無依二人相交勖同室爨寒飢均之未幾小何兒殤二人皆窮感至死大何之卒也年五十九小何後九年死黃氏以二節婦生同氏嫁同族守又同室稱爲大小何云汪輝祖越女表微錄

陳貞惠湯氏年三十而夫啟賢卒家貧無伯叔二子幼擣石紡車不去手閒以餘晷課兒讀每嚴寒中夜淒風苦雨一鐙熒然誦讀

之聲與鳴梭相應雞既鳴牀無絮被母子擁背眠旦起以鹽下粥食不盈甌則起而力作迨長子德龍成立家漸裕鄉里有貧乏者命周恤之曰此困境予所親嘗也宗族有傾軋者命排解之曰此澆風不可長也事關宗祀歲或饑祲命任勞任費曰此汝父未逮之志留以待後人者也噫如氏者可謂貞節而知大義矣當時以年例未旌鄉里諸生私謚曰貞惠錢秉鈞傳

楊節婦樓氏夫毓彩早卒姑篤老瞽而癱臥起與俱有所需百計求以奉歷七載寒暑無閒教子以誠樸曰吾不能延師課兒讀兒能作人猶可留後世讀書根本也嗚呼是豈尋常婦人所能言哉越女表徵錄

蔡烈婦陳遷妻也遷病革呼婦曰我死又無子汝奈何婦曰子可以繼夫死則從死而已夫何憾請於舅姑立姪爲嗣未幾遷卒婦

哀毀畢殮乘夜投宅旁池亟出之甦越日密賂僮市汞潛服之毒發遂整衣拜舅姑而卒新纂

何孝女名二姑國學生大鑌女黃必魁妻也年七歲大鑌卒一弟在襁褓母張守志撫之時近屬皆夭札同居者叔母壽氏也早寡無子而病癱家無甯日外侮乘之母日夜悲孝女依倚左右伺顏婉說母憂爲之稍解及笄歸黃氏距里許數歸甯無何母病女歸侍疾方憂迫不能爲計而壽又病卒於母家孝女以弟弱不任主喪偕往奔喪歸則母病已不可藥矣一時倉皇引廚刀往密室封股刀闊股肉脫骨見猝急無瘡藥裹以綿血透綿淋淋沾牀席孝女素怯未嘗離藥餌以母危不復自恤然不堪摧殘而俗謂封股不得令人知懼勿效復匿之不治翼日母卒孝女慟甚面如削血汙累累滿衣襟然猶强治事五日服成急歸語必魁曰吾累子矣

然勿戚好事二人沐浴易衣卒幽芳集

黃孝婦郭氏年十九歸黃居怡居怡病瘵婦躬侍藥餌五年遂寡晨昏問視必隱其戚容不以傷舅姑心居怡無子繼伯子三捷爲後已入學爲諸生矣未幾又歿孫夏書在襁褓中婦與子婦毛復教之成立入學爲諸生樓志

樓節婦阮氏楓橋樓建陽妻婚逾年建陽歿婦號痛欲絕拮据孝養王姑魏氏歿姑駱年七十而婦已五十哀痛彌至姑卒亦如之撫姪應茂爲嗣苦節終身陳珪傳

朱節婦金氏夫朱鎮早卒父母欲奪其志誓以死守朝夕哭夫墓每出羣烏隨之哀鳴歸則繞飛衣鬢間抵家乃去孤汝梅長亦娶金氏未幾汝梅歿金氏撫三子成立對孀姑未嘗有戚容夜則泣血徧枕席次子元義娶於白楓陳氏數歲以暴疾卒陳誓死撫孤亦以節稱於時乾隆府志

錢節婦駱氏者諸生錢溥妻也年二十九而溥卒婦辟踊痛哭既而輟泣告伯氏曰舅姑老且病死者無嗣皆伯事也吾不忍見夫殮請從死伯氏嘉其志聽之竟夕撫尸哭翼晨寂無聲視之則登樓飲滷死矣時乾隆壬申六月朔距夫之死纔一日也同族錢嶽妻趙氏孝婦也年二十三而夫死越三日遺腹生子家遭火婦棄孤冒烈焰負姑出火隨滅呱呱者卒無恙（新纂）

呂節婦酈氏呂伯和妻也本富家女年二十三而寡父勸改適不可怒而去五月遺腹生男刻苦自勵嚴霜急雨中常裹兒採薪冬月無繒纊挾子女兩脇間當暑苦蚊燃蒿於庭煙息伏地吹之火薰左目竟眇或哀其窮贈以錢物堅卻勿受年七十三卒（乾隆府志）

李氏蔣宏烈妾也宏烈初娶於馮早卒繼娶斯氏以好施稱於時斯病危李夢宏烈謂斯病可瘳而醫藥罔效李反覆無計遂刲股

進病果瘳後李卒斯詢傷痕媳以實告爲之泫然焉至曰此在婦姑往往有之而出於嫡媵之間君子以爲二難允都名教錄

趙媵者蔣公安妻從嫁婢也公安及妻俱早歿家貧趙行乞哺諸孤至老不嫁樓志

王節婦壽氏者古竹王德昭妻也夫歿矢志守貞遺孤廷昌長娶邊氏生子大觀邊氏卒續娶周氏撫大觀成立而廷昌母子相繼物故周爲大觀娶於邊纔期月而大觀又歿無嗣姑婦煢煢苦節艱難哀感鄉鄰名其室爲世節堂新纂

柴烈婦高氏者高紹賢女柴鳳翰妻也柴死哭之哀既而無聲衆視之縊死矣允都名教錄〔孫克基烈婦操〕妾有父母兄弟侍之妾有舅姑麥飯誰祀在抱呱呱疇實堪此解匪冰何裂匪鏡何圓淚珠婉轉轉入重泉解生而死之死而生之妾抱區區嗟不有終叶之解

諸暨縣志卷三十七

諸暨縣志卷三十八

人物志

列女傳三

國朝

任節婦陳氏　陳節婦周氏

趙貞姑　方貞女

蔣烈婦黄氏　何烈婦屠氏

樓烈婦周氏 周烈婦黄氏　郭春姑

朱鈞　傅蕙 陳余氏

周節婦余氏　呂春餘 吳品梅 袁秋華

張玉汝　黄節婦陳氏 女天序 馮節婦陳氏

陳烈婦蔣氏　胡貞烈

蔣烈婦陳氏 蔣烈女　鄭貞烈

貞孝烈女陳氏　楊烈婦包氏

郭烈婦俞氏　周烈女秀松

樓烈婦李氏　徐烈婦傅氏 十姑 幼姑 陳氏 傅烈婦蔡氏

徐烈婦蔡氏 張氏

黄烈婦許氏

顧孝烈陳氏 黄孝烈趙氏

袁烈婦蔣氏

魏烈婦宣氏

何烈婦馮氏 何烈婦陳氏 俞烈婦朱氏

高巖烈婦

石磃烈女

章貞女 章貞女 周貞女

潘大姑

趙烈婦方氏

孫貞女

朱十姑 陳駱氏 駱氏二女

朱烈女阿清 金烈女 錢碧雲

樓烈婦何氏

張烈婦楊氏 姊魯烈婦 魯烈婦王氏

孫烈婦金氏

壽烈婦邊氏

草塔烈婦

蓴塘烈婦

金貞女

袁貞女

駱烈婦金氏

蔣烈婦邊氏

余烈婦朱氏附　何孝婦七姑附

田節婦陳氏附　朱節婦孟氏附

駱思慧附　余何氏附

方氏，楊之鋒妻，桐城靈皋先生曾孫女也。之鋒祖倓由河廳擢知常州，父性德判南河罷官歸，家四壁立，姑年八十餘，氏安之，刺繡奉薪水，未嘗以詩名。行孝廉漣集同人詠菊，有貿於方者，默無語，但書一絕於後曰：甘苦從來只自知，移栽南國幾多時。桂花香盡芙蓉老，點綴秋光總藉伊。新纂

周貞女者，名齡保，邑豐江周上舍次女，字何瑞鳳。瑞鳳與女同出馬氏，蓋姨母姊弟也。上舍亡，瑞鳳家落，為人傭，年逾笄未婚。貞女祖母故，何氏欲毀盟索重聘，母畏姑不敢諫也。何族好義者醵十餘金交媒氏，媒郎女舅馬某，故無賴，沒其金不報。會何姓有小偷

年與瑞鳳等被獲於鄰村則曰吾何某周上舍婦翁也信之釋使去賊得計屢假瑞鳳名女家聞藉爲口實瑞鳳母知之率子來質其妄何哂之母子無以自明呑聲去自是益無遣女意貞女感傷成疾瑞鳳母託馬來議婚何慮女死許之少閒以爲愈也復卻之病遂劇女素腴至此羸瘦骨立索鏡覽之潸焉出涕告母曰昔父以兒字何氏非祖母意也父歿而悔之欺父死不孝壻貧而舍之不義及兒未死以兒歸何氏一日得爲何氏婦不爲周氏殤則父之靈慰而兒得死所矣母語何何知病革草草送至瑞鳳家夜半入門敗絮孤鐙四壁蕭然板扉架牀爲姑慚謂女曰兒覩此得毋傷乎女欣然曰母家大好閉戶紡績兒甚適也何氏族聞女至無少長皆來視憐其病戒勿起女力疾與爲禮衆感歎已而語瑞鳳曰妾薄命不得與君事母今永訣矣姑慰之曰但自愛勿作不祥

語泣曰兒所未即死者徒以未歸毋家耳脩短有命毋老勿以兒故戚戚也再娶賢婦事毋有日顧謂瑞鳳曰君努力續娶以全孝也室中感泣各數行下至有失聲者天將曙猶刺刺不休語訖含淚卒年二十六時嘉慶丙寅五月二十九日也允都名教錄

金烈婦者姓王氏白浦金天章妻也天章弟佩玉娶於何生子十月而佩玉亡何矢志守貞妯娌中與烈婦最相得天章主家政以賭負鬻何於邑豪烈婦密告使爲備而豪家已遣輿至矣何撫子大慟烈婦慨然曰吾不忍孤兒寡婦之死也夜分以袱蒙面代何登輿去至豪家啟視之縊死矣懼歸櫬於金葬宅旁墳山隖至今墓上青草經霜不萎新纂

鄺節婦者姓程氏白牆頭鄺曰炯妻也曰炯家貧業農以勞疾卒停柩於山有野祭者不戒於火延燒及棺棺蓋覆茅不可撲氏倉

皇濆衣於水冀以潑火兩手去茅火爇衣盡灼繞棺走村人畢集撲火見氏伏棺側審視之棺無恙而氏死矣陳烈婦徐氏夫江聲早卒青年矢志光緒戊戌除夕前二日氏以盃酒酬夫於殯柩破火焚氏拚身救之焦其半體遂卒新纂

孟烈婦侯氏年十八歸孟臨川未幾而夫卒有謀娶之者不敢通私賂鄰嫗以微言餂之且紿曰此爾舅姑意也烈婦聞而泣曰吾不卽從夫死者待叔耳叔已聘婦矣如來歸事舅姑今不能待矣夜取舅姑幼叔衣服悉補紉澣濯之旦起以米鹽雜物所在詳述諸姑白舅迎父父至卽潛飲藥更衣出拜曰兒今日死矣舅姑愛兒兒之不得終養天也語未畢毒發死新纂

朱節婦者上虞孫耀宗女邑人朱仲嘉妻也初仲嘉貧傭於孫孫以婦字仲嘉既長饒於貲仲嘉又年老孫謀更字節婦泣不食卒

歸仲嘉生二子仲嘉歿節婦年二十六痛哭營喪捧土成墳十指無完膚未幾二子又殤節婦矢志苦守一日往越山禮佛道出泥峻嶺猝遇强暴倉皇無可爲計忽二虎自林中躍出强暴懼逸去婦免虎倏不見人以謂得神助云乾隆府志

郭節婦者姓袁氏江東袁歲千女郭文彬妻也母楊夢神授白蓮花而生年十九歸文彬越三年夫歿及殮不瞑節婦曰是未明我心也引廚刀叩棺斷一指血淋淋擲棺中目卽合遺一女無子撫夫兄應元子爲嗣居一室置竹筐戶外家人進飲食置諸筐不得入其室閱四十年如一日袁梟吉傳

壽孝烈婦者姓徐氏江都縣知縣節孝錄作甘泉縣西安徐崇燗女也適壘城龔恩騎尉壽康康祖同春殉節臺灣父聰以蔭官鹽城縣知縣卒於任姑某氏毋家廣東不欲歸而僑居揚州崇燗先已告病

返衢未幾康病卒家遂落姑隨壻陳丞去孝烈無依母子三人相對泣終日無所得食壽氏有疏族名退齡者已徙山陰矣時官桃北廳聞而憐之迎至署數年退齡亦告病歸攜孝烈俱至越則送至西安崇燗久去官家貧孝烈母子三人猝至無所措日典簽以食居三歲父欲奪其志堅不從既而崇燗卒兄陰納某聘約期將强縛之去孝烈聞夜攜夾子如喬遁閒關數百里抵越時康族父舉人壽于敏方僑居郡城留數日具道其狀且泣曰新婦居西安以一單衣過冬者越三年矣于敏聞之泣下遣人送至墨城依康從弟玉堂家壽于敏傳大哭曰吾家無片土終當築一椽以養姑老也無何姑歿於揚州訃至號呼欲絕泣語二子曰汝曹幸生忠孝之門勉承祖志吾爲人婦有姑不能事何面目見死者遂絕食家人强進糜卒不食死新纂

姚烈女者山陰人字邑城金宗鶴金以瘵亡女年十三聞訃不食亦不言母訶之然以其年幼莫之奇也時兄某遊幕上猶縣母挈女至館議更字女聞之恚未幾病泣謂母曰向兒所以不死者爲侍母耳今兄迎養兒願畢矣請從金氏子於地下兄知其不可奪微諷曰烈而死孰若貞而生也女曰人之心始則堅繼則動及其動而徘徊流轉將有不自知者余懼久而不堅也他日歸吾骨於金幸而合窆焉則兄之惠也兄瞿然興書其言於簡女喜以指印識之强起倩畫工繪已容寄金氏臨歿覽鏡整衣拜母兄徧別家人病骨支離而神色不亂既而就寢近視若有笑容撫之殭矣

丁貞女舉人錢瀛未婚妻也瀛以知縣分發江西其家納丁氏女將送之官而瀛之凶問至矣及柩歸丁衰絰出迎望柩拜再稽顙起辟踊哭盡哀止終日持帚埽帷前朝夕上食曰吾以盡妾職也

錢老於計車當官廉潔故家貧長子星槎早卒無子婦王氏守節撫夫弟星森子爲嗣既而星森與妻何又相繼歿遺孤四人幼者才六歲耳貞女與王日夜操作艱難撫孤至星森子漸長幼亦入塾貞女乃喜曰我志得稍展慰主人於地下矣會王歸母家貞女一日忽具蔬酒奠瀛於殯舍哭之慟返料諸孤飯食食畢令各就寢攜鐙至寢堂喁喁語移時至臥室闔户睡及睎室中鐙光熒然諸孤起覓食突無煙環户呼庶祖母寂無聲乃大號鄰人集啟視之則投繯死矣王聞之踉蹌奔至哭甚哀以庶姑禮殮厝柩於瀛殯側道光三年有司上其事得旌建坊如例

童烈婦唐氏夫廷榮歿烈婦年二十七伯氏利其嫁密令妻諷以意烈婦峻詞拒之陰納聘約期令强納諸輿縛之去烈婦聞其謀

隱不語屆期入廚具饌奉舅舅食畢輟其餘以食子因撫之泣曰從不復得此矣夜二更啟戶赴水死時年二十有八後數十年西安鄉有錢烈婦者年十八歸後岸錢之權閱四歲而之權溺水死一子甫晬繼姑吳氏悍婦也以之權非已出逼令嫁烈婦跪姑前泣請守吳哂之光緒六年十一月初二日日暮矣忽有肩輿從者數人過其家烈婦疑之出詢鄰嫗得實歸家侍姑飯飯已抱兒就寢兒睡復出至廚洗杯箸問姑寢從容歸房夜半姑密約輿至隔窗呼烈婦不應掊戶視之縊死矣烈婦姓魏氏父永元寓村人

潘烈婦郭氏夫化玉早世守志不嫁已十四年矣家貧製來其爲業單牆蒲牖市貨者入相雜也然十四年閒罕見烈婦面者某孀婦者故相得醮烈婦勿知也鄰某於烈婦室外言其事聞之驚失色詢諸人信歎曰人生末路之難固如是乎於是有死志矣一日

昧爽起治薪庖及所業請於姑曰兒沈沈若病願入房少息勿喚也姑不爲意抵暮不出入視則縊於牀尸寒矣駭而號鄰族聞聲至見烈婦以帶面牀踞而縊目瞑氣久絕身僵斂服皆夙製衣鈕左縫銀簪一牀右置麻裙練縞以未送姑喪也族副貢生潘源創議爲立後請

旌如例張炳傳

葛貞孝者東安鄉葛富京女孝子炳天同產姊也少讀書通大義字胡法正吉有日矣胡遽歿訃至母祕之貞女泣曰此何等訃母憐兒顧不使知耶遂引刀截髮父哀其志許歸胡輟泣謝請奔喪父告胡備嘉禮至請更吉服卻之著青衣襲麻登輿去抵門奉主行合巹禮入拜姑於庭哭於房侍姑食食已更縗絰詣柩前辟踊哭葬畢遂留侍姑爲夫持三年服及父病請於姑歸侍疾醫勿效

刲左股雜藥進卒不起佐炳天理喪事炳天廬殯所貞女代母操家政每朔望必至墓廬偕孝子哭奠如是者三年母又病卒號泣哀痛幾不欲生葬甫畢而姑復病倉遽奔侍疾已不可爲矣計無奈何引刀詣密室封右股進尋愈久之復劇遂歿貞女大慟曰曩逡巡不死者以姑與父母耳今事畢得行吾志矣惟家貧棺殮無所出奈何言未已炳天踉蹌至解譬百端且曰父母生我二人姊去弟無復生理願爲弟稍緩須臾剡胡氏嗣未定姊獨不念亡者血食乎貞女反覆良久迺從弟言炳天出貲理喪旣葬迎以歸茹素樓居足不履梯者四十年年八十餘始卒自二十二歲歸胡名教錄言十八于歸者誤也又誤貞女爲孝子女弟至此蓋守貞六十年矣炳天爲立嗣請旌建祠村側村枕十里梅園從香雪海中瞻拜遺像見貞女白髮縞衣顏和藹顴以下如削凜然與梅比潔云新纂

楊貞女洩頂人父聖清母趙氏夢半月墮懷而生貞女幼字祝橋沈天祚或作沈以熘中表姊弟也未婚沈歿訃至貞女痛哭求死父援孟大家故事許爲築樓孟大家者明御史蔣文旭聘妻居柏樓守志者也乃輟泣謝遂素服樓居不下梯者十載沈族高其誼具素車白馬逆女飾閨女十八濃妝綦服候於途迓以歸入門見尊嫜拜天祚主如禮越數年舅姑相繼逝母家又遭祟弟殿卓死聖清迎歸乃謁祠告族長曰吾父母祇一子今死將歸以終養煩爲我春秋奠一杯酒燒一陌紙沒世不敢忘遂歸未抵家而祟絕戲聽月入懷月入懷入懷僅半月明月不常圓如何竟長缺沈玉露之晶瑩吹金風之淒清兮素娥之皎潔鍊女媧之堅貞入母懷母驚異母夢醒女墜地誰家女洩頂楊誰家婦沈氏郎女將歸郎先亡賦兩髦神慘傷父本農家子母亦農家娘目未識詩書生女乃能肩綱常始知古來忠孝節義姓氏香皆與日月爭輝光三層樓三層樓樓高百餘尺沈家貧無依貞女乃處室父母爲築樓十年不履閾采丹桂兮爲柱斲芳茎兮爲梁秋蘭兮爲楣紫芝兮爲枋樓上何所有皎皎初生月樓下何所有皚皚三冬雪貞女在中央雪月共

光潔勤鍼黹供糲素糲素幾春秋鍼黹自朝暮我知樓中月白風清夜應有姮娥共來去〔淡〕妝〔迎〕息影高樓已十載茹檗飲冰常不改祝橋父老歎女賢醵金買屋兼置田建白旗具素車父老素袍摺女伴素笄珈相迎梅樹下寒梅正發花魚魚復雅雅觀者咸咨嗟嘉慶五年庚申臘月日祝橋父老迎女歸其家上堂拜翁姑翁姑涕漣如入廟見祖考祖考爲欷歔安得龍眼白描好畫手畫出當年嫁娶圖〔邪〕魅避女歸事舅姑舅姑相繼逝無端父母家亦復遭邪祟有弟名殿卓祟死遂無嗣偏謁沈氏宗再拜陳一言舅家既無依父母已高年無子供飧食歸養將終焉春秋一樽酒寒食一陌錢爲我奠舅姑冥報誓天淵女未至鬼先知速逃避神護持此事傳播無異詞我聞邪魅避明趨陰黑皎月當空自藏匿何事周官賦邪有專職〔請旌閭〕天阨貞女何太烈舅家父家嗣俱絕譬如衆星盡淪光止賸當空半輪月女心井無波女身木無葉他時鸞馭返碧空長爲乾坤留正氣乾隆庚戌歲貞女爲沈字至今嘉慶戊寅年貞女之年四十九例合　旌閭傳不朽舅家既無嗣父家又如斯闔邑紳士聯名上有司我及見聞當作詩

陳烈婦章氏邑之五十六都人少失怙依母兄年十七嫁江東陳燦燦母陳媼故不潔有女阿香已適人時來媼家倚門弄姿首招諸無藉爲淫蕩而烈婦家不知也婦既入門見往來者不類語香曰我心拙直不耐見人與姑約中饋我任之賓客賴姑酬款幸無

相混也一家聞言皆愕然顧謂婦新來弗習溫慰之無何媪示婦意佯不知燦詰婦泫然曰妾不能事阿母洵有罪而君以妾爲何如人君男兒當自愛負販傭工足生活而顧計出此耶燦盛氣咄咄謂敢暴吾家短拔婦髻上簪攫篋中嫁衣出門去媪日夜詈悍婦何得逐吾子烈婦氣沮欲覓死輒爲香所伺不得間媪計窮乃爲香製豔服購釵珥而香故以衣飾置弟室且歆動之曰若爲我藏此他日歸將以耀鄰里誇妯娌也媪與香對食食必鮮烈婦蓬首短衣啗竈下晝給役終夜浣衣無暇晷期年燦歸香將去筵餞之媪霽顏邀烈婦俱酒半香擎盃曰阿母老弟長且有室我去誰爲持門戸者媪目婦俛首面發赤媪怒顧燦燦亦怒搏婦仆地香起徑乘肩輿去縣西陶朱山祀宋池州太守胡則八月十三日神誕也屆期燦齎香楮隨媪詣廟宿而留婦守門戸更闌烈婦解履

欲登牀有人突起持之掩其口不得聲烈婦紿曰我今夕無可逃稍寬我從汝纔釋手烈婦遽取利翦自絕其吭血如泉湧須臾絕時道光二年壬午也年二十八初燦之出走也烈婦篝鐙入臥室及戶鐙滅隱聞男子咳嗽聲急返走入廚挾菜刀出立廡下夜半雪積階數尺許手僵强握刀柄噤不敢聲戰慄以待天曉其堅忍如此既死母兄欲訟諸官而媪所與交皆豪蠹狀無由入哭而過市曰吾女果爲淫媪逼死矣鄰人憤驅媪出里後五十九年邑之節孝祠爲請於

朝而旌其墓李榕傳

同邑楓橋有余烈婦者姓駱氏饒於姿年及笄歸同里余某某懦不自立無賴子某啗其姑謀汙烈婦烈婦窺知之度不免吞煙汁死新纂

陳烈婦姓陸氏母趙出也名趙鳳陸家灘人年十六歸陳維章逾

月王姑某氏殁維章家四壁立又隸名縣簿爲走卒烈婦餐半菽枝梧中外棺殮盡禮北里有方以龍者素狡悍烈婦幼時嘗字其弟曰琴以龍聞其美造飛語誑曰琴爲別娶李氏女而與烈婦父耀宗絶婚耀宗惶駭無計急走告方氏族長復具牒白諸官改婚維章初以龍之慫曰琴他娶也實將自娶之害其已婚維章也亦控諸官漫謂婦故己聘者陰嗾其黨媒孽之鞫竟遽擁烈婦出堂皇諸無藉數十人就廳事外捽置輿中左右夾持之譁笑出郭去時已昏黑陰雨累旬田中水白漫無際烈婦自輿中窺之以爲河也奮力躍投諸無藉又捽置之再捽再投輿壞乃以巾帶束縛繞繫之行二十里抵以龍家烈婦方持王姑喪縗麻被體以龍進華服烈婦罵之輒近前條條碎裂其衣覺臂間銛鋒觸手則絲繩繫金翦刀也奪棄之益罵不絶以龍畏其氣盛誡弟妻早晚守護之

郎所云別娶李氏者也烈婦抵以龍家勺水不入口凡五日一日昏定李氏揚揚自內寢出坐少選郎又趣進且迹之則已與烈婦縊死粱閒以一繩結兩繯左右互相持也先是烈婦慮事不得直欲將金翦自刺堂下倉卒爲以龍攤去不得死輿中夾持者嚴又不得死投田中又不死至是絶粒五日不死而卒以縊死年十七歸維章僅三月也李氏者與婦生同年嘗涕泣持匕箸勸烈婦餐比告以曰琴絶婚事則歎曰夫巳氏固絶倫者耶吾生不辰矣聞者謬揣其意以爲慰藉烈婦也而亦竟死時道光四年甲申二月二十五日也事聞知縣某以謬斷革職其明年學使杜堮題旌建雙烈坊於縣城學宮前葉敬陳烈婦徵詩啟〔胡敬鶺鴒化鳩行〕鶺鴒原上鳴兄弟共急難僾化作雉飛求雌曰復曰解作雉還作鳩妒鵲巢樹頭計使鵲逐婦讒婦爲鴝鵒解奪巢巢以坼鳩也作反舌本未成鴛鴦遭讒兩決絶解文鴛既非偶嫁雞當逐雞反舌訴之厲獄黑烏夜號鯽九屬職司民沈沈飲甚醉謂是鶺與鴒如何匹生翠䴉禿鶺怕蒼鶻打便

東西飛烏衣是舊巷華山非故機緘指俗為華山張機陷黃鵠一
燕一伯勞那得同巢宿亂伯勞託雁侶伴鵓行鳩媒黃鵠向白雁
冤訴聲悲摧亂銜石精衛冤挂樹子規死行不得哥哥天其諒人
只鰥爾鳩教逐婦陽逐陰嗟之有婦不待逐雙佳連理枝翮反古
爾鳴張巢焚爾完否斫破連理枝懸啻怪鳴首翔一隨鴰悔失計
瀰鶴含苦心甘從丸青鸞不逐生鵲鴿解二○孫同元難水清且
寒行陸家灘灘水清且寒陸家有叔女命名以鳳貪性端鳳兮鳳
兮所值之境何艱難解閨中婉遮舍貞心幼歲曾字方曰琴曰琴
有兄人而禽造謬語謀殊陰解心本貪貌美而偏曰貌惡夫也不
良反信兄言為不錯擇配於李情則薄阿兄之計一何虐詐父既
告其族人又復自諸邑字族若弗闔兮宰竟受給吁嘵乎斯時勿
改圖而又何待翢夫義既斷絕父命宜遵循遣嫁陳郎非私奔事
王姑勸夫子盡禮盡孝傳里鄰讎女本弟婦男則兄冒稱匹偶乃
輒欲其相從故婚未三月而訟巳與於以龍鰥民之父母貟可恥
不辨是非竟如此數十百人環而視何有零丁一女子不能死輿
中不能死河水并州快窮亦難使一言報郎惟有死輒誰為守護
者賢哉有李氏遇人不淑其心大媳恥與其生貽羞轉若死順理
一條繩兩命繫相約雉經而巳矣鰥○錢師曾高梁落月行迢迢
暨村落瀰瀰暨水陂水上有貞木村中有鴞鴟解越女生木村灼
灼顏如花父母絕愛憐嬌小願有家解有家方通問飛語揭風波
中道見棄捐命也可奈何解命也可奈何荏苒行及笄嫁作隸人
婦貧賤願其之翢勤心相夫子終養夫高堂豈知覆巢禍其機久
已張縮縣官一紙符逮卒來柴荊新婚纔三月隨夫到訟庭解鞫
其羣鳴嘯頭刻長別離迢迢暨村路瀰瀰暨水陂綎十里暨水陂

兩股金翦刀倉卒不得死聚箔豺狼嗥解少婦入門來淒然見溫存念昔字仇家絕後此替人解可憐此少婦形影黯相隨晻晻人定後惆悵出門來解三尺朱絲繩千秋玉壺冰宛轉遂初志一夕成令名解一少婦還入戶庭院寂無喧落月在高粱攜手歸黃泉解一

任節婦陳氏牌頭鎮任有成妻蕭山陳奕偉女也婚八歲有成卒無子年二十四舅姑慮不能守而難於言屬奕偉迎歸奕偉乘閒勸之節婦泣曰舅止壻一人今死女又他適奈任氏血食何奕偉嗚咽曰聽汝爲之節婦故工鍼黹居母家數年售籢釵及女紅所積爲舅娶妾吳氏以歸姑鄭氏難之節婦跪告曰吳有子卽姑之子有成爲不死矣鄭感悟旣而吳舉子之林越數年舅卒吳執之林手泣向婦曰任氏賴嫂得有此子今奈何節婦收淚慰之曰任氏有後若何慮之林年十七爲娶周氏賢且能節婦竊慰明年之林歿婦慟哭欲絕時姑已八十餘歲矣而周年方十九一門四寡

環持對泣顧念任氏血食否殮甫畢復請立後於姑有成父國宰故蕭山屠家莊人隨蔡姓服賈牌頭遂占籍焉節婦乃辭姑至母家求本族某子嗣有成歸語周曰吾期汝生子嗣吾夫以祧大宗今之林死而吾已立後倘如所願嗣子得舉二男吾與若各撫其一則任氏無後而有後矣鄰有無賴子欺其孤弱潛於屋後爇火焰及臥房節婦驚起跣足挾姑復反呼吳周負兒冒火出得不死邑歲貢張廉爲之請

旌建坊如例（新纂）

陳節婦者大谿周德裕女楓橋陳殿振妻也年二十三而夫歿一女甫晬家故饒翁開先年逾五十無他子節婦慮傷翁心匿哀治殮既殯勸翁更娶越年繼姑婁來歸家政悉以任婦越年仲氏生又越十五年仲氏生子烈新翁憐婦孝命撫爲後適夫忌日治祭

具抱兒再拜曰君有子矣因泣翁亦泣家人皆泣又越數年女適錢氏而烈新漸長從師授讀黎明即捉起頮面總角整飭衣履送入塾夜歸必令背誦日所受書誦已復與說宋元諸儒軼事懿行夜深人定喃喃不休詰旦人詢之則曰未亡人不敢遽望此子學古人特以閑其性耳不然紈絝子弟其以浮蕩破家者多矣既而翁卒仲氏已成立且有志趣烈新亦將娶婦乃以家政歸仲娣樓居教兒者十數年年五十九卒咸豐元年有司上其事旌如例駱文蔚傳

趙貞姑者年十九未婚夫陳圯殤訃至欲奔喪父難之貞姑剺面截髮父懼送歸陳數年舅又歿貞姑偕姑戚氏煢煢苦守病革告族黨立夫從姪乾禮爲後年三十一卒陳氏醵資建坊於金雞山麓建旬霖雨祭坊之日天忽晴霽無片雲聚觀者千人時道光十

五年十月某日也新纂

方貞女者，白門方紹學次女也，字傅作和，未婚而作和歿。女聞訃，脫衷衣付使者，使殉於棺，泣請於父，願鬘髮奔喪，不可。有聘之者，貞女聞，登樓欲自墜，父哀之，遣使告傅，舅有難色，貞女以死請，始迎歸。時方臘月，驛梅盛開，素車白雪，互相暉映。入門拜舅姑，易縗絰，踴作和主，退居一室，晝夜紡績，孝養舅姑，支持家政，歷三十年如一日。徐文藻事略

蔣烈婦黃氏，楓樹村人，字澧浦蔣百俊。父母繼亡，九歲育於蔣。少長，佐庀家政，賢聲益著。既婚逾月，而百俊病死。里俗死百日則奠諸墓，烈婦沐浴治具，往哭之慟，歸視膳如平時。既寢，猶與小姑絮絮語家事。中夜，小姑呼之不應，曳其衾，虛無人焉。先是百俊病，烈婦亟請於舅姑，爲之立嗣。既死，曰：我不獨生。小姑與寢者，故恐其

求死也至是小姑悸而大呼家人以火至則赫然梁閒矣繭纏周其身襲縗麻而加疏布焉小姑曰是嘗語我我死毋使男子近我膚視其篋則附棺者備焉蓋慮之者早矣葉敬傳

何烈婦者姓屠氏諸生何檢妻屠永義女永義傭耕生女欲溺之檢父予敬生檢貧甚慮無與婚夫婦謀女爲子婦遂養於檢母母將歿尚幼父命檢婚女成婦禮執喪何氏世授書村里至予敬益困檢生喜見書餧則驅習藝事皆不能就日鞭之年十六又令畚築呻於塗父見則怒鄉人憐而解之叩所曾誦書則已通文義遂與稚孩令授書聲踰於父閱數載家稍給年二十餘補邑弟子員鄉之先生館之檢素羸見有書多非所覩晨夜誦恐不能盡得危疾不起初檢家積貧數世無貸負及檢稍振鄉人轉貸之檢病爲致醫藥而檢日劇貸家悔頗索所貸浸急檢父恚曰若少須意檢

歿必有聘婦者烈婦聞之泣曰婦自始能言習勤苦今織紉常倍翁吾能養之檢所負終吾身當子也父意不可回烈婦日夜織預棺殮事悉具惛其材更治一棺藏之檢病歲餘夜卒烈婦不哭衣檢屍服巳斬縗刭臥檢側死父晨起不得飯呼子婦門寂然則驚籲鄰掊闔入兩屍在牀烈婦目如視血結於項若朱實不汙衣甫牖有爐炷香巳燼下殷血淹一刀去牀二丈餘蓋伏到處悶仆血盡復至牀正臥絕志之牽氣爲之也兩黨人駭所見神之二日目瞑殮以葬有司聞於

朝以烈

旌祠之東何村潘諮傳〇姚僩何烈婦辭天驚石破蒼山吼蜿蜒白虹橫貫斗悲莫悲兮何烈婦解一烈婦髮覆兩頷黃荆釵裙布歸何郎何郎方茹荼四壁相如如青氈以外一物無牝一物無猶可名士從來多轗軻何郎運蹇更堪哀年年柳車草船送窮不去反罹二豎災罹災愈劇矣吁難活矣烈婦夐夐啜其泣矣繃膝下尚無兒堂上巳無姑有女在襁褓有舅白髭鬚郎君

奄奄欲絕命如縷願共鴛鴦一抔土軀呀呀屋角鵂鶹叫新鬼煩冤故鬼笑地下修文符牒到酖招魂魂不返燠屍屍已寒家中何所有絞衾麤具掩桐棺誰知妾心大但見妾淚乾齕山河誓重妾敢忘潛蹤匿影掩空房門上加櫎房漆黑抽刀一割吾事畢血濺刀頭湛寒碧觳鄰嫗聲喃喃爹戶來存問瞥然相見欲狂奔半晌驚魂飛不定觫是時兩目欲瞑猶未瞑依舊合歡牀上寢對人引吭不成音舉我擲刀手指我提刀心解此心冰不如此心鐵不如舅亦勿咄咄女亦勿呱呱作成人樣教人看何須斷指截耳遏稽列女傳舡

樓烈婦者藏綠塢周慎女邑城樓伊功妻也伊功弱多病烈婦每黎明起量湯藥寒暑無閒旋咯血日羸烈婦焚香禱願身代者再病革夜坐達旦向病人切切不知作何語凡九日伊功卒忍淚理衣髮棺殮瑣屑皆躬親喪畢跪舅姑前稽顙大慟不止强扶入室整衣臥牀上須臾絕慎族八周紹洪秋試還病捷音至益劇越六日卒妻黃烈婦瞪目視不哭亦不語有頃蹶救之甦喘不定起嘔血少許復臥視之死矣醫者謂其腸斷或曰吞煙汁云新纂

郭春姑者，芝兆隝人。父瑞賢嘗設賈肆，與黄某鄰，相得甚歡。黄某故籍郡城，僑居者也。其妻方娠，約曰：「男也，以壻吾家。」已而果舉男，遂如約。時女纔三歲耳。無何，黄移家去。及長，意申舊諾，遣人求之不能得。議改字，女不可。及數年，父母語女曰：「黄氏子存亡轉徙不可知，前盟寒矣。汝志良苦，然能守我終身乎？」女泣曰：「兒之及此，命也。祗一兄，無他骨肉，願代奉父母，不願他有所聞。」守貞至五十三歲，黄氏子卒無耗，遂以疾卒。郭肇傳

朱筠，朱家站人，武義教諭朱鼎元妹，歸三都章孝廉瑞麟爲繼室。賢淑工詩。孝廉娶筠後，絶意進取，偕隱山中，題壁評泉，詩箋茗盌，畫舫竹輿，彷彿鹿門。晚年伉儷愈篤。讀其詠七夕詩曰：「一年三百六十日，天上祗當一夕看。牛女何曾怨離别，玉樓人自倚欄干。」天上人間，比翼連枝，元白宫詞不得專美於前矣。新纂

傅蕙字佩珊别字湘蘋渭池傅學士棠次女歸店口諸生陳寬學士官京師視學廣東均隨侍左右鍼黹之餘拈毫學箋日無暇晷其留别粵東使署詩曰三年使節足句留紅葉題詩景物幽勵志清風盈兩袖行裝載石豔歸舟詠梅花詩曰千萬梅花結比鄰羅浮清景記前因自注家大人任廣東學政時曾徧歷羅浮諸勝莫嫌妝閣清寒甚儘有騎驢踏雪人性又至孝學士喪歸渭池舉家赴杭州迎柩蕙侍母未行哭以詩曰父歿將十年流光逝如駛臥病滯暑中遺言猶在耳頭銜本如冰官清亦似水拭淚返嶺南行行不得已僑居武林城畢竟非桑梓無端西湖中朔風清夜起生既悲異鄉死不忘故里買棹迎歸櫬弟妹半弱齒兒迹阻兒趨不能隨祭祀幸有母在旁此心差慰耳兒身怕天寒父亦應如此人間最可哀惟隔黃泉裏嗟嗟淚長流悲情抒一紙又愛臨池酷嗜簪花格著有碧霞軒詩

稿小綠天詩草年二十六卒寬繼娶余氏高湖雅州府知府余坤妹亦能詩工六法善寫生寬嘗輯余詩附刻碧霞軒稿後咸豐辛酉燬於兵

周節婦余氏大林周維銅妻也年二十八而寡幼讀書通大義既寡無子有欲奪其志者節婦以死誓其詠懷詩曰鬱鬱今何待哀哀不了生高翔雲外去免受世間驚伯氏喻其志百計維持之以其子濂源嗣維銅後始得以清節終其身著有苦節吟二卷

呂春餘字潄香西隅人監生呂學裘女詩筆清麗有紫霞巖落成紀遊詩曰福地春深古洞天紫霞白社已千年幽巖花簇鶯啼樹小徑風輕鶴避煙四壁都爲遊子賦名山不許俗人傳我來此地無多願祝向慈雲盡化蓮吳品梅流子里人浣西石敔渭妻著有焚餘草有雨後浣谿晚渡詩曰淺水蘆花淼淼波半天黃照雨初

過舟人笑指前村景秋到溪山畫意多袁秋華字菊英江東人適澧浦吴文森亦能詩詠白桃花曰號國淡妝原本色文君縞袂亦風流天台此去春猶冷洞口淒迷雪未收所著有繡鴛吟草

張玉汝字又嘉五寵張未能女幼慧始讀詩即有依依楊柳處芳草馬蹄生之句偶仿六朝魏晉詩每篇出人爭傳寫遂以著述自負觀其讀書詩曰攬筆欲書仍無有我所欲言與古同又曰自恨不知才力薄翻恨古人多著作此豈尋常閨秀語哉年二十四歸楓橋朱爾田未帀月索朱賦悼亡詩遂成讖是年九月卒著有金竹山房詩鈔一卷

黃節婦陳氏四十六都西山莊黃季文妻也生二女而夫卒婦年二十三有奪其志者婦即躍入潭遇援不死而家貧無寸土念葛都鳴幽谷邃巖未經墾闢攜長女天序蓬頭垢面躬芟草萊天序

孝性天成隨母農作得歲果必先供父供畢獻母不敢自食㓜許吳姓及長母令歸吳天序哭曰母無女隻身山谷中誰爲侍奉死不顧離膝下吳聞之益以女爲賢必欲娶之天序堅不從其舅爲之解於吳吳疑舅訟諸官天序出爲申辨官嘉其志判吳别娶天序喜當官去簪珥更短衣荷鍤隨母去日夜耕耨積資葬父結廬墓側母女相依數十年如一日陳氏年七十六天序至五十餘乃卒湖西諸生馮炳坤妻陳氏年十七歸炳坤生一子閱數年炳坤與父兄俱殉難子亦夭婦奉姑依夫從弟某某覬產謀奪婦志婦泣告族老曰某之欲奪予者利吾產耳姑老且病相依爲命願悉予某產終吾身事姑遂蓬頭毀容鬻薪以給甘旨拮据艱難稍積資覓翁及炳坤遺骸得翁骨裹以麻衣負而歸捧土成墳招炳坤魂葬衣冠於翁墓側奉姑二十餘年無惰容後婦以病歿姑失所

養逾旬亦卒

陳烈婦蔣氏年二十歸陳秉鈞秉鈞者貴州死難清鎮縣知縣陳毓書次子也以候補藩經歷署定番州吏目咸豐庚申七月賊至定番知州某不知所爲秉鈞告妻曰事急矣吾父死王事吾不可墮先志汝奈何烈婦曰脫不幸死吾職也雖然城郭無恙也倉庫無恙也兵甲無恙也君男子奈何局促爲婦人計秉鈞慚馳去厲民登陴夜則枕戈臥堞閒不復歸署者五晝夜二十三日城陷秉鈞巷戰遇害烈婦聞易縗經設位哭哭畢進蔬酒從容再拜自經死

胡貞烈者錢塘人字十四都周錫爵咸豐庚申二月二十九日杭城陷舉家倉皇無計女曰趨滿營可免緩則無及其父莫能決逾時賊至豔女拽之父遮賊女奔入取廚刀出見父被害急刎喉力

弱未殊援母刀大聲曰兒生爲周氏婦死爲周氏鬼事急矣速刃我毋爲賊辱母手戰趣之斫猶忍痛誦前二語三斫乃絶既而官軍復杭城滿營竟獲全

蔣烈婦陳氏忘其夫名僑居杭州清波門所居去城僅數十步有一女年及笄矣庚申二月賊攻清波門城將陷烈婦謂女曰汝意奈何曰城陷女萬無生理請母裁之因涕泣跪母前不起婦以尺組繫其頸力持之須臾絶遂自縊鄰嫗穴隙窺之覩其母女死節狀亦自經死蔣贊堯傳

鄭貞烈何錄行聘妻錄行歿女年纔十三鬄髮易衣奔喪成禮守貞三十二年事舅姑以孝聞至同治壬戌年已四十五矣鄉人謀避兵貞女曰未亡人待盡之命本不足惜賊至吾得死所矣遂樓居去其梯誓不復食賊入其室寂無人欲登樓則無梯援繩上見

女整衣坐牀上叱使下毅然曰汝雖賊亦人也何得輒入嫠女室賊怒詬之貞女亦詬遂遇害新纂

貞孝烈女者姓陳氏名蕙章候先生六世孫湖南武岡州州判陳光鼐女也光鼐故僑寓雲南以女字雲南某氏子既而東歸寓郡城凰儀橋與某氏隔音問者十餘年女年已三十矣某氏自雲南遣人至訂婚期且逆女行有日而某氏子忽歿訃踵至女號泣跪父前請死父曰父母在死非孝請奔喪曰路遠非所便請守貞父曰守良苦女曰命所定苦亦甘也家貧奈何曰守志豈問家之貧富也無子可繼奈何曰有子而守是守子非守志也父嘉其志聽之後父援例選武岡州州判謀挈家之任而母病貞女請留事母越年父歿於任兄弟扶喪歸貞女縗經逆於路望柩慟哭絕復甦遂病母爲之延醫辭曰未亡人不願於醫生指下求生活也踰年

母又病貞女力疾侍湯藥衣不解帶者經歲比卒擗踊號泣痛不欲生會常撫軍以事莅越特書額旌其門曰純孝完貞至咸豐辛酉貞女年七十餘賊且至命弟姪出避留一弟隨已守家弟故有廢疾不能行十月郡城陷謂弟曰吾義不受辱汝焉往曰願從死因相與欷歔環顧室中有空棺二姊弟各就其一從容闔蓋死

楊烈婦包氏諸生包煥章女仝塘楊配禮妻也歸數年而夫歿烈婦年二十三號泣籲天誓以身殉既恐傷舅姑心匿哀撫孤年五十翁姑猶存湯藥扶持必躬親子婦請代輒不許性好施獨不喜佛有告以懺悔者必嚴詞峻拒咸豐辛酉家人謀避兵烈婦獨不爲動賊至索銀大呼曰吾七十二歲老寡婦也即有銀豈以與賊賊怒示以刃則指賊大駡遂遇害

郭烈婦者俞氏女東沙球郭咸燿妻也幼鞠於郭及笄而婚婚二

年而難作初粵寇犯浙戊午庚申再深入不久去辛酉寇益劇官軍駐邑城者且數萬沙埭去城五里限一水葦有力者已挈家徙鄉人狃前事謂無慮九月二十六日賊驟至城陷次日掠鄉鄰婦謀匿叢莽烈婦知不免出門踽踽行坐舍後連三塘搗石上速之行不起卽又危坐無怖容少頃賊至奮身躍入水死賊相顧愕眙去時年二十一更十餘日家人歸迹得屍衣色黯爛面如生具棺葬小松樹塆傳郭肇

周烈女名秀松牌頭鎮周應康女也字尊塘趙某咸豐辛酉嫁有日矣及秋而邑被寇應康遣細弱避山中賊搜得之驅使行烈女不可強之則兩手抱松樹不釋斫以刀堅持如故遂死越日家人迹至指爪陷樹中寸許應康至親啟之始出身被數十創面如生時年十有八先是烈女之生也應康在塾家人以生女請名會塾

師以冬嶺秀孤松命題課詩遂以名女至是始爲識

樓烈婦李氏錢塘李獻墀女硯石邨樓啟鳳室也年二十七始歸啟鳳寄居於杭生二子三女俄不戒於火家益貧啟鳳旋卒咸豐十年粤賊自皖南犯浙杭城驟陷烈婦懼辱飲鹽滷求死不死乃率子女自投水缸中時賊蹤固未及也衆拯之出而幼子斃矣賊退仍與一子三女居寇警益甚烈婦死志益決明年杭城再陷長子壽康被掠烈婦與三女俱仰藥死俞樾傳略

徐烈婦傅氏谿北徐夢占妻也夢占以非命死遺腹生一女以翁姑老不敢死守志有年矣咸豐辛酉九月賊竄東鄉有丫鵲灣者徐氏丙舍也婦女多避難於此烈婦挈女偕往至山半見賊幟諸婦聯袂急上烈婦恐被辱拔佩刀刺其女俟賊近擲刀擊賊不中奪賊刀自刎死有十姑者烈婦從姑也避難大翦山隝賊至豔其

色環伛之十姑從容自刃死賊擄其姪女幼姑負以行幼姑以手批賊頰賊憐之不與較乘間抽賊刀自刎手輭不能深入而頸血已迸流漬賊衣賊怒殺之時年十有五同時死節者復有幼姑之從嫂陳氏夫曰徐厥紹賊至被執不屈賊欲殺之陳氏大聲曰死則死耳何懼也賊縛氏於楹以彈擊之子僅數歲號哭以手捫母胸而彈已洞胸矣臨死顧同伴曰若爲吾告吾夫吾爲不從賊死也又梅嶺傅廣書妻蔡氏避難烏傷鵝峰亦罵賊不屈死續幽芳集

徐烈婦蔡氏大成隝徐法春妻也避兵黃繞平岡家有山莊在半嶺其姑居焉烈婦恐賊迹至上山頂爲同村徐角莊角之妻先在焉見烈婦至設飧款留黎明賊猝至烈婦方乳其子不及避賊牽其右臂令去烈婦大呼曰吾手已汙速斷吾臂賊怒奪其子縛以藤投崖下巉巖陡絕從上至下約數十仞而兒從高崖墜端坐石

上膚髮無損適姑伏厓下倉皇見孫墮抱而走匿烈婦意見死益怒罵賊刃之死不絕聲同族徐旣多妻張氏年二十四賊自婺川竄入邑境沿途掠婦女氛日逼張氏已避居山隖慮賊至必爲所辱一日辰起泣與妯娌訣曰時事如此吾惟有死而已遂下山抱幼女赴塘死比家人知則屍浮水面日已過午矣

朱十姑楓橋人咸豐辛酉九月隨父以燕避兵杜黄橋楓橋至泌湖津路也賊掠泌湖擄以燕十姑紿曰若釋父吾從若去賊喜舍其父十姑從容隨賊行計去父漸遠笑指隔岸婦女逃奔狀且行且與賊語賊聞而他顧十姑乘閒躍入湖中死同時有駱氏二女樂嘉橋駱某女姊妹也亦隨駱氏避泌湖賊至豔女欲汙之駱氏哀賊求釋不納强奪之賊怒以刃背擊其肩急自投於湖二女相繼赴水死駱氏者女之祖姑母楓橋太學生陳殿詔妻也新纂

黃烈婦許氏三十六都屠家隝黃克貴妻也生一女及笄字許氏咸豐辛酉九月賊猝至其村殺婦翁黃文占擄克貴去烈婦挈女匿近山賊跡至欲汙之不從逼其女亦不應賊迫以刃烈婦泣語女曰汝祖死父虜何生爲因厲聲駡賊曰吾母女恨不食汝肉肯從汝乎賊怒殺烈婦女且哭且駡賊褫其衣裙裸戕之家人殮而葬於村山之原傳墨林事略

朱阿清者朱湘淞女咸豐辛酉年十五避兵富陽長清嶺下十月初四日賊猝至盬清拽至營誓不汙會日晡賊食繫清於樓乘間解要帶自經死食已賊登樓見屍怒以刀刺喉投窗外湘淞夜收其骸埋嶺麓葬處細草叢生花黃碎如金香聞里許金烈女忘其名蔡如蛟聘妻也亦於辛酉十月被掠投塘死賊怒剉其屍時年十九錢碧雲高湖余某聘妻父錢永熙居江藻與包村東西隔泌

湖壬戌四月賊敗於包村潰騎涉湖掠江藻擄碧雲中途赴水不死賊置諸別室誘使從不從脅以刃則裂眥詈賊挾置榻佯以刃裂其裾碧雲遽攫以手手裂刃赤賊驚碧雲奮身擲榻下再提再擲賊怒斫碧雲引頸受刃死時年十有六新纂

顧孝烈者姓陳氏歸顧三吉事姑孝同治壬戌姑歿殯於村十月賊過殯所疑藏鏹也火其棺烈婦避村山望火光倉皇奔救賊以矛撥其手烈婦奪矛大罵賊怒縛孝烈於樹遂縱火火熾棺燼土石皆焦孝烈至死罵不絕明年正月賊掠鄉里有黃某者被執將戕之媳趙氏持賊衣大呼曰甯殺我甯殺我賊怒舍黃攢矛於其腹血湧出漬窗楹色如硃拭之不滅趙之夫曰黃昌善以光緒癸巳請

旌如例

樓烈婦者姓何氏楓橋樓文聰妻也咸豐辛酉九月烈婦挈子隨夫避兵疊石山壬戌六月文聰病死未埋賊搜山豔婦色逼使從大駡脅以刃駡益厲賊怒縛烈婦并其子置石臼中舂死事平有授徒山中者烈婦輒示以夢光緒乙亥歲貢生潘文濬授經菩提寺頻夢見之詰寺僧得烈婦死狀爲徵詩乞
旌自是以後無復夢烈婦者

袁烈婦蔣氏太學生元鰲孫女歸袁文炯賊據邑城避亂章村賊四出剽掠村婦羣匿山中晝出夜歸烈婦獨負其女蒲伏叢莽不肯歸衆强之曰吾負重行緩猝與賊遇悔且無及且此亦非善地行當自爲計耳翼日覘之則已縊死林間矣郭肇傳其妹歸傅氏者亦於是日棄幼女投槃浦死傅墨林傳略

張烈婦者姓楊氏父曰志鰲適五竈張慶餘辛酉秋賊竄東鄉姑

令烈婦避魯村魯村烈婦姊家也九月四日賊至魯村掠烈婦及姊去行至羊角潭姊招烈婦令卽前賊覺遽赴水死烈婦至欲隨入潭賊格以戟披髮戟手罵賊怒强拽之過黃公宕堅不行遂遇害越二日賊又戕一婦於黃公宕婦王氏魯士奎妻也亦魯村人續幽芳集

魏烈婦宣氏下宣邨宣某女歸魏瑞餘夫歿守節十餘年矣同治壬戌鄉村被掠烈婦以夫家無可依歸依母六月賊至下宣烈婦出避遇賊於門被戕棄屍村側十日賊退兄弟歸見屍顏如生衣履悉以線密紉無點滴血汙將埋賊又至倉猝以草掩其屍賊焚草去兄弟夜歸收其骨撥灰燼屍及衣履仍如故遠近稱異新纂

孫烈婦紫巖鄉金茂萱女年二十歸邑城孫光岱八月光岱歿咸豐辛酉邑被寇烈婦歸依母明年寇益棘避何家山猝遇賊脅使

從烈婦大言曰我守節二十年義不辱迫以刃拒益力斷其右臂益大罵賊怒以槊刺喉破數創死初光岱少孤育於外王母蔣姥年十七患瘵姥用術者言病人娶妻以吉時占勿藥因納徵金氏父母欲遷延以觀變烈婦涕泣請行比入門視藥餌維謹迄於歿無幾微怨蓋其視義素定故遇變視死尤決云李榕傳

何烈婦者名廿五紫巖祝隝馮敷萃女也歸佳山何吉祥吉祥目盲同治壬戌粤寇糾大股圍包村及其里烈婦倉遽扶吉祥竄足弱行輒蹶起復扶吉祥狼狽行至下隝遇賊拽使從吉祥牽婦裾不釋賊叱問誰何烈婦泣曰夫也目盲乞垂憐賊笑睨婦忽揮刀斷吉祥首烈婦奮身蔽夫厲聲大罵賊怒併殺之時二月二十一日也越旬鄉團敗賊小滿山家人收遺骸面如生同時有何鑑忠者吉祥族人也居花紋莊質弱多病婦陳氏侍疾不離跬步賊且

至鑑忠趣婦行陳泣曰君病如此避將焉往俄頃賊掊戶入爇婦遽犯之不從逼以刃則大罵鑑忠驚起視婦賊戕鑑忠陳急奔奪刃罵益厲賊怒臠之又有俞烈婦朱氏者蕭山朱鳳翔女年十七歸次峰俞維新同治二年正月粵寇自金華敗竄過其里大肆焚掠維新挈婦走避猝遇賊維新被戕賊拉烈婦以行烈婦抵死不從受十餘創終不屈躍入烈燄中死時年二十有三新纂

壽烈婦者諸生壽逢源妻南源邊杜長女也同治壬戌賊掠南鄉烈婦匿村山中聞夫虜翁被戕踉蹌奔歸將殮翁賊又至脅使行烈婦詐曰吾夫被虜翁死家有藏鏹請併取之偕若去賊信之遂入廚自盡良久賊趨視見烈婦屍咸驚愕歎息爲具衣衾殮羅拜去

高巖烈婦者失其姓咸豐辛酉避兵於五岫山下之高巖賊搜山

獲烈婦豔其色逼使從大罵刀截其耳罵愈烈抉其齒以血噴賊喃喃罵不止賊大怒殺之裂其尸持一骹至石佛巖委之地植不仆撥以刀植如故兩賊以手力仆之旋轉跳躍不止創處血如注濺賊履盡殷賊大驚竄去

草埲烈婦者無里姓年約二十餘賊驅至草埲見路側有柴堆旁倚稻桶賊以手捉婦臂將汚之烈婦情急齧其指賊負痛卻行烈婦驟進批賊頰賊忍痛笑且言曰我愛若將與共富貴若不畏死耶烈婦聞言面發赤戟手痛罵賊怒縛其手足納諸桶而覆之圍以柴縱火焉罵中中聲出桶外既而火漸熾罵亦漸低忽聞聲如爆竹桶震裂而烈婦死矣時有陳暉桂者見賊至匿隱處睹烈婦死狀賊去述於人相與覓烈婦尸則焦爛無遺骸其殉節處歷數春不生青草

石砩烈女者不知其姓氏咸豐辛酉賊竄楓橋道出石砩橋有二賊夾一女行至長橋適雨霽漲滾滾女見賊辮髮長乞纏臂牽牽以過賊從之橋半女忽奮躍挈賊同墮急湍中水退女屍屹立河際猶手持二辮堅不釋傳墨林事略

尊塘烈婦者不知何許人同治壬戌被賊趣至尊塘投水死十月賊退山霞莊諸生徐鳳藻行經尊塘見水面一婦人影激以石頃刻復聚爲作詩紀其事徐鳳藻尊塘烈婦詩方塘一鑑影娉婷正氣能昭死後靈人與清流爭潔白天教碧水寫丹青髻鬟欲動風吹浪魂魄空歸月滿汀待闡幽潛何處問惟留蘋藻薦芳馨

章貞女者三都青山里章奕祖女也幼字留子里吳膺河膺河年十七補邑弟子員試甫畢病歿女聞訃號慟欲奔喪奕祖慰留再三不可覓死者屢矣使告膺河父吳翁翁至女出長跪請終事舅姑翁曰若年少吾又家貧奈何曰食貧固所願慮年少則有孟大

家前事在孟大家者名蘊明御史蔣文旭未婚妻也曰若父不可奈何曰父愛女情也女守志義也各行其是可矣翁無語女泣而入先是家人防守嚴是夕以翁在稍弛女紿媼入廚煮茗比返而戶扃大呼爹戶入則已自經矣急解得不死翁意決命長子膺洛謀諸族迎女歸輿過街亭鎮士人數十輩具衣冠送之老嫗少女爭獻壺漿過澧浦亦如之自青山至留子里道旁觀者不絕時道光丁酉春二月也既歸孝事舅姑撫膺洛子爲嗣恩勤倍至而持身甚嚴宗黨罕見其面咸豐辛酉九月賊掠留子里婦女多被脅貞女偕村婦匿破屋中賊過不入數日賊又至搜破屋所匿無得免者貞女獨偕鄰婦避村山賊迹至鄰婦皆掠去獨不見貞女人傳以爲異先是賊陷邑城分兵劫東鄉鄉人謀出避貞女獨鍵戶居嗣子請行不許强之則揭表衣出兩利刃曰吾已辦此矣其節

烈如此同治甲子七月某日微疾强起盥櫛更衣别神主翼日逝年四十有八同時有章其婺女者亦三都人字附二都劉性友育於劉未婚而夫卒舅姑繼歿家四壁立藉鍼黹以給春秋歲時樽酒麥飯提筐祭埽灑淚漬地墓草盡斑如是者有年同治壬戌避難昂大山猝遇賊搜其篋大駡死之嗚呼同一遇賊而有幸有不幸焉蒼蒼者若有意若無意皆所以成其貞也何章氏之多賢女子哉而吴膺河同族有名念緒者琴弦岡人也聘大林周二簋女未娶而歿周欲奪女志誓死不從恐終無以自免日夜禱於神求速死越數年嘔血卒

金貞女藍田村金麒秀幼女年未笄字桑園阪戚福長福長歿訃至貞女大慟截髮改縗服欲奔喪不果仰天哭曰吾以心向所天靡他志也終身服素處一樓樓前栽女貞樹朝夕灌溉一夕樹萎

貞女卒

潘大姑者楓橋潘志雲女杜黃莊樓鳳翽聘妻也鳳翽年十五而殤大姑誓不他適越數年同里某豔其色強委禽焉聞之絶食三日母懼商於某某挾豪勢堅不許娶有日矣大姑無可爲計先期自縊死逾日殮顏如生夫家義之迎其主入祠與鳳翽合窆焉

袁貞女者邑城金槎聘妻也未婚而夫歿女請於父萬高往弔望門哭入門撫尸踊慟仆於地救之甦視殮畢易縗絰歸持三年服服闋納吉迎女既成禮易青衣廟見歸拜舅姑於庭哭主於堂乃入室修婦禮歷數載無違未幾舅芬奉檄赴安徽家貧磬產始成行會寇氛徧東南捻匪出沒於潁壽淮安之間盱眙當寇衝大吏即檄芬護縣事城陷殉節死妻某氏隨亡貞女零丁無所歸計延金氏祀出紡績所儲爲夫羣從渭秉娶婦生二子而渭秉與婦又

相繼死貞女苦守撫孤以其長者爲夫後歲辛酉邑被兵女倉皇出城同伴遭蹂逼獨貞女端坐郊坰而寇若無覩竟免於難年七十餘乃卒

趙烈婦者白門方氏女也家徽南城廪生趙學裘鬻爲妾學裘卒嫡諭他適不從陰受澧浦郭某聘約某日夜半遣輿來嫡慮烈婦闔戶睡叩不應則爽約使乳嫗伴烈婦寢漏二下輿至嫗啟鑰從臥帳中縛烈婦納輿中舁之去行數十里至澧浦烈婦號哭呼天郭譬喻百端堅不納有沈嫗者夫貴生設南貨肆於市母家故南城素識烈婦郭令勸之烈婦告以故且曰嫗能令郭返予於趙乎否則有死而已志不可奪也嫗憐之顧無可奈何飾辭慰烈婦去夜郭入室婦翦燭危坐懼不敢逼逡巡去烈婦乘閒闖戶出冀奔縣城失道過沈肆前天已曉矣追者至嫗聞聲起留入肆烈婦哀

肆夥杜某赴白門翼日從兄某偕杜至某故無賴索郭賄勸烈婦使從烈婦怒絶某復使人赴縣乞哀夫兄適夫兄他出嫡密遣僕偕使來託夫兄言諭歸郭烈婦痛哭欲自裁貴生慮禍令嫗伴烈婦歸烈婦不可郭來逆婦嫗出應客蹀躞往返自晨至午烈婦卒堅臥不起視之殭矣蓋貴生有煙癮烈婦乘嫗出取膏吞之時久而毒發也嫗倉皇報里紳集生生堂議停尸沙灘逾日殮時方盛暑蠅蚋不敢近面如生又逾日紳士數十人具衣冠送柩返南城大書其銘旌曰完璧歸趙既葬邑紳請於官爲樹碑江東泰山廟前

駱烈婦者石峽口金啟賢女歸駱駿良駿良嫡母金氏烈婦姑也歸未數歲駿良病瘵甚劇母爲駿良製棺烈婦語匠曰棺須大倍常製匠告母母勿從烈婦跪泣請別製一棺陽諾而未製也駿良

臨歿執婦手曰吾死汝年少能留侍吾母乎婦聞言大慟曰君以不貞疑我請先死以慰君心遂沐浴更衣飲酖死年二十六適時駿良始絕母乃命匠製婦棺如前式及葬雙柩並舉距數尺許烈婦棺稍後則舁駿良柩者足痛不能前道旁觀者咸太息駭異初駿良父樹珍歿金年三十七生母梁纔十七也茹苦撫孤二十餘年而子以瘵亡婦以烈殉白髮雙嫠煢煢一室自古婦命之窮未有若是甚者今金年七十七梁亦五十九矣猶忍飢相守如昔日也

孫貞女貽封翰林院檢討孫維棣女也城北有陳瑞龍者與維棣交最契以女字其子乃大後維棣僑居上海以陳舊姻具書招乃大至滬適粵寇擾浙東瑞龍歿陳氏家中落乃大又病癩醫無效返諸暨維棣屢致書陳氏趣問吉陳氏以乃大病請別婚會有同

邑進士喪其偶聞女賢屬人致意女微聞其秏潛飲酖嫂覺之救得甦屢勸父挈之歸父雖識其意然以孤弱無依未許也而乃大卒以癲死時女年三十六矣訃至父祕之女覺而大慟白於父請歸陳父許之逾年挈女歸里夫弟乃濟告族人諏吉迓女廟見兩黨故舊及邑中士大夫衣冠相迎送觀者塞道時光緒己卯三月某日也既歸請於族長撫乃濟子全福爲嗣以父老病復赴滬侍養居數年維棣卒居喪三年有勸之從殺者曰我不可以嫁女例也其純孝知禮類如此年五十卒於滬陳氏迎柩歸葬建貞孝亭於北郭

蔣烈婦邊氏同山鄉人父藩早卒母何氏孀居撫孤烈婦生有至性事寡母以孝聞年二十五歸十三都蔣性材性材故有瘵疾躬侍湯藥五年不稍懈疾革籲天請代弗效乃請於翁姑以仲氏子

爲嗣翁姑許之則大喜趨告性材曰已有子矣性材卒哭泣盡哀親視含殮既畢就寢久弗出家人迹而視之則已仰藥矣

傳

附

余烈婦者姓朱氏靈泉鄉麻園里人也歸富陽紫閬余維寰順治丁亥

王師平邑寇騎及紫閬烈婦攜子出避中途遇兵度不免以子付維寰速之去維寰脱身走烈婦被執縛馬上狂躍下馬騎驚異瞋目露刃力搏之烈婦益狂躍反覆奔突裂騎衣且罵之騎大怒揮刃斷左臂仆於地罵益甚遂斷其首而去幽芳集

瞿節婦蔣氏邑進士蔣達女歸蕭山瞿學山生三子而學山卒艱苦守志足不履閾兄弟邀歸甯堅不許姑詰之曰不幸而𡽪達道

往還非所宜也其謹慎類此汪輝祖越女表微錄

何孝婦名七姑山頭莊何正綱女山陰韓尊倫聘妻也翁死於汴尊倫奉母居家貧不能娶又病延七姑年二十矣請於寡母往事姑歸甫二月而夫卒七姑以十指養姑逾年姑又死乃歸依母居歲時必反奠乾隆已丑母卒七姑積數十年紡績餘資購地葬姑與夫買祭田附常禧門外尼庵承其祀時年五十七親族謀請旌苦辭而止蔣士銓傳〔蔣士銓何七姑詩生諸暨字山陰二十始嫁禮可尋孀姑老矣夫病延兩月而寡力難任明年姑死難獨處麻衣歸甯不再去可憐韓氏妻復爲何家女三十年中萬辛苦惟母憐兒守機杼兒身孑然只一孃孃今逝矣兒益傷傾破篋出青蚨葬我壻與我姑買田一畝供墓祭韓氏無兒誰與祀低頭再拜優婆夷年年寒食求奠之勿令厥鬼悲餒而此時哀哀天地知 朝廷雖有恩身後雖有名妾年五十七此身無所營請旌勿許聲嗚嗚妾身雖存心久枯韓尊倫妻何七姑請以告司牧閭史當特書

田節婦邑陳氏女歸山陰田謙年二十九夫客死孤幼貧無立錐

地婦哭泣刺血望空遥訴曰妾生不如死所不卽從地下者以夫柩暴露幼子未成人耳晝夜紡績銖積所餘迎夫柩歸葬遂成勞疾猶補綴敗絮以禦冬雜啖糠秕以果腹迨二子成立一日晨起謂子曰汝好爲之余當告無罪於汝父遂瞑乾隆府志

朱節婦者夫槩里孟學孝女歸富陽石柱里朱某爲繼妻舉一子甫二歲乾隆己巳某以疾卒婦矢志撫孤朱氏先世亦諸暨人僑居石柱已二世伯仲比匪人家旁落勢且無所藉匪人嗾之去母孤可陷也百計蠱之弗納冬除夕前二日突入婦室縛之著肩輿中數十輩夾道捍之送章村是時諸無藉與伯仲謀歲除氏母家不暇阻卽阻有司例不理事理事計必旬有餘日以爲計之得者節婦至章村則大哭截髮委諸地奪人刀引頸就刃旁人力救之方得解而節婦母弟效水效祖至矣從而拒之洶洶焉章無如之

何不復言婿效水奔赴縣不納已除夕矣奔赴府越三日府檄下知縣乃重治諸傴者罪遣烈婦歸窘守二十年以節終章陶傳

駱思慧楓橋諸生駱烜女其生母曰胡慎容烜妻慎儀妹也慎儀無出撫思慧爲女其詩雋拔幽怨出入於石蘭紅鶴之閒詠秋山瀑布曰劈破高峰最上頭玉龍直下隱潭湫橫空百尺銀河瀉挂壁千尋素練浮濺雪噴雲楓葉冷穿厓度壑翠巒秋誰來濯足飛泉裏洗盡紅塵一泳游後歸洪洞劉侍御秉恬袁枚詩話第二卷載思慧過嶺詩云半嶺梅花成故舊兩肩書本是行裝則是其生母臥雲所作而非思慧詩也新纂

余何氏邑人失其里居湖南武陵余曉滄娶爲妾善畫工詩余以知縣候補浙江咸豐辛酉杭州陷隨余殉難善化許瑤光輓以詩曰曉滄訪得浣谿施教書教畫教吟詩玉樹連枝同并命免教孤鳳泣相思雪門詩稿

諸暨縣志卷三十九

人物志

流寓

管甯羈遼人皆向學桓儼寄越里無爭訟名賢僑寓所至往往足以感發人心變化風俗固不第山川生色已也舊志不傳流寓惟樓志引梁書賀琛傳於志餘注云錄此可備寓賢一則此外無預也今茲重加摎輯彙爲一卷鴻飛雖遠爪印猶留緬懷芳躅有餘思焉

唐

吳翥

宋

喬行簡　石孝武

元

吳萊　柳貫　項炯　黄叔英

韓性　鄭銈

明

宋濂　戴良　鄭濤　王褘　鄭湜　鄭深　錢德洪

朱燮元　盧必陞

陳光林

國朝

高士奇　何百鈞

王濬

宋

褚伯玉字元璩錢唐人少有隱操寡嗜慾及婚婦人前門伯玉從後門出至東白山隱居瀑布嶺作嘯猿亭疏山軒齊雲閣又立東西二禪師道場性耐寒暑時人比之王仲都在山三十餘年隔絕人物齊高帝卽位手詔徵之不就參南史及孔靈符會稽記

梁

賀琛字國寶會稽山陰人伯父瑒步兵校尉爲世碩儒琛幼受其經業一見便通義理瑒異之曰此子當以明經致貴瑒卒後琛家貧常往還諸暨販粟以自給閒則習業尤精三禮初瑒於鄉里聚徒教授至是又依琛焉梁書乃築室郊郭閒講授行郡事到漑聞琛

名命駕相造會琛正講漑下車欣然就席問難往復義理賅贍歎曰通儒碩學復見賀生因薦爲郡功曹琛辭以母老俄遭母憂廬於墓所哀毀積年四十餘始應辟命補王國侍郎累遷通直散騎常侍領尚書左丞參禮儀事每見帝語常移晷刻省中語曰上殿不下有賀雅琛容止嫺雅故云所撰三禮講疏五義滯義新謚法及諸儀注凡百餘篇南史

唐

吳翥字鳳翔父舜咨令山陰遂居山陰靈芝之鄉利樂邨翥志行純默鄉黨鮮知年四十遊太學里有黃霸忤其母母詣翥鳴霸不孝翥至其家爲陳人倫孝行譬以禍福之言霸感悟卒爲孝子令尹陳顗聞之問於學正曰翥何如人也對曰隱不違親貞不絶俗天子不得臣諸侯不得友吾不知其他於是薦之觀察使杜琮召以

署吏事不行琮以行聞於朝屢徵又不就時論翕然高其節晚年愛諸暨開化鄉谿山之勝遂居大田里卒葬千歲山中和間贈謚文簡仲子蓋從父來暨因卜宅焉參唐書文藝傳及柳玭文簡先生狀

宋

喬行簡字壽朋東陽人登紹熙進士端平間累官左右丞相進少傅與鄭清之同心革弊召用善類尋除少師以魯國公致仕卒謚文惠未第時曾贅居漁臃山孫氏籢贈甚豐後貴且入相歸宗以籢贈還孫孫不受乃捨於吉祥寺允都名教錄

石孝武字繼亭新昌人登咸淳四年進士歷官至溫州府通判溫州判兼綜鹽務前事多踞爲利藪遇可否俱依回於守臣之下以自容孝武涖任務卹商竈以蘇民困可否事不爲丞阿亦不爲守屈也丞職專捕盜是時盜氛盈海上劉香之屬日夕在鏵鍬飛雲

渡風颯殊不測治中某不省事觀察使檄孝武攝丞篆且問須兵若何笑曰捕盜耳奚兵爲以日中受篆夜分駛帆出海曰只卒本衙門弓手四十名香等方駕艇艤岸四掠婦女或入肆酗飲孝武沿途密授方略居民歡呼義勇四集而自以强弩射其帆檣艇船膽落颺去旋辭官歸初孝武妻毛氏暨產也釋褐後來暨迎娶歸途出琴絃岡下俯仰山川語毛曰吾將以此爲桃源矣罷官遂挈毛偕隱琴絃岡北元定江南屢詔大吏促行卒不起王鈺傳

元

吳萊字立夫浦江人集賢大學士直方之子也天姿絶人七歲能屬文凡書一經目輒成誦嘗往族父家日易漢書一帙以去族父迫叩之則琅然而誦不遺一字三易他編皆如之衆驚以爲神延祐七年以春秋舉上禮部不利退居深裊山中益窮諸書奧旨後

以御史薦調長薌書院山長卒年四十四學者私謚曰淵穎先生自門方氏開義塾嘗聘主講席者數年若宋濂王禕項炯戴良咸來受業爲世鉅儒時先後主方氏講席者又有柳貫項炯黄叔英諸人新纂

柳貫字道傳蘭谿人器局凝定端嚴若神嘗受性理之學於蘭谿金履祥自幼至老好學不倦凡六經百氏兵刑律歷數術方技異教外書靡所不通作文沈鬱舂容涵肆演迤人多傳誦之始用察舉爲江山教諭仕至翰林待制與同郡黄溍臨川虞集豫章揭奚斯齊名人稱儒林四傑項炯字可立天台人黄叔英字彦實慈谿人皆從吴萊遊學白門後方氏亦聘爲都講一時名儒迭典賓席造就後學甚衆稱盛事焉

韓性字明善山陰人天姿警敏七歲日記萬言九歲通小戴禮作

大義文意蒼古及長博綜羣籍尤邃於儒先性理之説延祐間詔以科舉取士學者多以文法爲請凡經其口授指畫不爲甚高論而義理自勝以應有司之求亦未始不合其繩尺嘗遊學來暨識王元章於牧豎收録爲弟子授以春秋爲世名儒

鄭鉉字彦貞浦江人其家自宋南渡初即合食爲義門至鉉已七世矣鉉自幼即沈毅端慤屹然如成人迨主家政益躬躬畏謹正已以涖物家逾千百指情無不一愛無不均一庭之内翕然遵化後遊燕京揭文安奚斯黄文獻溍皆折行輩與之交及明兵取婺州鉉遂攜家避入孝義之流子里筠西義士長子吳肅舍之於高元聚慶堂後時宋景濂亦避地來依與分東西廂而居甚相得焉至正二十四年卒葬於邑南同山鄉宜山之原宋景濂銘其墓文載山水志方兵事之殷李曹公文忠統兵過浦陽入其里歎曰此

義門也躬爲扃鐍而去事平遣帳前先鋒率民兵二千至流子里護送其家還閭門其行誼爲世所推重如此

明

宋濂字景濂浦江人幼英敏强記嘗就學於聞人夢吉通五經復從吳萊學已遊柳貫之門兩人主白門方氏講席濂皆負笈從之兩人亟遜濂自謂弗如及明兵取婺州復挈眷偕義門鄭彥貞避地於孝義流子里主吳仲揚家與仲揚中表陳宅之分東西廂而居相依者數年故其居暨爲最久旋召見婺州授郡學五經師明年除江南儒學提舉命授皇太子經尋改起居注遷翰林院學士濂以文學受知恆侍左右備顧問爲有明一代儒臣同時從吳柳二人來學者又有戴良王禕鄭深鄭濤鄭湜諸人戴良字叔能濂同縣人通經史百家醫卜釋老之學居九靈山下自號九靈山人

著九靈山房集王禕字子充義烏人明初徵爲中書省掾修元史成拜翰林待制奉使諭雲南死節贈翰林學士謚忠文著有華川集鄭深官僉憲鄭濤官博士皆彥貞從子行湜字仲持官東陽丞則彥貞次子也名臣名儒同時來遊亦盛軌焉

錢德洪名寛以字行更字洪甫餘姚人嘉靖丙戌進士官刑部郎中王守仁講學陽明德洪從之遊深得良知之旨與龍谿先生王畿同爲王門高弟學者稱緒山先生嘉靖甲辰乙巳間知縣徐履祥修葺紫山書院聘主講席其爲教以啟悟人心爲本故其撰修建廟學記兢兢於求放心之說而不及廟學規制所謂潔身澡德貞志立教者歟

朱爕元字懋和山陰人萬歷二十年進士累官四川總督兼巡撫貴州加兵部侍郎進右都御史平永甯奢崇明貴州安邦彥之亂

屢著戰功事蹟詳明史少時落魄浪遊諸暨郭含冲元佐奇其貌與之交甚契因薦爲鄉塾師時元佐亦以諸生授徒里門燮元長八尺腰大十圍飲啖兼二十人每十日必過元佐元佐爲之備酒饌縱其屬饜後元佐以歲貢爲校官陞貴州思南府同知委攝郡篆皆燮元借護之力焉

盧必陞字宋臣號玉茗山陰人本生父芳以必陞嗣其弟茂甲申之變茂負俠氣仗劒出門不知所往必陞奔覔諸暨山中時山寇出沒行路艱險嘗失道走僻徑伏屍枕藉驚跣疾走兩足爲沙石所齧血縷縷漬地迹皆赤一山僧憐之挾與俱遇虎避高樹大呼山神救我虎竟去住暨者年餘深山巉崖攀歷皆窮竟奉父以歸

蔡遠傳

陳光林字孝義上虞人父天球患癇家中落光林年五歲母何氏

託之夫兄而已赴會稽傭逾年絶音問天球死光林孤苦九歲爲人牧既冠誓尋母曰存當迎養亡當歸葬不幸適異姓亦當面母一慟以終恩義嘗再入會稽覓無蹤坐道旁晝夜哭遇一行腳僧叩其故曰汝不識舅安得母耗光林肅然跪請僧憐之挈之行夜買舟黎明叩門入見一人告之曰此汝甥三年尋母者也舅諦視之驚曰吾負汝吾負汝向者年荒不能容食指汝母怨我甚遂往諸暨今汝尋母都坊不知存亡未卜若之何光林悲益甚曰不見母誓不歸矣遂隨舅入諸暨歷年餘舅遇舊相識亟詢之曰汝姊尚存不數十里抵某邨問刑書某家見汝姊矣即日踵其門母子不相識舅語之故且喜且悲聞者感歎爭贈贐餞别嘖嘖稱陳孝子云上虞縣志

國朝

高士奇字澹人號江村仁和人事蹟詳
國史少貧贅紫巖鄉湄池傅氏授徒自給相依者五六年後就試
京兆託母妻於婦翁薪水膏火之資悉賴之及翔步
禁廷
賜宅西安門始迎養焉當其貴顯時傅氏已中落其集中有懷外舅園林詩詩載坊宅志落句自注云去秋婦翁下世此園聞已屬之他人懷舊惓惓情見乎辭其不爲劉穆之金柈檳榔之驕人亦過人遠矣新纂

何百鈞原名肇鈞字公權一字蔚巖山陰歲貢生父天挺明崇禎壬午順天舉人官河南掖縣知縣百鈞少好學性椎魯以鐵繩自縛鎖几上猝不得離立久之驚悟博涉經史氾濫百家家貧依姑父紫巖祝隖馮吉綏吉綏愛其專壹爲闢雙桂軒命子揚孫愼造

恬雨世從之遊并爲之經理家政畢婚嫁百鈞安之遂從家金汀之北又植竹軒東自號竹軒聚徒講學著字學八十一卷字學補遺□卷太極引蒙太極圖説注正蒙注正蒙序言西銘序言通書序言易學啟蒙適性編大學引蒙中庸引蒙易經自得易經自得雜述凡十二種一百三十四卷禹貢注釋八卷離騷注釋八卷醫學適性編五十卷散體詩賦雜著五十卷年四十六當得廣文泣曰先子宰掖縣以廉介不能苟合齎志以歿百鈞不忍復言仕矣竟不仕晚年又著歷代州郡治亂考手抄二百三十五本未分卷數臨歿以稾付其女女適王寡而無子付猶子王姜齡茂才茂才出示其友蔣錦川學博學博以部帙浩繁力有未逮爲刻其小序三十八則

王濬字哲人別號半村山陰歲貢生性孝父疾亟親滌溷穢籲天

請代迨殁糜飲不入口鄉里稱之工詩著紅鵝館詩鈔家貧嘗館於孝義流子里吳氏之鳳山精舍與諸同人唱和著有鳳山唱和集其飲吳衮五七丈齋感懷詩有云萩水關心故園夢江湖行腳半生緣蓋未嘗一日忘親也又爲淸潭修禊裙屐風流一時稱盛流連者幾十年後弟昆相繼殁舜歸奉母家益貧母殁無以爲葬投羅墳橋下死友人哀之爲舉其喪

右流寓如吳翥石孝武則遷居諸暨如褚伯玉諸人或隱居或遊學或主講或避兵或尋親或贅婣皆錄其住暨時久者他若宛人周范蠡少伯則有范蠡宅范蠡巖遺迹宋慈溪楊時龜山則嘗宿黃氏望煙樓著有望煙樓記見坊宅志婺源朱熹元晦則以常平使者道出楓橋與楊文修談名理於紫陽精舍義烏呂祖謙伯恭則著有入越錄言所經諸暨山川道里甚詳見文徵明餘

姚王守仁伯安則從父海石翁華館於諸暨山陰徐渭文長則
與楓橋陳心學駱驗交最契每遊諸暨必主二家與驗合著五
洩聯吟集餘姚熊汝霖雨殷則從父館於寶珠橋張氏吳縣成
規成矩則以父允官教諭占籍諸暨皆成進士
國朝祥符周亮工元亮則以父文煒官諸暨省親居主簿廳與陳
洪綬爲文字交鄞縣仇兆鼇滄柱則館於五竈張爾鍼家會稽
徐廷槐笠山湻安方婺如文輈則前後館於毛村灘集賢書屋
蕭山朱鳳標桐軒從來嗣尹讀書江藻松濤書屋同學陳沛生
憫其貧而周給之仁和鍾世耀嘯溪則避兵於潘家隝錢唐戴
愔熙介颿避兵於湖西嘗告巡撫王有慶給何文慶以軍械令
其防勦金華釀成咸豐辛酉五月初二日兵團交閧之變事詳兵備
志皆居諸未久或且一宿而去例不著錄略書其蹤迹附於篇

諸暨縣志卷三十九終

諸暨縣志卷四十

人物志

方外傳

魏收撰魏書始爲仙佛立傳標其名曰釋老釋爲釋迦老爲老子葢舉其人之至與學之所始以立名也二氏之教本不相侔而其崇尚虛無宗旨略同莊子所謂遊方之外者也因錄數人附於人物志後

釋

梁

伏虎禪師　靈智

唐

寶掌禪師　元儼

慧忠　澄觀

神智　靈默

良价　可伏

智藏　惠操　鑒眞

宋

咸潤　仲皎

淨全　惟月

元

文明　允憲

明

慧炬　宗杲

古潭　道林

茂眞　深理法恆

大先　無窮

國朝

德禧　幻空

聞悟　了原竹雨

半憨　元璟

成濬

道

三國吳

干吉

南齊

謝元卿

唐

王煉師　陳寡言　劉介

元

陳嘉　酈靖

張錦三　王道士

樓志據陶南村輟耕錄載張旺江陰人樓志誤

國朝

趙伏生

梁

伏虎禪師少習禪業馴格猛虎梁普通中結茅庵於邑南之鐘山

唐咸通八年即其址建鐘山禪寺嘉泰會稽志

靈智不知何許人常獨處山寺蔬食誦經或時數日不食亦無飢

色梁大同中結庵於縣東之小谿嶺南俗誤作伏虎禪師唐咸通五年卽其地建通化寺

唐

寶掌禪師中印度人自云生周季當魏晉時自西域來中土居常不食惟服鉛頂而已一日示衆曰吾欲住世千歲今六百七十有三歲矣因號千歲和尚唐貞觀時周遊兩浙至澧浦山下遇一老人問欲何之曰訪地修行老人曰循山之陰林嶂幽聳中有石室名澧浦巖盍往居之時值中秋抵巖下見山秀泉潔月白風清頌曰行盡支那四百州此中偏稱道人遊遂結茅以居趺坐十七年屈指一千七十二歲語其徒惠雲曰吾將謝世以還丹授汝今名其山爲寶掌山萬歷府志有寶掌巖寺卽大巖寺今爲崇勝寺又縣東南千歲山延慶禪寺相傳亦禪師道場也文殊巖下普潤禪寺亦

禪師所居（隆慶諸暨志）會稽剌浮山明覺寺亦有千歲和尚塔及洗骨池

元儼邑徐氏子事富春暉律師隸懸滔寺從光州岸師諮受具戒探賾律範後詣上京遇崇福意律師及融濟律師咸能升堂覩奧其所印可後還江左著輔篇記十卷羯磨遮章三篇金剛經義疏七卷越州精舍向推法華晉沙門曇翼曾結庵山巔儼乃建置戒壇招集律行傾衣鉢瑚鐫僧祐所造佛像宴坐不出幾三十年（高僧傳）開元二十六年恩制度人采訪使潤州齊澣迎儼於丹陽使新度諸僧躬受法戒自廣陵至信安聽法者殆出萬人（嘉泰會稽志）天寶元載十二月坐寂於戒壇院（高僧傳）今天衣寺有元律師戒壇碑天寶十五載建萬齊融撰徐浩正書并篆額（杜春生越中金石記）

慧忠邑冉氏子受六祖心印居南陽白厓山黨子谷四十餘年不下山肅宗聞其道行徵赴京師待以師禮居西京光宅寺上問師

在曹谿得何法曰陛下還見空中一片雲麼上曰見曰釘釘著懸掛著上曰如何是無淨三昧曰還見虛空麼上曰見曰他還眨目視陛下否上解悟至大歷十年十二月逝諡大證禪師釋氏稽古略

國朝雍正十二年

敕封眞實大證禪師致祭一次樓志

澄觀山陰人住邑南寶林寺一日將撰華嚴經義疏夢見金人以手抱咀嚼都盡自喜爲吞納光明徧照之徵疏成裝二十軸講堂前池中開合歡蓮花五枝一花皆三節後住中條山棲巖寺先有禪客拳眉翦髮字曰凝人披衵褐雜語凡所指斥皆多應驗澄觀未至前驅衆僧灑埽曰不久菩薩當至唐德宗召至京師命譯烏荼國所進華嚴經賜號清涼國師兩浙名賢錄書得二王筆法大歷二年受詔入大內釋經攝山棲霞寺律師碑澄觀所書也宋濂潛谿續集李

翺有與開元寺僧澄觀書李翺集

神智義烏人俗姓酈少有貞操出家會稽雲門寺會昌中除佛法神智冠服從俗僧行無改大中初復爲僧遊至寶壽寺曰營延之魚潛於藪澤宜哉此處吾之藪澤也恆呪杯水以救百疾飲之多瘥號大悲和尚大中中入京師相國裴休預夢神智造之相見甚歡裴女迷於鬼神智呪除之遂請院額曰大中聖壽賜左神策軍鐘一口天后繡幢藏經五千卷樓志

靈默性習靜雅愛山川遊五洩山樂其幽深於唐元和三年建三學院於山中咸通六年賜名五洩永安禪寺天祐三年改爲應乾禪院今名五洩禪寺浙江通志

良价會稽人住鈞州洞山禮五洩靈默禪師住山寺數年披薙遊方首參南泉次參溈山繼到雲巖見曇晟禪師說法涉疑過水覩

影大悟前旨嘉泰會稽志

可伏不知何許人戒行澄潔唐中和中卓錫邑西洞巖山下鑿巖建寺天順中錫名靈洞翠峰院嘉泰會稽志卽今之洞巖講寺也

智藏惠操均不知何許人唐時相繼住杭烏山之三德寺嘉泰會稽志

鑒眞俗姓喻不知何許人唐天祐間住句乘山雲居寺梁貞明及宋治平中皆敕賜院額呼爲喻彌陀後人龕其眞身於寺中遇旱禱雨輒應萬歷府志

宋

咸潤上虞人習天台教依錢唐惠法師講席遂究禪旨景德四年上虞令裴煥請演教於等慈寺繼徙隆教永福聽法者動以千數成名者二百餘人塔在等慈寺東廡會稽永福寺有受業弟子碑咸潤能詩嘗住五洩山三學院有詠五洩山十題一五洩二西源

三夾巖四龍井五石鼓六石門七石屏八俱胝巖九禱雨潭十摘星巖其序略云平川孤越怪峰顛巒轉入轉幽駭心悅目比之雁蕩庶無慚焉嘉泰會稽志

仲皎字如晦居剡明心寺參究禪學尤好詞章交文士嘗於西星子峰前築白塔結廬其下號閑閑庵萬歷府志久住邑之東白山詩曰無地卓錐生計難且空雙手到林閒偎隨碧水瞻明月堅打白雲睬好山巖石空邊依草舍藤蘿低處著松關年來老去知何似合向人間占斷閑又云嘷切孤猿曉更哀柴門半掩白雲來山童問我歸何晚昨夜梅花一片開詩家多稱之

淨全邑田家翁氏子少隨父兄耕至林泉幽深處宴坐忘歸甫冠出家於寶壽寺授以經典略無所解乃投大慧禪師宗杲杲曰汝有何能曰能打坐曰打坐何爲曰直是無下口處杲異之樸野不

知書人呼爲翁大木一日隨衆采椒同輩戲曰汝試作一椒頌全即應云含煙帶露已經秋顆顆通紅氣味幽突出眼睛開口笑這回不戀舊枝頭衆皆歎異會檀越以一度僧牒施杲杲命侍者十輩各探籌全得之九人者不平詐語杲杲令再探全再得之如是者三遂祝髮尚書尤袤寶文閣待制王厚之丞相錢象祖皆與爲方外交自號無用累興大刹最後住甯波之天童寺開禧三年示寂寶慶會稽續志

惟月住邑之化城寺明律學日惟念佛一日有異僧來迎後二日微疾呼同住道甯曰見阿彌陀佛高八尺立空中言訖而化萬曆府志

元

文明獻徵錄作善繼字絕宗邑樓氏子母王氏萬曆府志夢神人授白芙蕖而生生即能言見母舉佛號合爪隨聲和之長客山陰靈祕府志祕作壁

寺窺内典歎曰欲求出世非釋氏將疇依投其寺僧思恭府志作思窮祝髪習天台教觀天歷後住長階大雄教寺講金光明經至正壬午移住天竺薦福甲子陞主天台能仁寺一夕集衆曰吾殆歸矣遂書偈而逝獻徵錄文明曾血書大方廣佛華嚴經八十一卷宋濂補寫血書經贊思歸子吴悟性跋謂文憲爲文明後身宋母姙時夢文明授以芙蕖故刺血書贊云云今藏蘇州山塘龍壽山房互見雜志新纂

允憲號同庵邑阮氏子住菩提山正覺寺機鋒穎悟遊方至天竺一轉語合即留住一日丞相府祈雪集諸山緣覺推讓其先偈語日朔旦年年十二遭今朝添箇是明朝六花未剪銀河水星使傳香雜白毫老僧未免將龜毛拂子向神天顱頂上拂碎銀濤不願一片兩片東飄西飄直教三千世界十二樓臺總是瓊瑤噢不妨

壓倒梅花老添得靈山數尺高賜緋還鄉里著語錄行世駱志

明

慧炬字照庵邑某氏子住西湖理公巖周伯琦爲之篆石鐫記工詩文與義烏黃溍爲方外交明洪武初海潮衝岸壞居廬慧炬爲潮海三飯戒楊枝灑處卽止不崩時稱爲慧炬菩薩靈隱寺志

宗杲自號榮休居士邑魏氏子讀書勵行永樂中充稅戸人才貢試刑部主事謝事歸遇雲水僧談禪理輒解悟昏朝趺坐時或兀坐草間如木偶人遂爲僧嘗自贊其象曰榮顯辭休致甘達生委化禪理參三昧究竟無東無西無北無南因號榮休居士一日謂諸子曰有漏之軀欲作無漏扶我入龕中當衣我以薪如槁木死灰然毋與土壤螻蟻溷端坐良久卽瞑目踰五日猶如生駱志

古潭者天台山僧也遊諸暨見階梯山高縣佛鐙熒然林木閒攀

藤上花鳥繽紛行人絕迹旁一洞天中有茅屋五間入其室闃無人曰此眞清淨道場也訪知爲張家隖某君山其室則采茶時所寓也踵門告曰此山獅峙象踞拱環一十八峰象十八尊阿羅漢誠佛地也衲思結爲禪舍若惠施作一檀那則老衲摩頂戴之矣某諾尅日闢爲雲濟寺後某年八十餘精神益旺猝之日異香滿室隱隱見白雲中鸞鶴降迎古潭前引某魂冉冉昇階梯山去至寺覓古潭寂無人焉世遂以爲老佛降世云孝感里志

道林不知何許人道行高曠明嘉靖年間中興青蓮禪寺寺後山名金興岡岡右爲嶽峰寺前三池名伏龍池山下小谿名瀫雲谿有無名氏題詩於寺曰古刹鄰幽隖藏春歲不移無風花自在欲雨鳥先知萬竹陰連徑雙峰影落池更便城市近暮返不妨遲邑人駱問禮訪道林談禪理寓寺中者旬日留詩贈別詩載山水志

萬歷府志　萬一樓集

茂眞住五洩山寺工詩與陳洪綬友洪綬有別五洩茂眞詩曰離別眞公如送春眞公煮酒日相親江皋花草當寒食吹笛三更想殺人章志鑽綸堂集

深理字恆鑒邑詹氏子年十六往廬山投師盡悟宗傳明崇禎丁丑歸越戊寅歲饑辛巳大饑壬午又疫甯紹台道鄭瑄及紳士姜逢元祁彪佳金蘭張陞延深理董其事煮粥振荒民賴以甦因建擊竹庵留深理住持掩埋遺骸春冬二季募化舉行歷四十餘載如一日年七十終於庵又同邑有僧法恆者亦如山陰縣北五里募建如畫東畫新徑屏秀伏龍諸橋皆堅願獨任行旅賴焉山陰縣志

大先住楓橋牛頭山永楓庵陳老蓮先生之家庵也大先有戒律兼工詩先生有宿永楓贈大先山主詩曰佛屋爲家歸必登幢幢

無焰祖師鐙戒衣著相披居士粥飯行深屬老僧殿上松花金邑界廚中黎雪玉壺冰隨君舉示吾能會掀到禪牀便不能寶綸堂集

無窮姓駱氏楓橋人俗好鬬無窮獨出家楊相公廟結茅采仙山日則塞戶講蓮華經夜出行峻嶺閒獸迹錯履魅嘯呼名不爲止弟子諫之則正色曰必使此等衆生聞佛名號業消皈依收爲眷屬無窮初不識字禮經後見諸經論如舊記者有僧問之曰和尚定生西方無窮曰予以我修蓮宗耶法無分別故我無采擇予之西方當去極樂世界我之西方只在劒樹刀山世豈有爲僧者手輪百八便證無上等覺之理不下山者三十年一日無疾而臥謂弟子曰期至矣請遺教笑無言固請之第曰我見如來白毫光冉冉來矣越二日遂寂寶綸堂集

國朝

德禧號慶庵邑俞氏子郡城能仁寺僻居城西南隅挹飛來而面鮑郎清流環抱最饒勝趣明嘉靖季年呂文安公購其廢址營櫓木園明季祁德公以三千金贖而復之康熙間又廢德禧立願募修道車所至菩薩護之至四年寺落成而能仁之勝又復甲於越州名教錄馮至允都四十六年又募建萬壽庵於長甯鄉之橋亭樓志

幻空邑人姓王氏娶婦窘迫無計聽婦適人歷年所適之夫亡婦無依來歸曰出由我貧非汝罪當養汝月餘婦念舊就寢合掌辭曰嫂今非吾婦男女有別何可瀆也令處故榻婦死披剃於直步新庵年九十餘卒馮夢祖蒼源牘草

聞悟不知何許人住縣南鍾山禪寺寺爲梁普通中伏虎禪師道場唐咸通八年建後廢康熙三年聞悟立願募修而寺遂中興新纂

了原邑人卓錫於河南共城蘇門山麓百泉十方院善詩畫少從

師徧閱諸名勝晚棲十方院蒔花灌竹種藥栽松事事饒爲之而獨不譚佛法邑御史余浣公縉宦河南以閹事抵其城遊百泉院登孫眞人嘯臺謁姚許兩先生祠歸宿十方院以了原故鄉人呼與語弁詢何以不譚佛曰善易者不言易此居士訣卽老僧訣也浣公深服其言方浣公官封邱時每春遣人遺筍蕨秋冬則芋栗諸果浣公貧無以報而了原意纒綣彌切後浣公去官有懷了原詩曰引車入蘭若小坐遠公廬日落銜山吻秋空觸雁書梵師猶越語樹影亦涼區開懇忘良久登城已燭除又有竹雨上人者住城北智度寺余浣公嘗於春日宿寺中贈以詩曰蕭寺遊行四十年坐觀物態勝雲煙閒眠一榻眞成覺偶對羣峰總欲禪老去定僧輕似水近來茅屋小於船買山不惜支公券長嘯花開挂笠錢大觀堂集

半憨精禪理尤工詩住高湖天香梵院與余毓渟爲方外交禪餘茶煙擘箋揮麈清趣絕塵新纂

元璟初名通圓號借山平湖人木陳和尚再傳弟子也康熙中遊京師以詩受知於

聖祖南歸住邑東化城寺一年捨去有過楊鐵厓故居絕句曰玉削羣峰抱一郵甘泉如乳出雲根負薪伐木扶犂叟多是楊家十葉孫小築精藍似淨名愛他三絕擅平生桑條綠滿門前徑客到幽禽唬數聲瘦策衝泥訪鐵厓桐阬小喫雨前茶無端攪亂春愁客屋角一枝山杏花

成濬字雲淵雲林諦暉之門人也住菩提山疊石寺工詩善飲會有句云梅花三竺雪楊柳六橋春婉麗可諷與余荆帆懋檣善一日偕荆帆渡錢塘江荆帆有詩曰十載輭塵爲客久一江小雨共

僧還其風致可想見矣蓮坡詩話

右釋

三國 吳

于吉居邑之干谿萬歷府志往來吳會立精舍燒香讀道書制作符水以治病吳會人多事之孫策嘗於郡城門樓上集會諸將賓客吉乃盛服杖小函漆畫之名爲仙人鏵趨度門下諸將賓客三分之二下樓迎拜之掌賓者禁呵不能止策卽令收之諸事之者悉令婦女入見策母請救之母謂策曰于先生亦助軍作福醫救將士不可殺策曰此子妖妄能幻惑衆心使諸將不復顧君臣之禮盡委策下樓拜之不可不除也卽催斬懸首於市諸事之者尙不謂其死而云尸解焉江表傳搜神記策欲渡江擊許與吉俱行時大旱所在熇厲策催諸將士使速引船或身自早出見將吏多在吉所策怒謂我不如于吉耶而先趨附之便使收吉至呵問之曰天旱不雨道路艱澀不時得過故自早出而卿

不同憂戚安坐舟中作鬼物態壞吾部伍今當相除令人縛置地上暴之使請雨若能感天日中雨者當赦不爾誅俄雲氣上蒸膚寸而合比至日中大雨谿澗盈溢將士喜悅以爲吉必見原並往慶慰策遂殺之將士哀惜共藏其尸夜天忽更興雲覆之明旦往視不知所在案搜神記載孫策殺干吉事與江表傳異裴松之三國志注並錄之未詳孰是

南齊

謝元卿會稽人好呼吸延年之術年近百歲精力不衰采藥至五洩谿忽遇仙女數人被服纖麗相視而笑曰子非謝元卿乎引之登峻嶺至一處豁然平敞玉堂朱閣女曰此東華夫人所居也名勝志

唐

王錬師唐時居邑南石鼓山山產黃精錬師采食終年不飢後得道去嘉泰會稽志

陳寡言字大初邑人隱居玉霄峰號曰華林天台科法有闕遺者

拾之補之居常以琴酒爲娛每吟詠未嘗潤飾有劉介者字處靜聞寡言名就華林請教奉几杖香火幾二十年盡得其道寡言將尸解謂處靜曰當盛我以布囊置石室中慎勿以木爲也年六十四卒後處靜與葉藏質應夷節爲方外交久之將坐化以詩示其徒乃卒别有詩十篇存天台道元院神仙通鑑

元

陳嘉字志謨邑人文辭超邁每應舉主師必喜其文第以狂語見黜自號龍壇居士後住沃洲山尸解去樓志

明

酈靖字元眞邑人幼而異人能呼鬼神後則漸驅雷電嘗入廁忘淨紙呼天將索之神降以椎擊其頭頭遂爛人有病者以爛膿入藥内服之即瘉人皆呼爲酈爛頭年至五十道益精或遇祟書一

符焚之便雷電交震妖卽見形宣德間過大部鄉宿農家忽無煙而火沙石從空中下元眞書一符焚之卽有大雷震一狐死自是怪遂絶一歲大旱三司延至省城禱雨甘霖立沛頃見屋上皆魚鰕荇藻蓋西湖水也樓志

張錦三世居五十二都張家隖業農嘗至山斫竹有二老人鬚髮皓然踞石對奕張置斧立視之老人啖以餘桃終局老人去回顧柯已爛矣舉斧砍竹而歸家人無有識者以竹煮於鍋纍纍不竭後至東陽顯神通卽仙去里人立像創祠歲七月二十二日祭享頗著靈應俗呼爲錦山相公孝感里志

王道士名光裕俗稱爲王寶祖師谿頭人生萬歷乙卯居岡下廟山隖能收狐妖歲旱岡下人築臺請求雨王忽不見頃刻至東陽大塘以號角取水立盡返而大雨魚鼈雜下守臺者息鑼鼓爭取

而道士忽仙去岡下人建廟設像禱雨輒應新纂

國朝

趙伏生字守一自號天乙道人又號青松子居邑南道凝山窿岡庵入山采藥出山乞食如是者三十年值大風雪山中無糧天乙不飲不食塊然獨處有黑虎守其門樵者怪而問之則不食已七日矣布政使趙艮壁聞其異遣吏召之至則形貌樸遬若無能者與談元理洞澈微渺因捐俸爲築白雲觀於山中趙艮壁白雲觀記

右道

諸暨縣志卷四十終

諸暨縣志卷四十一

坊宅志一

昔宋敏求作長安志舉凡坊市之曲折第宅之興廢總萃隱括一一皆指其實今仿其例爲坊宅志二卷坊以舉人爲例而貞烈之卓絶者亦載一二宅以進士爲例文官三品以上武官二品以上有功業文章著述高行入列傳者雖布衣亦書焉上本韋述兩京之記近援徐松城坊之考城以内以門爲經以街爲緯城以外以鄉與都爲次第備載街巷里第園林别墅閒注詩文於本條之下古存其名今紀其實興衰存亡之故載筆及之殊有東京夢華之思焉

承流宣化坊在縣前

牧民坊在縣前

大街卽縣前直街在三思橋南自北至南分上下段三思橋至中水門爲下五堡中水門至上水門爲上五堡爲邑城貿易之場

集賢坊在縣前一名臨壥坊

製錦坊在三思橋前舊名永安坊

魚市在三思橋下

功德司在魚市南明永豐伯張鵬翼故宅

十字街在功德司南當中水門之衝其西爲下横街一名漁𧗠街横街左曲巷爲滿州城里後湣湖相傳爲元達嚕噶齊署址孝子鄺祖桓故居在焉

大司寇坊在十字街南明南京刑部尚書翁溥建今圮

少司馬坊在十字街南明兵部左侍郎翁溥建今圮

父子登科坊在十字街南明正統戊午舉人馮謙成化丁酉舉人

馮珏建今圮

京兆儒師坊在十字街南宋京兆發解八行上舍張堅建今圮

安定故居在南城宋襲封安定郡王趙令諲姪子濤舊居

世進士第在南門內宋紹熙庚戌進士趙伯橚寶祐丙辰進士趙希垕祖孫故居

雨鵠室在南門內諸生趙式故宅式著有雨鵠詞

進士坊在南城稅課司前明成化戊戌進士馮珏建

萬壽街在南城當上水門之衝西通大雄寺寺有　萬壽宮故名街東口有洞門題曰永安坊或即永甯坊遺址俗名上橫街

葛氏藏書樓在萬壽街路北諸生葛玉書建今燬

端毅故宅在葛氏藏書樓南端毅先生趙泰舊居

白魚堂在端毅故宅旁歲貢生趙機故居

安福里在白魚堂西左通南門右接紫山爲城南最高處

桂花坊在桂花橋旁一名道山坊以通乾明觀故名

上橋巷在桂花橋右路通紫山桂花橋俗稱上湖橋

緜織坊在桂花橋斜對一名永嵗坊舊酒庫在焉路通養濟院案養濟院今在北郭古時南城當别有養濟院今無考

琉璃軒在西門内大雄寺吳赤烏二年建今圮楊次公琉璃軒詩西軒一泓水瑩淨碧琉璃天人舉目視中有魚龍知不知

先照樓在大雄寺中今圮黄溍先照樓詩初日團團出東海淩晨光照最高峰不如今日華嚴界樓閣先開第幾重

范蠡故宅於越新編在諸暨縣西一里長山側今爲翠峰寺案宋時名淨觀院後改翠峰寺大雄寺東禪房也今廢張蠙范蠡故宅詩一變姓名離百越越城猶在范家無他人不解扁舟意卻笑輕生泛五湖吳萊范蠡宅詩淡淡寒雲鶴影邊荒阡故宅忽千年大夫已

賜平吳劍西子還隨去越船白石撐空留罔象青松
落井化蜿蜒徒憐此地無章甫只解區區學計然

會魁第在翠峰寺前康熙丙戌進士酈祖仁故宅俗呼會魁牌樓

窮孝子故居在會魁第右孝子酈怡順舊宅

後街自大雄寺轉北達南里許俱名後街

朱家衕前臨後街後通翠峰寺明含山縣知縣朱長庚故宅後遷

龍泉鄉巢句山之嘯客堂

高士軒在後街明績溪主簿酈琥建琥官江南時汪周潭中丞高其行以朱文公簿同安有高士軒書額贈之及告歸即以此顔其室今圮

酈問禮高士軒詩政暇棲遲處幽懷慕昔賢官卑心自壯道在世何懸有地都開徑無人獨草元霜清琴鼎月日映鶴茶煙得酒渾忘吏迎僧不問禪同安山水色飛繞碧簾前

忠孝第在後街永州通判酈允昌子逢新故宅

大儒第在後街明廩生酈洙孫邵武縣知縣酈光祖故居知縣朱

之翰題曰道學大儒

酈孝子故宅在後街順治間孝子酈之樞舊居

蟹眼橋里在蟹眼橋橋跨小澗平與地等當後街達姚舍山之衢西有太婆井四眼井在其南

眞人遺宅在四眼井頭明眞人酈靖故居宅中遺蹟甚多咸豐辛酉燬於兵

進士第俗呼魏朱橋里舊有古木大數十圍光緒乙未進士何榮烈自西安鄉遷邑城築室於此即眞人宅阯也

登仕橋里在酈氏宗祠後登仕橋北橋南即下橫街

紫羅街在登仕橋北以石砌街紋如紫羅故名

執笏街在登仕橋北下橫街西隔湖爲學宮左右環接湖隄形似執笏故名

學阯街在執笏街東面湖後通功德司俗稱奎星閣下此係學宮巽方或舊有閣俗故沿稱未可知也然阯無可考

鋪前街學阯街自南而北東折爲鋪前街街北爲試館館東側爲義塾西側爲冊局內有紹興府知府霍順武祠街東接縣署西口路北爲毓秀書院負毓秀山書院西爲學宮

趙孝子坊在學宮前康熙五十一年諸生趙璧建今圮

探花坊在學宮前明永樂壬辰進士王鈺建今圮

司諫坊在學宮前明吏科給事中翁溥建今圮

新街在學宮西南明知縣徐履祥築隄以界學湖舊稱徐公隄後列肆滿隄因名新街俗呼爲新埂頂

芹橋里在新街西采芹橋頭

雙烈坊在采芹橋西南道光六年陳烈婦陸氏方烈婦李氏建坊

南有雙烈祠今圮

丹桂坊在釆芹橋西南元至正辛巳副榜高葆傳中屠性建今圮

其遺址歸金氏

狀元坊在釆芹橋北南司南宋淳熙己酉上舍釋褐陸唐老建今

爲社祠

凰儀衖在南司北後通姚舍山世傳姚舜明居此

彎角嶺自南司達城隍廟路由此俗稱見家嶺考字書無見字

句亭在姚舍山下世傳宋京城防禦使陳讜居此陳氏後裔遂以

句亭名其族譜而改稱姚舍山爲句亭山

進士第在姚舍山前道光壬辰進士王應槐故宅

楊衙在北門內明安慶府知府楊肇泰故宅今歸酈氏

聯桂坊在北門內元至正甲申副榜中屠性王賀建今圮

陳推官宅在北隅明臨安府推官陳祥舊居

陳孝子宅在北隅明諸生陳泰階故宅

安仁坊舊在縣前今移建北門案初移至關帝廟左側乾隆間移至北門故廟側今稱古安仁坊

龍角石里在北門火神廟東南訓導署西有石高三尺矗立道旁故名

官園在官園嶺舊爲官園今民居櫛比矣亦稱花園嶺

八封亭在小陶朱山巔亦名八風亭

裏半爿街在北司南東門内自東門至下水門曰裏半爿街東接縣署其在城外者曰外半爿街

東郭

勸農坊在東門外

爐餘室在太平橋下歲貢生石作硯著書之室室燬於火譔述甚富

然故名曰燼餘其所著文爲燼餘集

西施坊在浣西太平橋下西施灘今圮

西施門章志西施灘上有西施門今圮

永泰坊在浣東舊名使星坊以近使華館得名

迓福門俗作下坊門 在浣東文明閣下東隅與七十二都交界處舊有接官亭後廢明知縣朱廷立修復之更名觀稼知縣劉光復又改爲貞烈祠

水口坊在文明閣下有水口菴袁澥妻陳氏建坊於此故名

相門坊在東隅宋知縣王榕解官後遷居於此榕爲左丞王安禮曾孫故名據王氏譜榕知諸暨縣遭靖康之難遂居東隅之下洋名其坊曰相門今下洋無考而東隅盡於此坊當是下洋遺址

牌軒里在三層樓南巷口有袁黃氏節孝坊故名巷甚深孝子袁

仁居巷內

半情居在長巷左監生酈滋德故宅〔酈〕滋德題半情居詩有婚無宦欲難生自此山房號半情天末何人憑檻立碧雲日暮奏瑤笙〔道〕古諺人不婚宦情欲失半此吾居名所自也

上袁門在長巷南內有曲巷通馬道街

毛隱士廬在上袁門元隱士毛倫故宅今廢

世德淸門在上袁門左義士郭元宰故居俗稱聖臣房聖臣元宰字也

江東街分上下段太平橋東橫街口南曰上江東街北曰下江東街

丁字街在橫街口俗呼耮耙街百貨輻湊亞於縣前大街

太和街在丁字街南

馬道衖在江東街盡處左爲三十三都通道長百餘丈

見家巷在馬道衖中間高處見俗作見說見彎角嶺

函雅堂在見家巷道光庚子舉人郭鳳沼校書之室道州何紹基

題額

三四竿竹屋在函雅堂內額爲郭也石先生書

郡司馬第在馬道衖左明思南府同知郭元佐故宅俗稱花廳門

台輔坊在馬道衖口靈惠王廟前舊志宋名永樂坊以參政姚憲

居此改名今坊圮遺阯爲姚氏香火祠

靈雨亭在靈惠王廟側明隆慶二年知縣梁子琦建今圮

學種花莊在靈惠王廟前郭東原建東原著有學種花莊集其孫

雲校刊山陰王笪村明季小樂府於此莊知縣趙倓撰有學種花莊序

瀛塘莊在上江東郭氏宗祠左案張氏譜元有張庠者以進士官

慶元路稅課大使居瀛塘莊今無可考

桐竹廬在瀛塘山孝子郭麟圖廬墓處

神秀坊舊志在江東以東嶽行宮得名今圮

小街在上網廟上接陶家埂

也可園在小街南諸生陳思湄家園今廢陳思湄也可園春暮詩幽居似隱淪四壁竹爲鄰牆矮花窺客樓高月礙人鶯聲將入夏燕語欲留賓釀得春醪熟呼朋漉葛巾

鶴溪書屋在上江東東嶽廟右郭麟圖著賢達傳於此後改爲賓賢祠

百歲坊在東嶽廟前翁有浩妻楊氏建

趙烈婦碑亭在東嶽廟前光緒二十年廩生趙學裘妾方氏建

貞女亭在烈婦亭側金槎聘妻袁貞女建

永壽坊在永壽寺前今圮

鄭旦故里在金雞山下鸕鷀灣村人皆鄭姓世以養鸕鷀捕魚爲業相傳爲鄭旦舊居傅璽林鄭旦故里詩西子本姓施村已無此姓惟有鸕鷀灣至今尚姓鄭

南郭

范鄭坊在南門外一名採蓮坊又名菱亭地通上湖以近范相壇得名

鐵店街在南門外水神廟南面江舊多鐵肆故名

全有堂在南門外明監察御史黃鄰故宅宋濂全有堂箴并序全有堂者何監察御史黃君鄰讀書之室也缺者全之反其謂之全者何無毫毛之不備也無者有之對其謂之有者何心中本具不假外求也其謂全有者何天德也天德之著也如鑑之明也萬理森然隨物而應之也既曰全有或乃斲之喪之以至弗完者何人僞之滋也人僞之滋非學不足克之也克之者何整爾甲礪爾戈力戰而勝之也是故生而能全之之謂聖人修而復全之之謂賢人棄而不知求全之之謂愚人三者之不同奈何敬與怠之謂也黃君欲全其所有非敬將何以全之之黃君以政學聞於時復遑遑自治不止其殆知求全者與爲之箴曰緊天扃顯性靈萬象森森烱以貞愚不縮智不贏毫末咸具天人并君子乾乾夕以誠其有乃全百

體甯

御史坊在全有堂前明洪武間黃鄰建今圮

臨津坊在南門外三里許義津橋范相祠側

夫子巷舊志在臨津坊東今無所考

范相壇於越新編在諸暨縣南九里有陶朱公祠案祠在義津橋南范蠡巖下離城祗三里外新編以爲九里者誤

巫里在南門外越絕書巫里者句踐徙羣巫出於一里樂史寰宇記諸暨縣巫里句踐得西施之所案今本越絕作句踐所徙巫縣五十里

苧蘿村在苧蘿山下西施故里王維西施篇豔色天下重西施甯久微朝爲越溪女暮作吳宮妃賤日豈殊衆貴來方悟稀要人傅香粉不自著羅衣君寵益嬌態君憐無是非當時浣紗伴莫得同車歸寄謝鄰家女效顰安可希趙忭西施詠吳宮金玉似泥沙西子東來舉國誇一旦越兵聲震地夫差猶感服中花杜衍西施村題詩曲曲溪流隱隱村美人微步含朝暾吳宮花草埋難久越水琚璜想尚存兩字忠貞昭白石千秋幽恨掃黃昏應憐當日鬢眉者亦自嫌推巾幗

尊何雲西施吟曾將粉鏡淚灑向館娃宮命盡之吳日天留霸
越功魄寒侵夜月香冷撲秋風魄殺轆轤輩魚須出袖中陳嘉
謀苧蘿村詩施氏山下舊有人吳王宮殿幾重新年來綠樹村
邊月夜半青溪夢裏身衰草盡隨黛眉落飛花長送杜鵑春西
家女俠今何在白苧輕蘿謝四鄰邢侗西施吟苧蘿山下女如
雪復如花了頭謝鈿妝焜炫表朝霞將紗濯江水返景晒江沙
流盼一顧影浩淼思無涯貌妍命應賤年笄誰爲家捧心時作
劇女數相環遮傾城何必笑含顰良自嘉閻隆夷光詠無奈娥
眉絕世姸君王初召百花前西園燭冷羞珠翠北渚花繁誤管
絃裊裊春紗自溪水娟娟秋月又湖煙野風日漸銷宮粉應傍
垂楊理釣船李攀龍西施詠扁舟歸女五湖春愁見紅顏掌上
新明月自聞歌舞地秋風憔悴捧心人王思任西施行西施妾
吳宮三月尋歸甯旌旗蔽百里輿杠渡西陵句踐臣道左夫人
上櫛巾過唁東家姊胡然老未行左手落鳳釧右手入黃金束
施笑不受阿妹且自珍姊貌不如人守女且得眞酌之以溪水
歎然道生平妹出謹犍戶但聞車績聲屈大均詩苧蘿村上女
美者出西家霸越憑歌舞亡吳是麗華素娥空外月紅粉鏡中
霞清絕耶溪月千秋一浣沙盛唐苧蘿懷古詩苧蘿山上新月
纖苧蘿山下流泉冷月纖猶學捧心顰水冷曾照浣紗影美人
一去五湖長姑蘇麋鹿苧蘿荒後來何限登臨者渺焉四顧感
蒼茫山川有靈天地老古人已古今人好安知貧賤鬻薪者不
有娉婷嫁不早當時未遇江上村花月春風幾斷魂亡吳霸越
勳何有只合田夫匹野鴛我來仍對纖纖月畫出蛾眉不暫歇
解影仍濯清冷水明霞一片紅顏起川媚山輝千百年後生之

秀誰爲傳少伯不來負媒絶委泥珠玉空自憐君不見明妃村緑珠井生女至今猶美倩君如重肯過苧蘿西施夷光何足多

國朝曾煜過苧蘿村詩岸旁桃李已無存石上青苔没舊痕難煞紅顔成大事當初悔不住東村嘗膽君王味若飴五千甲楯送蛾眉黄金入越無顔色不鑄西施鑄范蠡湖上扁舟謝句踐江頭一死報鴟夷可憐鳥盡弓藏日未是同歸白首時

孫光憲思越人詞渚蓮枯宮樹老長洲廢苑蕭條想像玉人空處所月明獨上溪橋經春初敗秋風起紅蘭緑蕙愁死一片風流傷心地魂銷目斷西子

王思任婆羅門引苧蘿山下無名野豔没殘碑我來一訪西施但見數間古廟幽恨少人知只谿頭霧縠石上煙絲物在人非剛頭點丁令威惟有荒涼故地古家纍纍弓鞋留印笑中郎袖拂太狂痴可曾見十載素衣

陳維崧浣溪沙詞格格沙禽拍野塘離離苦竹上空牆投金瀨在漾斜陽擊絮人纔憐伍員浣紗溪又產夷光英雄生死係紅妝

孔身祝英臺近詞隔溪村尋舊事力怯行偏誤獨訪三家也有關情處可憐石上青苔江邊碧草也當得春風一度王軒句感動香魂呆把鞋痕覷那看怪鳥呼人野花媚客又蹈一條煙路

趙式西江月詞隔岸數間古廟連城一帶荒邱浣紗片石已千秋西子而今在否浦口蘆花月白渡頭楊柳風柔小舟一葉放中流緑樹青山依舊

茅家步施鄭舊居王會新編西施鄭旦皆居茅家步沿村有溪皆浣紗焉距苧蘿不遠今茅家步尚存茅家井居井左右者世出

佳麗一人亦猶綠珠所生之地而有綠珠井也

浣溪坊在浣江邊舊志一名范川坊

浣溪亭在苧蘿山麓於越新編在諸暨浣溪舊志不詳其地西子祠邊舊有亭或其遺迹也咸豐辛酉燬於兵吳萊浣溪亭詩巧笑回頭百態生明珠論斗比猶輕山圍故堞青螺色水滿寒灘白苧聲百萬甲兵終畏敵尋常花草豈傾城歸來徒作興亡鑑誰寫當年一寸誠

石庭山里在苧蘿山西苧蘿山由此落脈山甚小石皆紫色猶蕭山之有紅粉石也今居民多業石粉

芝山坊在縣西南三里芝山一名義門坊亦名靈芝坊

芝山亭在芝山坊唐天寶中邑令郭密之建今圮

學士第在南門外三踏步宋紹定壬辰進士翰林學士承旨周佫故宅佫葬苧蘿山之原

清燕樓在學士第內周佫藏書之樓今圮

守一道人故居在三踏步明守一道人周瑾舊宅今廢

西郭

鄭氏別墅在城西南桃花林武陵徑桃花最盛處環垣洞門風趣幽豔每歲三月城中裙屐絡繹於道今則荆棘滿目别墅故址無復存矣

北郭

華纓坊在北門外一名永昌坊

北門街在北門外

葉去病先生故廬在邑廟前後徙居北門外

孫翰林故里在北門街光緒己丑進士翰林院檢討孫廷翰祖居

步雲坊在北門街明永樂丁酉舉人阮溥建今圮

朝京門在北隅盡處今稱爲檐前街張氏聚落案明初北門名朝

京後人移其額於城外北隅

新雨山房在朝京門元逸民張英建今廢宋濂新雨山房記諸暨爲紹興屬邑與婺鄰國初定婺伐僞吳張氏相持未決兵守諸暨界上張氏恃諸暨爲藩籬乘間出兵侵掠兩軍屠戮無虛時故諸暨被兵特甚崇甍巨室焚爲瓦礫灰燼竹樹花石斷爲樓櫓戈戟樵薪之用民懲其害多徙避深山大谷棄故阯而不居過者傷之今國家平定已十餘年生民各安其業吾意其中必有修飾室廬以復盛時之觀者而未之見今年邑士方伯修爲余稱其友張君仁傑居諸暨北門之外故宅昔巳燬及兵靖事息始闢阯夷穢創屋十餘楹旁植修竹數百四時之花環藝左右琴牀酒爐詩畫之具咸列於室仁傑當未亂時嘗有祿食至今郡縣屢辟之輒不赴以文墨自娛甚適號其室曰新雨山房願得余文記之一室之廢興爲事甚微然可以占世之治亂人之勞逸非徒然也方兵革之殷人有子女金帛懼不能保雖有居室甯暇完葺而知其安乎糗糧芻茭之需叫號徵逮者填於門雖有花木之美詩酒之娛孰能樂之乎今仁傑獲俯仰一室以察時物之變窮性情之安果誰使然也非上之人撥亂致治之功耶自古極治之時賢且能者運於上隴畝之民相安於下而不知其所由然飫飽歌呼秩然成文成周盛時之詩是也安知今不若古之時耶仁傑其試爲之余他日南歸駕小車過北門求有竹之家而問焉仁傑尚歌以發我

余當鼓缶而和焉

陳孝子故里在朝京門外丫路頭拔貢生陳光訓舊居今廢

陶朱鄉

貞孝亭在正一都丫路頭迤北陳乃大聘妻孫貞女建

朱買臣書堂在正一都松山下即陶朱山高似孫剡錄云暨陽有買臣書堂及祠今無考

相門里在正一都陶朱山宋王厚之以直寶文閣致仕由相門坊移居於此故元時增立此里互詳東郭相門坊

旌孝坊在陶朱山前明永樂時孝子趙紳建

盧白室在正一都占稼山後有樓三重酈國華著書處今圮

開元鄉

趙孝子故宅在正二都水磨頭康熙間孝子趙氏璧居此

浮邱亭在附二都劉家山頭乾隆六十年重建地有阜隆起名浮

邱俗傳爲浮邱仙翁隱處

花山鄉

朝奉第在三都青山里宋嘉定丁丑進士章又新故宅今改爲祠

進士第在朝奉第西南順治壬辰進士章平事故宅中有受鏊堂

超然樓在進士第側章平事藏書之樓初名世香樓常州臧芷湄爲題超然物外四字因改名焉今題署尚存樓下有夢應井

三都市在青山里

兩梧書院在市橋北章平事建

儒林第在三都下倪莊柴桑先生章陶故居先是有耆宿見其家重經術爲題儒林第三字而去人以爲允遂沿稱之石作硯云

貞女坊在三都蔣隖傳作和聘妻方貞女建

正義堂在四都白門元方鎰𠛬建義塾顏其後堂曰正義中祀先

聖先師旁列六齋以六藝劘切諸生聘慈溪黃叔英天台項炯浦江吳萊迭主講席宋濂王禕戴良俱來肄業造就後學甚衆今圮旁有義莊今亦圮孟述古正義堂記友人方君景高曩與予同肄太學爐亭夜話慨庠序學校之政隳比閭族黨之風靡欲築室買田教養其族人子弟志未遂焉後其子子兼割膏腴以承先志以仁三族以詔方來而自視歆然若不足曰昔丞相魏國史公鎮吾越念士大夫貧無以喪葬嫁遣者置田附於學時其出入人德之視文正范公振其族得無閒然乎余曰子兼儒家其貲産非能出一縣之上也非有俸入祿賜之豐也其族非果待此而舉火也前竹後薫和氣藹如倘於所厚者薄雖萬鍾有出而哇之者矣東里老農林不浩十石釀數斗醉陶然自樂若不知謀生者若不知爲子孫計者非拙也所見者大也斯舉也而父所望以敦人倫裨世教夫何歆吁成始易成終難范文正公迄今二百五十年矣魏國公迄今五十餘年矣遺芳餘韻未歇也蔓厚德之根而封培之派詩書之澤而濆迤之世世子孫其無忘先烈景高名基卿子兼名鎡

水竹軒在白門元饒州路通判方沂別墅今廢

東湖先生故廬在白門元東湖先生方宷居宅今廢

進士第在五都馬鳴宋政和壬辰進士郭亢居宅今廢

碧筠書舍在馬鳴明政和縣典史郭斯垕別業今廢斯垕撰有碧筠書舍記

石麓樓在馬鳴今廢郭斯垕石麓樓詩玉京仙人十二樓獨子被謫令人愁何似山間採芝之者一邱一壑猶風流我亦逃名脫塵鞅分甘身世同虛舟勿驚王母致鶴書乘風卻作清都遊麻衣直叩虎豹關政恐不獲到瀛洲山間書樓別既久夢繞石麓隨雲浮石麓丈人吾族父笑傲煙霞眞自由月夜吹笛夢桓伊秋風把釣思裴虬所歎非公無白髮誰能爲我迴青眸鑑湖吟客方雄飛赤松之伴前留侯今日何日重傾蓋脫略世故如蜉蝣求仙不必慕攀天相逢林下皆眞休金環玉珮珊瑚鉤詩成煥煇樓上頭石麓之厓可磨否刻石直欲垂千秋

孫家溪市在五都

文惠先生宅在花山元徵士俞漢故宅文惠其私謚也今廢

進士第在六都直步明萬歷辛丑進士傅賓居宅今燬

遯敏齋在直步花畝山下乾隆癸酉舉人傅學沆讀書處今燬

水西梅屋在正七都福泉一名覆船山麓明洪武辛亥進士趙仁別業

今廢

賓松亭在朱公湖中龜山（即覆船山）之巔趙仁捷南宮後歸隱所築有龜山十詠詩今廢

中浦坊在正七都紫草隖即宋之中浦里今圮其地猶名坊口

進士第在紫草隖宋咸淳辛未進士張素子德安太守定故居今圮

進士第在紫草隖史家明崇禎癸未進士史繼鰌故居今廢

進士第在紫草隖傅家雍正庚戌進士傅學灝故居

姚梅伯故里在正七都姚公步道光甲午舉人姚燮祖居其祖始徙居鎮海

摹香吟館在姚公埠諸生姚偁讀書處今燬

長瀾街市在附七都杭隖山麓

興賢坊在長瀾街明永樂癸卯舉人俞德昭建今圮

副將第在長瀾街　卹贈副將湖廣掌印都司宣德仁居第市西

有祠俗稱鄉賢祠

義安鄉

涇國故里在八都三塘明涇國公蔣貴故里

玉臺山房在杭烏山玉臺峰下明燕山右衞副千戸蔣愉偕其兄

析讀書處今廢

文萃堂在八都山環蔣一鵬著書之室今圮

進士第在山環一鵬子康熙壬戌進士戸部郎中蔣遠居第今圮

中和堂在正九都次隝宋乾道壬辰進士工部侍郎俞涇居第中

和額朱子所題贈也今改爲祠

登第坊在次隝明宣德癸丑進士俞僴建今圮

迴隊里在附九都宋時立左有謝家隝亦稱皇墳隝相傳隝有宋理宗謝皇后陵故名舊志載有后父謝若穆及孝宗皇后父謝仲斌傳謂由四明遷居於此樓志引宋史而辨其非暨人是也今里無居民惟餘社廟一所尚以迴隊稱焉

世科坊在附九都西隝口明洪武庚午舉人呂升子永樂癸卯舉人呂公愿孫成化乙酉舉人呂詵建今圮

痼菴在西隝口呂鴻緒讀書之室鴻緒患痼故顏其廬并自號焉今廢馮至憶痼菴詩蕉萃画山呂痼菴茂陵風雨止圖南布衣不食陳因粟國計民瘼事事諳

拜郊臺浙江通志謂在義安大部二鄉之界吳越武肅王築案今與地義安在縣西大部在縣東中間尚隔長甯西安花山三鄉之地二鄉並不毗界遺阯亦無可考姑附於義安之末

繫浦鄉

世進士第在十都上塘頭宋淳祐庚戌進士胡杲元泰定丁卯進士胡一中明洪武庚戌進士胡澄居第今廢

經師故宅在上塘頭元松江路教授胡存道故居今廢

節相第在十都大路楊宋靖江軍節度使楊賢居第今廢

尚書第在十一都應店街宋兵部尚書應鎬居第今稱官房

顯志樓在應店街應汝愷妻俞氏築今圮

涉半壑在應店街應章夫建石作硯講學處

夫槩故里在十二都獨山亦作纛山下

雅齋在十二都孟載五世孫性善讀書處今廢

柏樓在十二都明初諸生孟鋋爲其守貞女蘊築今廢

貞女坊在十二都南泉嶺下爲孟貞女建

靈泉鄉

御史第在十三都裏蔣村明河南道監察御史蔣文旭居第今廢

味茱軒在裏蔣村白沙山麓蔣文旭讀書處今廢方孝孺味茱軒記凡物味之美者必爲人所甚好可好之甚者亦往往能生禍以病人酒味之美者也好之甚者小則有酗醟之失大則戕軀喪德以災其國家牛羊魚鼈之類於食物爲最珍然華元以羊羹不均至於取怒而致敗鄭靈公不以黿羹分人而遂亂之禍因之以生是以甘肥適口之故不之戒愼以飫飽亡其身者世常有之是豈非有甚美必有甚惡之事乎夫惟其味淡薄初若無可喜者而世自不能遺之飲者資之以析其酲食者資之以解其飫貴而入珍九鼎之筵賤而橡茹藿歠之室莫不有待於味其物旣不爲人所爭而其味和平淸苦善除物之毒而不生疾以病人世之名人賢士每徵厚味之腊毒而顧深嗜乎茱若杜子美之於韭韲陸龜蒙之於杞菊蘇子瞻之於蘆菔蔓菁皆見於詠歌而黃魯直謂士大夫不可不知此味尤爲篤論蓋貧賤者之所易得則無踰分之思而求之不勞不爲富貴者之所甚好則享之也安而用之也無愧身不勞而心無愧此君子之所以有取於斯歟暨陽蔣子文旭以博士弟子高等選爲監察御史其官貴顯矣而其志淸約廉謹以味茱名其所居夫爲顯官而嗜茱其善有三焉不溺於口腹之欲所以養身也安乎已所易致而不取衆之所爭所以養德也推茱之味以及乎人俾富貴貧賤同享其利而於物無所害所以養民也養身以養德養德以養民此蔣子所以過於人也語有之曰人莫不飲食也鮮能知味也蔣

子於是乎
知味矣

柏樓在裏蔣村左珠寶嶺後麓蔣文旭墓側文旭聘妻孟貞女守墓處以夫縣里有貞女柏樓故後人亦以此名之今圮

貞女坊在裏蔣村北爲孟貞女建

戚處士廬在十四都石蟹里唐處士戚高故居今廢

三層樓在十四都洩頂楊聖清爲其女守貞築今廢

藏綠莊在十四都土坪山北麓莊左一峰特秀即五洩第一峰也四山袤延環繞如屏亦稱藏綠隖爲周氏族居山後有藏綠山房諸生周睦堂家塾園竹庭花清曠幽雅階前桂兩株亦名雙桂軒

滴露齋在藏綠山房之右四川南溪縣知縣周春溶讀書處

翰林第在藏綠山房之前道光庚子進士翰林院編修周炳鑑居

第

種石齋在藏綠山房前諸生春軒先生周本別業陳石麟遊五洩宿種石齋中歸別春軒諸昆季話前生或是深山石種出山中一痕碧拂拂清風仙掌摩泠泠幽韻龍湫滌長松古藤繚繞之至今猿鳥猶相識十年夢想五洩山種石齋話三生緣朝覽七十二峯勝暮就第一峯下眠此中人昔仙乎仙惜我未拍洪厓肩白雲滿嶺客自去泉水出山留不住他年漁郎重問津笑入桃源逢故人

學生進士第在翰林第前偏同治癸亥進士周紹達辛未進士周紹适兄弟舊第

紫桐花館在第一峯南馬鞍山麓山西署潞安府知府周惺然塡詞之室周惺然自題紫桐花西塡詞屋圖摸魚子詞者亭亭幾枝鸜鵒笑殿親結吟愧十年客夢江湖酒顛曲舊家淸況供趺宕任打疊柔情不斷如春漲逗煙薇帳漸紫纈霏香雲嫋夕悄幺鳳蘸愁颺花源窈何處虬蟠珠舫樊川終是疏放儞然啟事趨靑瑣尊畔開敲人兩箏合唱只悄聽臨風短笛黃壚漾鏡綠暈丈瀠窂落天涯畫鸞簫伴描个小紅樣

進士第在土埠山東麓泉莊阪道光丙戌進士周栻居第後遷居

嘉興

南雨山房在泉莊阪進士第後周炳鑑藏書處

御史坊在十四都上朱明湖廣道監察御史戚文鳴建今圮

雲臥山房在十五都馬家塢馬以智馬以恭兄弟聯吟之室

辛覺園在雲臥山房後馬以智家園中有讀書樓顏曰晚泊今廢

進士第在十五都藍田道光癸巳進士金樹本同治戊辰進士金光基居第

草塔市在十六都舊屬南屏鎮

臨安故里在草塔宋宗室襲封臨安郡王趙師恪舊居

蘋塘居在草塔諸生趙裕著書處

進士第在草塔道光辛丑進士趙樾居第

淑貞夫人廬墓處在靈泉鄉溫泉村元張英妻莊氏築事詳列女

傳

諸山鄉

進士第在十七都楊家漊明萬歷己未進士楊肇泰居宅中有扁

持堂今廢

存園在楊家漊楊學泗著書處今圮

觀察第在存園前學泗子山東兖沂河道楊三炯居第

醉春草堂在楊家漊乾隆辛卯舉人楊垂別業

楊孝子故宅在楊家漊天元塔後孝子楊宗曜居此今改爲孝子

祠

白鹿山房在十九都濤潭白鹿山麓明白鹿生楊恒隱居之所今

廢

同山鄉

南源莊在二十都日入柱山麓水出柱南者爲南源出柱西者爲西源

慈暉樓在南源莊邊朝京奉母處學政周海山先生以清節慈暉額旌其門遂以名樓（邊朝京慈暉樓詩七章南山有烏辛勤翼子子兮號寒心之憂矣母也縫衣足温我體南山有烏哺雛辛苦子兮嗁飢抑鬱誰語母也遺羹我腹可鼓南山有烏引子高騫子兮廢學涕泣漣漣擇鄰而居一歲三遷南山有烏終日營巢居子一室琴書逍遥既稱樂土復歌樂郊樂郊樂土爰得我所母氏慈愛皇天與伍每念及之痛徹肺腑羊知跪乳烏思反哺彼羊與烏尚無缺誤人而不如何足齒數既無奇勳足以顯親譜之聲詩以代鼎銘百爾君子惠我好音）

唐仁莊在邊村東北東青山下爲壽氏聚落

總鎮第在唐仁莊明季總兵壽允昌故宅今廢

靜觀在總鎮第側壽允昌別業今廢

高城市在許宅東北鐘山嶺下

世節堂在二十一都古竹村王德昭妻壽氏子廷昌妻周氏孫大觀妻邊氏三世守節因名其室

黄藤市在五指山西南青塘之南

長浦鄉

進士坊在二十三都布穀嶺下豐江莊明隆慶戊辰進士周繼夏建

周貞女故居在豐江村貞女周齡保母家

徐刺史故宅在豐汀東北牌軒下明道州知州徐琦舊居

亞魁坊在刺史宅前明永樂丁卯舉人徐琦建今圮

水霞莊在牌軒下東南卽古興樂里宋京闈解元張自艮自南湖徙居於此

嵊山故宅在水霞莊明處士張一龍舊居

六世同居在水霞莊張建轅建範兄弟居室

通源先生故居在水霞莊歲貢生張廉舊宅

宣何鎮在二十四都

忠孝第在宣何鎮宋忠臣何雲及子嵩故居

安華市在宣何南安華鎮

超越鄉

南湖莊在二十五都張許宋國子監司業張澡故里今爲何姓聚落

長潭街在張許莊東北長潭步

越山亭在長潭街東越山麓俗名三越亭

王錬師丹室在越山亭西北石鼓山唐王錬師錬丹處山下有村曰石鼓頭舊志謂在縣南五十里者誤案系期王錬師詩黃精蒸罷洗瓊杯林下蹤留

石上苔蘚日圖碁未終局且乘白鶴下山來

句踐樓迹在二十六都句乘山麓相傳爲句踐棲妻子處今無所考

句無亭在句乘山東萬歷府志國語曰句踐之地南至句無注今諸暨有句無亭浙江通志句乘山南舊有句無亭案句無亭在句乘山東北通志以爲在山南者誤

句無山樵故居在句乘山麓元逸民宋汝章舊宅汝章自號句無山樵今廢

魚梁書屋在正二十七都凰儀樓其屋梁爲魚骨大盈拱堂中有明山陰祁占祥豸佳所書隱豹留鴻額故亦名豹隱書屋庭前有牡丹長數丈相傳爲明時所植

樓孝子故居在魚梁書屋南孝子樓璺林舊宅

虛白室在凰儀樓乾隆庚辰舉人樓卜瀍故宅

忠孝亭在凰儀樓獅子山北孝子樓墨林及其弟永叔殉父難處
里人爲立碑山麓覆以亭四柱皆石俗稱爲忠孝碑亭

越世子迎句踐處在附二十七都洪浦江邊相傳越王句踐棲隱
於句乘山其世子迎駕江邊故名其橋曰千秋萬歲今萬歲橋
已圯千秋橋猶存橋東有千秋菴

天稠鄉

王家井市在二十八都臨江有道南書院

進士第在王家井西南光緒甲午進士樓守愚居室

大研石村在進士第西北爲小研石村二村皆有石在江中狀如
研故名宋呂祖謙入越錄五里寒熱阪五里宿研石村

排頭鎮在二十九都斗子巖下爲婺越通衢鎮東有同文書院

井亭在王旭西北平闊村元封邱縣尹張宿自超越鄉遷居平闊

築亭於井幹之上故名

點花堂在井亭後明崇禎癸酉舉人張夜光讀書之堂

登科坊在平闊村明景泰庚午舉人張肅建今圮

鎮軍第在平闊西北顧家護理福建陸路提督副將總兵銜顧飛

熊故宅

陳烈婦故居在附三十都鯉魚橋陳曜妻王氏居室今廢

金興鄉

荻竹廬在三十一都巖下孝子趙泰廬墓處今圮

蕙渚里在三十二都翁家塓宋時立元季翁思學居此自號蕙渚

處士花木之勝詩酒之樂一時稱盛諸文士嘗分十二題以詠

其事陳嘉謨蕙渚翁處士十二詠記蕙渚爲翁氏之樂土翁氏爲蕙渚之著姓其來也遠矣景顏翁年幾七十與渚旁父

兒子弟脩先處士業有恩以相孚有禮以相維或遇歲歉嘗覩他境得爲豐或受兵鋒又覩他境得爲全其父兄子弟之甚愛於翁也親若骨肉宜矣余嘗慕翁之爲人其言曰人生秀且靈不窮經爲士則荷蓧爲農矣家有讀書聲有機杼聲有築圃聲有嬰兒聲自可以擬封君昔范大夫霸越後遂輕裝與子去耕定陶諸葛武侯辭蜀時遂上表遣子歸耕成都轆轤之綆可斷幹滆湲之流可穿石二公賢於爲宰相者良弓之藏知造物之邑太盛也翁令不懷人之祿止其所止得陂陀之漫衍者於燕居前後繞屋種梅滿沼移蓮松森竹挺使虛而入於耳者一醉一醒一夢而覺自然天籟洽洽朝夕此雖樂靜者之所甘視二公位尊功大欲如此而不可得翁之先幾出於意表者矣自邑罹兵俛仰之開爲隙迹形骸之外爲妄境及避兵來歸有若翁之嗣子德光楚蕙伯仲開珠輝玉映浸漬夙聞或溫風解凍栴屋之琴一曲或南風生涼荷亭之雨數點露下而松聲起鶴雪深而竹色迎人四蓮之鼓動所稱入乎耳者略不減疇昔之餘韻翁前之有所教後之有所效尤可愛也華髮交領龐眉垂睫渚旁之壯者老幼者壯春郊蕭鼓秋社雞豚與夫鐙前之卷花下之機牆外之杵掌上之珠以爲從容媒老又未可量夫富貴者人之所共願者也善用造化者猶染指嘗寵鼎獲異味矣更求其全是無厭也翁寬厚簡潔脩先處士業不失尺寸足於已者無遐思淑於後者無過望禮義之澤子肯其父孫似其祖使百世之下想慕風采或來者且登堂而式曰此翁氏之蕙渚不既甚美矣乎上大夫皆樂之爲題十二詠賦詩不拘律題之者同里張辰字彥輝記之者穎安陳嘉謨也

街亭市在三十四都

賓山堂在泮塘孝子趙璧所居今圮（趙璧賓山堂詩我以山爲賓山以我爲主六逸隱徂徠青山豈相拒）

艮山草堂在賓山堂後趙璧讀書處中有雪廬今竝圮

旋元堂在泮塘趙璧族子開伯建又有紹衣堂各貯穀以賙族人今竝廢

梁武帝讀書室在附三十四都光山下浙江通志云梁武帝讀書堂在諸暨縣永福寺有硯水井萬歷府志則謂梁武蘭陵人生於秣陵其讀書於暨尚未有考云案宋華鎮詩六龍未入雍州日曾負詩書臥白雲蓋詠此也今寺尚存堂與井無可考

龍泉鄉

龍山莊在老龍頭戚貢兩齋先生胡序故里

嘯容堂在三十五都巢句山麓明含山縣知縣朱長庚新居今廢

守梅山房在梅嶺諸生傅岱課其子振海振湘讀書處德清俞樾書額俞樾梅嶺課子圖詩白雪嬌兒白髮翁梅花嶺畔舊儒宮笑他處士林君復難把詩篇課羽童由來世業在清門一卷青緗手澤存留得范家遺硯在不惟傳子又傳孫譚廷獻梅嶺課子圖詩古賢遺孫子有書鑿楹藏何如親講授昭質發文章青山養橋梓俯仰倚成行絃詩韻春風庭草自然芳揭來皋魚淚撫樹哀未忘毋忘此庭闈日月引以長孩提我鮮民失學愧老蒼家法叩微言名山有輝光

璜山市在三十六都見舊志

申屠氏故里在屠家隝元稽山書院山長申屠震居此

王順伯故里在姚王村宋直寶文閣王厚之居此今里中皆其子姓

姚令威故里在姚王村宋樞密院編修姚寬居此今里中皆其子姓姚王二村上下鄰毗蓋以姓得名焉

碧蓮堂在鍾山永慶寺内舊有楊次公飛白書見書史今無訪

開化鄉

五鳳樓在三十八都航村明建安王孫女和溪郡主下嫁宗人府

儀賓蔡堯中時所建今圮

望雲思親廬在五指山南隖元季孔天澤奉母隱居於此後人爲

題其廬今廢驂象賢望雲思親詞爲孔天澤作雲之出兮太空雲之歸兮無蹤瞬息兮寥廓兔夫人兮有懷而感通陟彼岵兮天風凝愁結暝兮馬鬣之封邈車太行兮延佇盼慈幃兮龍鍾杳追征兮何所陟上下兮何從時有志兮從龍弓旌禮徵兮奮庸款閶闔兮朝帝宮五色兮絢爛仙掌兮芙蓉早作霖雨兮年豐袞衣有闕兮彌縫何彼幽人逸士間淡從容冥棲巖穴結巢長松山川寥闃兮南北兩輪出沒兮西東慨流光兮迅速悵險巇兮疊重羌明娟兮眉目甯肺腑兮始終篤志養兮純孝淵寸丹兮竭忠覽天章兮河漢錫爾類兮褒崇蕩元開兮縹緲澤斯溥兮恩濃天高地厚兮無愧無怍寒暑於懷兮往來曷窮

開遠伯第在後村明封開遠伯左都督吳凱居第今圮

鎮軍第在西演村今名陳宅副將銜雲南提標右營遊擊陳大定居宅

大田里在大羅阪唐文簡先生吳翥子蓋居此今爲呂氏族居

文簡先生故宅在千歲山下卽今延壽寺先生由山陰利樂村隱居於此後孫少卿奏改爲溪山書院七世孫世瑫又捨爲寺額曰延慶

漢甯縣舊治在四十都大門嘉泰會稽志云漢獻帝興平二年分諸暨大門村爲漢甯縣吳改吳甯縣今大門里或卽其地案大門宋里今爲村落屏牆猶在一說謂吳越時曾設營汛於此故屏牆存焉

張孝子廬在西山孝子張瑞虬廬墓之所今廢

孝義鄉

陳蔡市在四十一都黃竹尖之陰

賈孝子故里在陳蔡劉宋孝子賈恩居此今鄉人祀爲社神

望煙樓在城山坪（亦稱鼓坪）宋贈衛尉少卿黄振建振每日登樓望村中有未舉炊者往送之糧鄉人德之因名卽黄氏藏書樓也今廢。楊時望煙樓記紹興四年六月二十五日詣行在還過諸暨孝義里黄氏某某者世誼年好也留信宿寢處一樓圖史充棟窗牖四啟山川風物之美俯在袵席顧而樂焉諸昆從逡巡起拱而進曰此曾大父藏書樓曾大父以衛尉少卿老於鄉歲歉存問振贍嗣以爲常慮難周也每登樓旰夕望焉未舉火者遺之粟寒者遺之衣里之人日日望煙請題之以紀先志余惟富有四海貴爲天子猶或不能施於黎庶以士大夫行之不要譽不市恩相忘於無知無識之天垂百年善人之澤當復何如夫世之爲樓觀者不曰望春望月則曰望雲望岳山川景物而外烏覩所謂恫瘝在念者今君家累世承之内外襄之非仁義充積於中曷克臻此仁人君子觀斯樓知斯義上下千古誰擬斯樓黄氏有焉

仁壽莊在望煙樓側黄振妻仁壽夫人劉氏建今廢。蘇伯衡仁壽莊記仁壽莊者宋衛尉少卿黄公夫人劉以奩貲置義田振其鄉之貧乏者明道間黄公在田里睹井邑皇皇曰不能爲天下計當不能爲一鄉慮耶遂悉家貲首宗族次閭里鄉人荷其賜感愧不敢告公知乃於樓頭覘煙之有無施給以時歲以爲常復慮非經久

垂後之圖夫人體公意盡斥篋橐裒置義田命子孫歲收其入無遠近咸餉焉迨後滄桑多故寖不可問公九世孫新釐復之新之孫文明者制爲規約長幼有籍給與有時多寡有則勸之貞石屬余記余謂自宋迄今族屬姻黨沐夫人之德四百年視世之殖私門營華膴或悉索征求以奉上而窮約困躓飢寒溝壑者漠不動念甚又擠之轉瞬而同歸於盡孰得孰失昔文正公謀置義田人之始遂厥志王公將相猶難焉夫人內成公德而行之不少靳子孫守之無或替從之人當更有聞而興起者矣莊在暨陽之阪而稱以仁壽者何置自夫人稱之以封邑云

比部宅在五桂里今名茅店宋比部員外郎黃宋卿居宅今廢

諫議第在茅店宋左諫議大夫黃晉卿居第今廢

太師第在茅店宋熙甯丙辰進士贈太師黃彥居第今廢

雙桂坊在茅店宋元符庚辰進士黃無悶日新兄弟建今圮

世進士第在茅店宋紹興壬子進士黃嘉禮慶元丙辰進士黃伸居第今廢

讓君宅在茅店比部子黃庾居室今廢

大夫第在茅店宋廣西提刑贈正奉大夫黃渥居第今廢

開府第在茅店宋贈開府儀同三司浦江縣令黃汝楫居第今廢

五桂坊在茅店宋紹興甲戌進士開閎閣庚辰進士聞乾道己丑進士誾建今圮

拙菴在茅店宋海鹽縣令黃誾別業今廢

芝堂在茅店宋祕書丞黃聞別業今廢

黃必先丙舍在四十二都筆架山東麓宋崇安縣令黃開歸田後所築宋孝宗賜黃開歸第詩不德作民主賢良在朕旁普天去子鑼仙籍桂花香昔日燕山竇今朝浣水黃雁行常不亂衣錦還鄉好孝亭朱子在慶元黨禁時嘗過訪之今廢

漕門坊在四十三都上林里宋桐廬縣主簿斯汝霖於紹興五年輸粟助餉奉敕建今圮

筆峰書屋在崧嘯灣之麓襟山帶水曲折幽邃門前凿池紅蓮盈

畝夾路皆植紅白杜鵑月季玫瑰桃杏梅柳燦爛如錦山上雜種松竹中有三層樓朝揖五老峰又有小池水從石龍吻中噴出林泉之勝甲於一邑

柏氏樓在柏樹頭劉宋賈孝子妻柏氏所居今廢

折臂生宅在下吴宅元吴叔本漂居宅今廢申屠澂折臂生跋三折肱者醫之良疾解腕者士之壯也失小而存大焉宋之行義免於盲塞翁之子免於跛禍也而福存焉雖然生之失非肱也亦非腕也其殆所謂福手者乎古人以手足喻兄弟而生中年喪其兄失手之兆見於此矣是造物者之不全其枝也於生何尤焉

晚香亭在四十四都流子里元陳大倫建大倫當元季兵興遯流子依義士吴宗元以老於長谷中臨流築亭取黄花晚節之義與賓客嘯詠其中今廢

高元聚慶堂在流子里元筠西義士吴宗元宅宗元五世同居一門雍睦虎髯生銓司封郎鉞孝孫鉅皆其孫行也繪有高元聚

慶圖因以名堂（錢宰高元聚慶圖跋）毛琬自句無歸謂余曰琬嘗造之値其元孫璛晬日高堂開燕琬得觀其家慶焉老人年幾九十燕坐堂上龐眉皓首若綺夏然諸子亦皆垂白方下堂作嬰兒戲其孫曾咸序列於左右拱視無譁惟一姆劒小兒立老人側老人顧兒撫其頂兒亦以手撫老人髯回顧堂下綵舞躍躍姆抱欲下與之戲焉蓋其元孫璛也坐客之好事者繪爲圖命曰高元聚慶請題其後以傳盛事余惟人之克享上壽子孫衆多家殷盛而人康强亦天下之至慶也非好德樂善何能致之世之人能享子若孫之奉矣鮮及見其曾孫也況元孫乎能承父若祖之訓矣鮮逮事其曾祖也況高祖乎今吳氏五世之慶萃於一門身享壽康家用完美垂白之子與諸孫曾元嬉戲膝下慈嚴愛敬雍睦於一堂之上余未識吳氏聞琬言若是其亦樂善好施之驗與易曰積善之家必有餘慶吳氏者勉焉（胡混高元聚慶圖詩）筠西先生九十翁眉如松雪顏如童高年杖履誰適從商山老人衣巾同蒼山盤盤太白東下有翠筠踰百冬翠筠之西西樓閣重先生皓首居其中眼明不識煙霞蒙獮猴呼羣山果紅鶴鴿養子巢青松朱弦泠泠落飛淙畫屏一一開奇峰山花當筵春正濃薔薇露壓琉璃鍾聚慶之樂樂何窮坐中張辰世儒宗孝子令裔文章公爲君倒瀉錦繡胸大書特書成卷簡一時文人能爭雄吐言便欲資觀風膝前諸孫皆美容阿銓鐵髯氣最充曾元蟄蟄宜負螽五世之澤在爾躬靳新𥜥褓提維熊雙瞳翦水兩頰豐幼已可愛長有庸先生歡顏耳卻聰況乃積善譁厥終嗟余不才迹似蓬交承猶記先人隆

此時東望青芙蓉南極耿耿懸晴空德星聚處夏會逢我不可夫徒深衷長歌浩浩嘶雕蟲我歌願與青天通束帛早晚來使驄會見此屋盡可封天下從此陶時雍

鈎西閣在高元聚慶堂側吳宗元建今廢陳大倫鈎西閣長歌行憶昨山陰溪上路子猷種竹溪上仕子猷去矣溪山空後來愛者誰與同延陵之裔有此公乃能千載追其風好山繞屋如城郭滿山種竹猶不惡翠氣如煙寒漠漠此公八十餘遂作鈎西閣簾櫳細煙霧几席翻香篝擬仙窟之清眞埽塵勞之喧濁憑軒應接日不暇古來信有揚州鶴我嘗到其間但覺風飄蕭赤曦過柳無炎歊七賢六逸在何處便欲折簡頻相招抱琴載酒同遊遨新裘被紫雲短髮吹輕雪弧南老人自與常星別二十八宿光彩炯洞連兩闕春風滿天地長洲茂苑青雲熱中白既徵黃綺並出蒲輪一兩蠹壽九節公不行兮吏猶悄空山而愁絶況乎芝草翻翻蘭芽秀苗紫花實兮鳳不飢玉筍班兮鵷就列此公溢喜洞簫數闋音響如縷重霄上徹我亦醉起舞爲公和之歌激烈萬壑秋聲動山月

宋文憲寓齋在高元聚慶堂後元季兵興宋濂偕義門鄭彥貞昆季避兵於此吳仲陽舍之於家今廢濂又寓陳堂家西穫

雲泉丙舍在流子里元大理路儒學教授吳庸築今廢韓性雲泉銘水冠五

行一生六成曰雲曰泉同體異名在蒙之貞在屯之悔其流之殊卦有内外山下之泉其流涓涓果行育德君子則焉潤下者質騰上者氣在上經綸雖屯必濟谿下逵上雲泉之機我作斯銘以顯其微柯九思贈雲泉生詩白雲滿山谷飛泉流其間俯以洗我耳仰以怡心顔濫觴其滔滔不見江漢還鞭笞土龍死遲彼霓望艱如何幽人貞依舊霜湄間

林壑清輝在流子里白鳳山下元徵士吳鐩别業草廬先生張辰署此四字中分八景曰蒼蘚壁曰白雲磴曰慈竹窠曰茯苓窩曰洗耳泉曰釣雪磯曰伏龍潭曰浴鷺沙諸名士題詠成軸詩酒流連極一時之盛今廢陳大倫林壑清輝詩并序白鳳山中吳徵士仲陽甫於所居之西偏得覽游勝絶之所凡若干弓遂築室凡若干楹以避風雨友人彦暉張君請以林壑清輝之名署之且爲之記仍以八景爲八題命賓客之能賦詩者賦詩以落之凡得若干首萃爲一卷余不敏凡賦詩一十二首贅於卷尾前四首以贈徵士後八首如題之名庶俾來者得以觀覽焉葱蘢得樹林清淺帶溪壑石路盤縈迴松亭綴巖崿延陵公子吳仲陽今日坐此幽興長前有尊酒且爲樂山鳥歌舞山花香兹懷近鹿豕美德比鸞鳳誰云假棲遲乃若廬藏用君雖好治生富養事耕種依山石作梯傍石雲爲洞追尋實自已宴樂已從衆分題及鄙夫賦什足歡誦賓客相往還慎勿倦迎送鹿門有龐公霸陵有梁鴻每觀高士傳誰

得追其縱今君相髣髴伯仲仍相從緣蘿挂皓月丹壑生清風
蒼鮮壁蒼蒼石兩壁錦苔皆五色上有女蘿枝白露如珠滴露
珠滴滴還若何紫芝滿地春風多令人卻憶商山歌〔白雲磴〕人
言白雲靜且閒儂言白雲辛且苦天風吹來石磴寒又欲從龍
作霖雨〔慈竹窠〕華萼樓前有此君一窠新翠若團雲郎今根節
渾相似石上盤陀不可分〔茯苓窩〕翦翦松樹枝懸虛若青蓋荷
鋤者誰子翻雲得靈異盤根龜與蛇足以濟當世當世何為然
東南不可言夔龍困欲死望斷蒼梧煙〔洗耳泉〕清清一寶泉脈
脈連滄海細響實可聽俗囂信如洗山雜忽飛來不敢照光彩
〔釣雪磯〕雪滿隖雪滿山中有溪水何潺湲屹然一磯石可坐復
可盤有人為我持釣竿楊花撩亂生曉寒〔伏龍潭〕神物不自神
甘守鰕蟹窟風雨洗天來始知自神物嗟哉神物有時蟠石潭
千尺秋波寒〔浴鷺沙〕白鷺白如雪戲浴寒灘淺寒灘水自流白
鷺青雲遠〔桂壁〕如晦蒼蘚壁石勢卓於壁苔痕圓比錢綠含溪上
路幽入洞中天欲覓丹梯步苦遭塵累牽雲根散涼氣毛骨竟
蕭然〔白雲磴〕片片無根物悠悠林下歸清風漫招引白日自相
依不作催詩雨常黏坐客衣須臾態百出縹緲復依稀〔慈竹窠〕
芟夷榴翳盡慈竹翠婆娑冉冉春陰覆蕭蕭秋意多主人攜篝
入客子問盟過愛好消煩促夕陽將奈何〔茯苓窩〕牽絲朝露重
千歲茯神藏蒼蘚碧雲合靈根白雪香為君暫徜徉抱朴厭羣
芳倚寄楊員外惟煩杜草堂〔洗耳泉〕寒潭何瑩澈迎露玉壺秋
顛倒空青出微茫溼翠浮習池何足擬潁水合同流休迫無休
者塵蒙愧此遊〔釣雪磯〕嘗尋釣臺勝不識箇磯頭白鳥忘機出
黃魚同隊游高低山亂擁東北水交流獨繭絲綸在吾儕此引

鉤伏龍潭天用無如爾韜光向此容人情憐自負雲氣失相從頷下珠還在胡僧鉢漫逢時來當用汝霖雨濟年凶浴鷺沙白鳳山之下澂溪一鑑開盤渦不相似羣鷺故能來雪色依葭葦寒衣隱洑洄宛邱思舞翻浩蕩尙忘迴

虎髯生隱居在白鳳山下元吳銓棲遯之所今廢

貞女樓在流子里諸生吳膺河聘妻章氏守貞歸吳髮匪入里閉戶獨居賊毀其戶不能入遠近異之事詳列女傳

別駕故宅在崇化里琴弦岡宋溫州府別駕石孝武由沃洲迎娶暨東歸過琴絃岡愛其山原平曠四面峰巒獻奇罷官後遂徙居焉今名石家宅

臥雲山房在琴絃岡舉人吳忠懷丙舍會稽王繼香書額并跋

姜村市在小鼓坪下姜村阪相傳宋元時市集在此今廢

孔隱士故居在孝義山中元季孔明允隱居之所今廢

褚伯玉隱居在東白山孔靈符會稽記云劉宋時褚伯玉隱居東

白山作嘯猿亭宋釋仲皎嘯猿亭聽猿詩放意在雲表飄然更自由挂煙翠木冷嘯月一山秋裊裊淸風裏淒淒碧澗頭三聲融妙聽行客若爲愁疏山軒仲皎疏山軒詩竹外泉聲急松心月色寒人間推絕曠只自倚欄干又立東西二禪師道場仲皎東西二道場詩勝境東西白高僧一二禪只知行道處不記住山年澗月平分照林花落自妍披雲尋舊址猶在絳峰邊齊雲閣仲皎齊雲閣詩山雲吹斷路頭開此處疑穿月脇來怪底行人看碧落笑談容易作風雷今竝無訪

花亭鄉

徵君宅在四十五都兼溪元辟本路教授申屠澂故居今廢其子姓亦他徙

周義士宅在大林明周國琳故居今廢

樵城忠孝第在大林明署新會縣知縣周于德及子長壽居室

五鳳草堂在大林五鳳嶺下諸生周二監書室周二監五鳳草堂詩丹山鳳爲羽族雄軒軒大翮排蒼穹天風吹墮龍泉里陡化五朵靑芙蓉我家草堂居其麓五鳳成形宛在目一峰翥舉傍層雲一峰迴翔下

深谷旁列兩峰更超邁低昂展翅遥相逐最後一峰疑鳳雛峰峰薇翼如卵育其餘巘嶪百十隊依稀衆鳥咸雌伏仙人碧簫雲際來四山響應天門開我欲躡登紫霞上暮遊璇室朝瑤臺自顧此身少仙骨終恐墮落歸塵埃鳳兮鳳兮知感召應尋梧竹山之隈棲其所棲食所食菶菶萋萋聞雝喈相彼嚶鳴尚求友何況百鳥之靈魁終朝拄杖看山色翼千五彩長徘徊

申屠氏故里在四十五都鬧橋元歙縣教諭申屠性居此今減雙姓爲屠氏如白屠隖下屠等村皆其子姓所居而鬧橋居民皆周氏矣

周接三故宅在四十六都水口雍正丙午舉人周晉故居

金竹山房在五竈女史張玉汝吟詩之室

澧浦市在正四十七都鎮東有翊志書院

東軒在正四十七都烏橋江山縣訓導崇祀鄉賢蔡英書室

廊下里在附四十七都黄汝楫六世孫新居此

進士第在廊下宋嘉定戊辰進士知泰安軍黄箎居第今廢

進士第在廊下宋嘉定甲戌進士知南雄州黄應龍居第今廢
軍府第在廊下宋知襄陽府棗陽軍黄叔温居第今廢
進士第在廊下宋淯祐庚戌進士黄雷居第今廢